I0376022

www.ingramcontent.com/pod-product-compliance
Lightning Source LLC
Chambersburg PA
CBHW021135080526
44587CB00012B/1307
* 9 7 8 1 7 7 7 6 0 0 0 6 8 *

مِن لا شيء

بارك اللّه فِي الطِّفل الَّذِي سعى بِنفسه ولِنفسه

بِقلم/

عادِل بن هرهرة

ترجمة

نسمة عبد العزيز

تحرير

د/هيفاء المعشي

سامي الشاطبي

الجُزء الأوّل - اثيوبيا

2
من لا شيء
عادل بن هرهرة

حقوق النشر © ٢٠٢٢ بقلم عادل بن هرهرة
كل الحقوق محفوظة.. ولا يجوز استنساخ أي جزء من هذا الكتاب أو إرساله بأي شكل أو بأي وسيلة دون إذن خطي من المؤلف..
اقتباسات الكتاب المقدس مأخوذة من الكتاب المقدس ESV ® (الكتاب المقدس، الإصدار الإنجليزي النموذجي ®)، حقوق النشر © ٢٠٠١ بواسطة Crossway، وزارة النشر في Good News Publishers.. تم السماح بالاستخدام.. جميع الحقوق محفوظة..
الاقتباسات القرآنية مأخوذة من القرآن الكريم: ترجمة جديدة بقلم م.. أ.. س.. عبد الحليم، حقوق النشر © ٢٠٠٥ بواسطة مطبعة جامعة أكسفورد.. تم السماح بالاستخدام.. جميع الحقوق محفوظة..
بارك الله في الطفل الذي سعى بنفسه ولنفسه (God Bless the Child Who's Got His Own) موسيقى (Holliday/Herzog (Round Hill
Grand Ave.., Nashville, TN 37212 1800
تم السماح بالاستخدام.. جميع الحقوق محفوظة..

تصميم الغلاف: جنا راض
ISBN (كتاب ورقي): 978-1-7776000-6-8
ISBN (كتاب الكتروني): 978-1-7776000-7-5
ISBN (كتاب سمعي): 978-1-7780381-1-2

تَنَصُّل..

عَلَى الرّغم مِن بذلِي قُصارى جهدي للتأكد مِن أنّ المعلُومات الوارِدة فِي هَذَا الكِتاب صحِيحة عند نشر الكتاب ، إلّا أننِي لا أعتبِر مجرد التّحقُّق وحده كافِياً لِأيّ مسؤُولِيّة تجاه أيّ طرف، عَن أيّ خسارة أو ضرر أو اِضطِراب ناجِم عَن أخطاء أو إغفالات، سَواء كَانَت ناتِجة عَن إهمال أو حادِث أو أيّ سبب آخر ..

لَقَد حاولت إعادة بِناء الأحداث والأماكِن والحِوارات اِنطِلاقاً مِن ذِكرياتِي، ولِحماية الخُصُوصِيّة، قُمت فِي بَعض الحالات بِتغيِير أسماء الأفراد والأماكِن وتعديل التّوارِيخ والمُمتلكات والمِهن وأماكنّ الإقامة..

هَذَا الكِتاب والّذِي يَتَضَمَّن نصُوصاً دِينِيّة وتارِيخِيّة وجغرافية وسِياسِيّة لا يُعد لِلاِستِخدام كنصّ مرجِعِي دِينِيّ، أو تارِيخي، أو جُغرافِي، أو سِياسِيّ، أو لِلتّدرِيس، بَل ورد لِتعزِيز قصتي فقطّ..

تُشِير مُصطلحات « جنوب العَرَب » و « شِبه الجزِيرة العربِيّة » و « العَرَب » و « العربِيّة » بِدِقّة إِلَى اليمنِيّين وبِلاد اليمِن فقطّ ..

يُشِير مُصطلح « اليمِن » إِلَى الجمهورِية اليمنية مِن بَعد توحِيد شمالها بجنوبها عام 1990م..

اهداء إلى

بناتي:
لينا وسمر، لمنحي سبباً للحياة

أمهاتي الست اللاتي قمن بتربيتي: وينيشت، رقية، آمبت، مريم، زينب، فاطمة

أمي الأمريكية التي تبنتني: نورما..

رمز الأبوه لي: أحمد بانصير

والرجال الذين قدموا لي المساعدة خلال أيام طفولتي : سليم باجريش وماميتشا ماندفرو

مقدمة...

مُنذ طفولتي يراودني احساس بِأَنّ كلّ العوالم الَّتِي قذفت بي للعيش أسيراً لظروف، بَعضها معُقد وبَعضها مُربك تدفعني إِلَى اعادة ذَلِك الطفل إِلَى واجهة الحياة عبر تسجيل كلّ ما عشته وعايشته فِي كتاب...حياة ركبت قاربها فِي بحر هائج متلاطم..

لَقَد اكتشفت بِأَنّ للكلمة سحرا ودافعاً لي للبدء فِي كِتَابَة مُذَكَّرَاتِي... لَقَد عثرت فِي عمر الحادية عشر عاماً عَلَى شبه قصة كتبتها عني، ولَكِنَّ لم تكن لدي القناعة للإعلان بِأَنّ عندي قصة صالحة كي أرويها...فما كتبته بدى مفتقرا إِلَى اللُّغَة القادرة عَلَى اجادة التعبير عَن مكنونات مشاعري.. الآن... وقد تجلّت لي طفولتي فِي أوضح رؤية كما تتجلى السماء فِي نهارات الربيع، فقد سلّمت للكِتَابَة واستسلمت لدعوة القلم وبَدَأت فِي تحويل كلّ ما عشته فِي حياتي مِن تقلّبات وتطورات إِلَى سيرة روائية ...سيرة تصف كلّ ما حدث كما عشته، وتصوّر كلّ ما وقع كما عاشني ...تقاليد ولغات وأديان وبلدان مختلفة ومتعددة واخرى لا أملك المفردات السحرية العربية القادرة عَلَى وصفها... هَل هُو مستحيل؟

هَل هُو صَعْب ؟

لُغَات الْكِتَاب...

أَتمُتّع بالقدرة عَلَى اجادة ثلاث لغات (قراءة وكِتَابَة ونطقا) ، واملك مهارات بسيطة فِي لغتين اخرتين... عَندَمَا يَسأَلُنِي الناس ما هِي لغتي

الأم، اتردد فِي الإجابة، لإن ليس لدي إجابة واضحة ومباشرة، فإذا قلت ...أنا يمني وأتحدث اللُّغَة العربية، الناس ستفترض إني الشَّخص العربي المعتاد فِي مخيلتهم، وبالتأكيد هَذَا ليس انا.. وإذا قلت إني اثيوبي واتحدث الأمهرية، فهَذَا أيضاً لا يمثل الصورة الكاملة للشخص الَّذِي أصبحت أنا عليه..
يمكن القول ان لغتي الأم هِي اللُّغَة العربية، لأنها أول لغة تعلمتها، ولَكِنَّ تعلمت اللُّغَة الأمهرية والأورومو أيضاً فِي أول خمس سنوات مِن حياتي، والَّذِي هم لغتين مِن أصل ٨٨ لغة فِي اثيوبيا.. بالإضافة ان وَالِدي بدأ بتعليمي بَعض مِن الكلمات باللُّغَة الإنجليزية عَندَمَا كنت طفل، وأنا طالب بَدَأت تعلم اللُّغَة الإنجليزية بصورة رسمية.. ففِي السبعينيات بمجرد وصول الأطفال الثانوية المتوسطة كان بيتم تعليمهم كلّ المواد بالإنجليزية..
خلال تلقي الدروس السابقة فِي اللُّغَة الأمهرية، كان معلمي جادا فِي تدريسي اللُّغَة الجيزية..

وتسهيلا للفهم اكثر اخبركم بِأَنّ أسهل طريقة لشرح العلاقة بين تلك اللغات، هو ان الجيزية للأمهرية مثل اللاتينية للإيطالية.. وهي أصل اللُّغَة الامهرية ومِن اللغات المنقرضة، وغير مستعملة غير فِي العلوم الانجيلية، مثل اللاتينية بالضبط فِي الكَنِّيسة الرومانية الكاثوليكية..
ولِهَذَا السبب لا أستطيع ان اعطي عددا محددا للغات الَّتِي اتحدثها... عَندَمَا يَسأَلُنِي أحدهم، « كم عدد اللغات الَّتِي تتحدثها؟» ٤؟ أو ٥؟ ممكن ٤ ونص!
فِي الواقع، لم أستطع كِتَابَة مُذَكَّرَاتِي بأي لغة مِن تلك اللغات...
لَقَد كتبت بحكم اشتغالي التقني عدداً كبير مِن التقارير التقنية والمقالات استنادا إِلَى الوقائع والمعلومات، ولَكِنَّ سيستجيب البشر للأغنية والنغمة الحلوة، أنا اقدر الكتاب المكتوب بطريقة جيدة لأني كشخص عاشق

للقراءة ولأنواع مختلفة مِن الكتب والكتابات.. والذين أشعر بالتواصل معهم وما زلت اتذكرهم بكل مشاعرهم.. لأن المشاعر والعاطفة مِن الثوابت العالمية وهَذَا ما يَشعُر به البشر ويتواصل معه..

لم تردعني أي مِن العقبات الَّتِي واجهتها فِي كِتَابَة مُذَكَّرَاتِي وكَانَت اختياري وقراري أنا الشَّخصي.. عَندَمَا قرأ بناتي الكِتَابَة الأولية مِن الجزء الأول كان تعليقهم، «بابا أنت كتبت معلومات كتيره جدا، لَكِنَّ لا يوجد مشاعر..» مما جعلني أشعر إني مراسل صحفِي الوقائع أكثر مِن أني أشارك قصة حياتي..

كنت أفكر: يمكنني فقط الكِتَابَة عَن حياتي كمذكرة؟ فمِن يريد قراءة ذلك؟ سهل اني أتكلم عَن الوقائع والأرقام فِي حياتي، ولَكِنَّ كَيف أستطيع أن أشرككم فِي الأحداث ؟ بَدَأت أتساءل.. كَيف أستطيع جعل قصتي ملفتة تدفع الناس لقرائتها؟ قصة بها حوار شيق وشخصيات استثنائية ومواقف مثيرة للاهتمام.. لم أفكر ان هنَاك كلمات تكفِي لوصف مدي خوفِي وألمي ويأسي ومشاعر مليئة بالخسائر فِي قلبي وعقلي وأنا وحدي بلا مأوى، طفل عنده ٨ سنوات! أنا لم أعرف مِن اين وكَيف أبدأ بكِتَابَة مُذَكَّرَاتِي الخاصة بطريقة صادقة وحقيقية بالمقدار المطلوب مِن المشاعر..

الْمَشَاعِر...

أول خمسين سنة فِي حياتي كَانَت عذابا، بالأخص طفولتي.. أنا كطفل ومراهق وشاب شعرت أنى فِي مكوك فضائي يدور بي فِي مداره غير مألوف ونسبة اكسجين محدودة فِي الخزان.. لم يكن فِي حياتي أي شخص

فِي هَذِه اللحظة..

هو أنا قلت هَذِه اللحظة؟ ما هِي اللحظة، هل هِي جزء مِن الوقت؟ لحظتي كَانَت شهورا وسنين!

أحداث مؤلمة وعديد مِن المشاعر والأسئلة تلاحقني وتلازمني الي اليوم.. الي ان قررت كِتَابَة الكتب، لَقَد أبقيت نفسي دائما مشغول بالشؤون اليومية كوسيلة لعدم التعامل مع محنتي السابقة.. التجنب كَانَ دائماً آليتي الرئيسية للتكيف..

ولَكِنَّ كنت اعلم مِن اجل نشر قصتي، يتحتم عَلَى أنا اواجه الامي.. دماغي بَدَأت تلف وتعيد الاحداث وتقلب فِي المشاعر والمواقف، لدرجة انها كَانَت تفوق مقدرتي وتحملي وابدأ فِي البكاء.. اقولكم الحقيقة، عَندَمَا شرعت فِي كِتَابَة مُذَكَّرَاتِي والتي تتناول قصة حياتي بدأ يأتيني كوابيس أثناء نومي.. لم أكن أريد ان اواجه أو اعترف بالمشاعر الَّتِي تراودني، مازالت مؤلمة.. كلّ فترة أشعر بإني أتجمد أمام شاشة الكمبيوتر وتسارعت افكاري رغم كلّ محاولاتي اني اركز عَلَى الكِتَابَة.. كَانَت تمر ساعات وساعات بدون كِتَابَة جملة واحدة مفيدة..

بعدها قررت ان اضع نهاية لمحاولاتي بلا جدوي واترك مكتبي واذهب للركض.. مع مرور الوقت وتكرار الموقف بَدَأت الاحظ اني كنت بركض و بهرب مِن حياتي! الركض لم يكن فقط استراتيجية للتأقلم وتقبل ومواجهة ما يحدث، ولَكِنَّه أيضاً مجاز وتصوير لفشلي فِي السنوات السابقة والاعتراف بماضيي ومواجهته..

الذّنب...

لَقَد كنت قلقا ان أجرح أو اضايق شخصيات قصتي (اهلي وعائلتي واصحابي) فِي قصتي.. هنَاك احداث وتفاصيل فِي كتابي والَّتِي نتجنبها ولا نتحدث عنها فِي الحضارة والتقاليد.. كنت مرعوب مِن مخالفة/انتهاك القيم وما هو طبيعي، حيث نشأت أو اني اتخطى المعايير والحدود الدينية الَّذِي تعلمتها.. أنا لا أريد ان اسبب الحرج أو اخجل عائلتي بأي طريقة، ولَكِنَّ أريد ان أكون واضح وصريح، أولا وأخيرا مع نفسي وأيضاً مع قرائي.. بغض النظر عَن خوفِي الا ان شعرت بقوة أنني بحاجة لإبداء بَعض التعليقات السياسية والاجتماعية فِي جميع الكتب لأنها تتعلق بقصتي..
هنَاك عناصر فِي قصتي والَّتِي يجب ان احكيها.. ولهَذَا بذلت مجهود لعرض بَعض المواضيع الحساسة وحتى المحرمة بطريقة محترمة، وبالتالي السماح للقراء مِن جميع الأطراف بالتعرف عَلَى جانب ثقافِي مختلف مِن مختلف القضايا الشَّخصية والاجتماعية والسياسية..

الخوف...

أكثر جزء تعاملت معه وعالجته وتصالحت فيه مع عدد كبير مِن الامي.... عَلَى الأقل هَذَا ما أشعر به.. ولَكِنَّ ماذا عَن الكِتابَة عني ولحظاتي الأكثر خصوصية وضعفا، واني يجب ان انظر لحياتي فِي المرآه؟ والقيام بذَلِك يحتم عَلَى أخذ قطعة مِن روحي وطرحها للاستهلاك العام.. هنَاك تفاصيل فِي الكتاب لم يعرف عنها أحدا أبداً لحد هَذِه اللحظة (طبعا ماعدا الأشخاص الذين كانوا جزء منها) والأن سوف يعلم العالم بَعض مِن اللحظات الخاصة جدا فِي حياتي! كَانَت فكرة مشاركة مشاعري وأيضاً تاريخي الشَّخصي مخيفة؛ إطلاق هَذِه المشاعر والتفاصيل كاد أن يحطم

روحي!

كنت أعرف أن كِتَابَة هَذِه الكتب معركة مضنية تتطلب جهودا جبارة مني.. أنا بحاجة إِلَى المساعدة.. وهو ما كان حيث وجدت الأشخاص المناسبين لمساعدتي فِي سرد قصتي..

فريق العمل

لورنا ستوبر

«في الوقت الذي بلغ عمري ٢٥ عاماً كنت قد عشت في ثلاث قارات (أمريكا الشمالية والجنوبية وآسيا) وجعلت لنفسي هدفاً وهو ان يوما ما سأحذف باقي القارات من لائحتي.. على الرغم من كوني اتقن الإنجليزية فقط، لكني درست اللغتين الألمانية واليابانية.. عندما اسافر أي بلد واللغة الإنجليزية ليست اللغة السائدة أظل حريصة بشدة أن اتعلم بعض الكلمات والعبارات الذي أستطيع التعبيربها عن شكري.. أنا مدرسة سابقة للغة الإنجليزية كلغة ثانية وشغوفة بشدة بعلم اللغويات وكل ما له علاقة بثقافة العلم الإنساني (الانثروبولوجي)..»

بعد أن اتفقنا على العمل معا، اعترفت لي أنها في أول حديث بيننا كانت تحاول الا تأمل بشدة في الحصول على هذا العمل حتى لا تصدم في حال أنني اخترت شخصاً آخر..

ولأطمئنها وأوضح لها نواياي الطيبة شاركت معها المسودة الأولية للكتاب والتي كانت حوالي ٨٠،٠٠٠ كلمة.. اجابت، « بمجرد انتهائي من قراءة المسودة المبدئية، شعرت بالذهول وانجذبت لقصتك ورأيت أنها ممكن ان تُدَرس في الجامعة في نطاق مواد مختلفة: علم الاجتماع وعلوم الانسان الثقافية والتاريخ ودراسات الشرق الأوسط وافريقيا واللغويات والدين وحتى دراسات

المرأة.. وهي تحوي كل شيئ أنا شغوفة به «
قلت لنفسي:» هي الشخص الذي سيتطلب اقل وقت للتوجيه..»
بعد مشاركتي معها احساسي بالذنب وتحدياتي في الكلام عن مشاعري، طلبت من لورنا اذا كان في استطاعتها تطوير وتحسين كتابي والمحافظة علي كياني وافكاري.. اقترحت أن تفعل كل ما في استطاعتها أن تبرز مشاعري بشرح وتعبير أفضل عن كل احداث حياتي وملئ كل الفراغات.. كنا في حاجة إلى الكثير من المكالمات لنستطيع ملئ الفراغات والتعبير عن الأفكار والمشاعر لنحفز القراء علي جلب مشاعرهم وعواطفهم الي الكتاب..
ووافقت!! ..وكانت أول اختيار موفق من ضمن عدة اشخاص بعدها..

د/سليمان كداماوي

يستطيع الناس من حيث نشأت ربط حياتهم بقصصي ومشاعرها واحداثها واكون سبب إلهام لهم وليتعلموا منها.. بما اني عشت معظم سنين حياتي في شمال أمريكا وغالبية تعليمي كان باللغة الإنجليزية، وجدت انه من الصعب ان احكي قصتي مستخدما لغاتي الأصلية.. ومن هنا بدأ البحث عن كُتَاب باللغتين العربية والأمهرية..

قابلت سليمان عن طريق صديق مشترك بيننا يدعي ابيرا لاما، كاتب وشاعر معروف في اثيوبيا.. وعرفت ان سليمان دكتور متمرس.. وأيضا حاز علي الماجستير في علوم الاجتماع والطبيعة.. كلما حاولت ان اجمع معلومات عنه أكثر، اكتشفت انه يتحدث اللغات الفرنسية والإيطالية واليونانية والعبرية بجانب اللغة الإنجليزية.. بالإضافة الي إني لأول مره منذ خمسين

عاماً أصادف شخصاً درس فعليا اللغة الجيزية..
كما يزعم انه من أَفضل الكتاب ويتميز بعدة مهارات وخبرات.. وقد ترجم ثمانية عشر كتاباً من الإنجليزية الي الأمهرية.. أثار فضولي بشدة كيف انتهي به الأمركمترجم ولماذا سلك طريق الترجمة والكتابة تاركا مهنة الطب..
بغض النظر عن كونه أثيوبي وفرق التوقيت بيننا ١٠ ساعات إلا انه وافق ان يتكلم ويري إلي أين سوف تصل الأمور.. لقد سمعني بدقة وصمته على الهاتف جعلني أتساءل هل حديثي باللغة الأمهرية ودمجها مع كثير من اللغة الإنجليزية ممكن أن تكون قد اربكته.. ولكني كنت خاطئاً! بكل بساطة كان يستمع بتمعن ويفهم كل ما أقوله.. وطلب نسخة من المسودة الأولي للكتاب قبل ان يتفق ويلتزم بأي شيء..

في محادثات لاحقه، بدأت اكتشف أشياء كثيرة مشتركة بيننا: لقد ولدنا في نفس المستشفى، عشنا في نفس المنطقة، وهو طفل لعب كرة القدم مع أصحابه في نفس الملعب الذي كنت ألعب فيه.. لقد سجن لتورطه مع الحزب الثوري الشعبي الشيوعي EPRP مثلي تماما..
سليمان ولد وكبر مازال يعيش في أديس ابابا وهو بالضبط ما كنت أحتاج اليه وأبحث عنه.. هو يمثل أديس أبابا

نسمة عبد العزيز

الجزء العربي كان أكبر عقبة بالنسبة لي، لأن معظم الكُتاب باللغة العربية الذين أعرفهم لا يقرأون الإنجليزية.. وكنت في حاجة لكاتب واحد أتواصل معه وتعرض للمجتمع اليمني والحضرمي.. هناك ٢٢ بلداً

عربياً على الكوكب وبغض النظر عن كم التشابهات الا ان هناك اختلافات ملحوظة علي عدة مستويات..

بعد بحث مكثف ودقيق، وجدت نسمة.. نسمة كانت مرشح أساسي لعدة أسباب.. نسمة تعيش في كندا مثلي، مما جعل تبادل أطراف الحديث والحوار سهل وممتع.. بجانب قوتها في اللغتين الإنجليزية والعربية، لقد درست الأدب باللغتين في مصر.. بالإضافة الي ان معظم الأفلام والمسلسلات قدمت باللهجة المصرية.. ولو بالصدفة اتجهت بشدة للتعبير المصري الدارج سوف يكون مفهوم لمعظم القراء..

هناك جانب واحد لنسمة علي وجه الخصوص الذي ابهرني ويمكن ان يكون سمة مشتركة بينها وبين كثير من المهاجرين، فهي طموحة جدا ومصممة علي السعي والنجاح.. لقد أتت لي بطاقة جديدة لم أكن املكها..

كنا بحاجه إلى ترابط واستمرارية والحفاظ على الجوانب الثقافية.. استمر البحث!!

أبرا ليما:

من ضمن وفد ثقافي تكون من عدد من الكتاب الإثيوبيين ، زارت أبرا لميما اليمن فِي أوائل الثمانينيات.. وخلال سنوات ، تعرفت عَلَى العديد من الأصدقاء اليمنيين ، وبالمصادفة من ضمن اليمنيين الذين تعرفت عليهم صديق مشترك بيننا اسمه عبدالله العراسي... كنت أنا والعراسي رفقاء سكن لأكثر من أربع سنوات فِي اليمن، كان لدى أبرا والعراسي صداقة أعمق وأطول..

أثناء تطوير مسودة الكتاب الثاني وعَندَمَا كنت أبحث عَن صديق طفولتي

المسمى العراسي ،واكتشفت وفاته انتهى بي الأمر الى تأسيس صداقة مع أبرا ... أعجبت أبرا بكتابي الأول ، فسافرت إِلَى كالجاري بكندا لزيارتي.... لَقَد تواصلت مع شريحة الإثيوبيين المقيمين في كندا ونظمت حفل لتوقيع كتاب وذلك فِي مقهى محلي..

لم أعثر على مترجم جيدً فحسب ، بَل قامت أيضاً بتحرير النسخة الأمهرية من الكتاب وجعلتها عملاً ممتعًا للقراءة، كما واصلت تنظيم حفل افتتاح الكتاب فِي إثيوبيا.... قدمتني أيضاً إِلَى العديد من الأفراد المؤثرين والمنظمات الخيرية وسائل الإعلام العاملة فِي إثيوبيا.. لذَلِك، فلها عميق تقديري وامتناني له أيضاً..

د/هيفاء المعشي

حازت عَلَى الدكتوراه فِي الصحافة ومقيمة بلندن... لَقَد قضت أعواماً كثيرة فِي دراسة لغات ومواد وأدب مختلف فِي عدة جامعات فِي بلاد مختلفة.. وعرفت بَعد عدة محادثات شيقة بيننا ان جدها كان أحد شركاء وَالِدي فِي أعمال تجارية ووالدتها واحدى اخوتي الذين يعيشوا بالكويت كانوا أصدقاء..

فِي الأول كنت متخوفا ان تشعر بالتراجع أو الإهانة لأوصافِي الصريحة والجريئة فِي الكتاب بالأخص تجاربي السلبية عَندَمَا عشت باليمن.. عَلَى العكس تماماً لَقَد شجعتني ان أخبر كلّ الحقيقة واكون صريح بغض النظر عَن كلّ الاعتراضات الَّتِي ممكن ان تحدث.. ووافقت ان تضيف وتمثل صوت المرأة اليمنية..

ماذا تتمنى أكثر من هَذَا ؟

تريسي اندرسون

بَيْنَما اندمجنا نحن الخمسة في تجميع وتطوير وإعادة سرد القصة في ثلاث لغات كنا في حاجة لشخص آخر لضمان ترابط كل ما يحدث معا من بداية الاحداث والاستمرارية واللغة والنحو وكل العناصر اللازمة.. لورنا اعطتني فكرة عن تريسي..

تريسي تقول علي موقعها الالكتروني، «أحب الكلمات وكيف يتناسقون ويلعبون معا، وهذا كان مبدئي الذي يقودني في عملي.. أنا اسعي للمشاريع التي سوف اتعلم منها شيء جديد وترضي فضولي وتشركني في اهتماماتي وفي قصص الناس والعالم حولي..» هذا ما لفت انتباهي وكما فعل كلام كثير كتبته : « اذا كنت محتاج مواد مكتوبة تشد انتباه الجمهور وتوصل الرسالة بوضوح، ولكن لا تملك الوقت الكافي أو المهارة أو الثقة الكافية، لنتواصل ونتناقش كيف استطيع أن احول أكارك ومشاعرك لكلمات..»

شعرت بأنها تتحدث لي مباشرة! بالإضافة إلى ان تريسي قضت عشر سنوات في دولة الامارات ولذلك كان لديها خلفية كافية عن الثقافة العربية.. كنت متحمساً جدا للتحدث معها..

تريسي ولورنا وأنا تواصلنا عبر زوم (Zoom) وعلى الفور تأكدت انها الشخص المطلوب لفريق العمل..

سامي الشاطبي

روائي يمني، عاش جزءً من حياته ِفي اثيوبيا اتقن خلالها اللغة الأمهرية...تعرفت عليه من خلال كتاباته المرتبطة بأبناء المهجر اليمني ِفي

اثيوبيا ...اشتغاله عَلَى الكتاب تصحيحا وتحسينا، ودوره فِي اثراء الكتاب دفعني للطلب منه الانضمام إِلَى الفريق ...وهو ما كان !

ساعدوا في نمو أزهاري

أنا صاحب هذه القصة.. وأنا قد عشت هذه الحياة.. ولدي كل الجروح والنجوم لأثبت ذلك، لكن الكتاب الذي تقرأه هو أيضًا ثمرة جهود فريق العمل، ولم يكن من الممكن تحقيق أي شيء من هذا بدون مثابرتهم.. لم يكن من أجل المال، لأني لم اكن املك الكثير لأعطيهم إياه.. ولكنهم شعروا بنفس شعوري انه سيكون ذو قيمة للقارئ..
فهم مؤمنين أن قصتي لها قيمة بالنسبة للقارئ!
أقول، «الكاتب هو من يجعل الآخرين يشمّون عطر الزهور من خلال الكلمات،» وقد ساعد هؤلاء الأفراد جميعًا على نمو أزهاري.. ولهذا بدأت كتابي بامتناني لهم جميعاً..

من لا شيء
عادل بن هرهرة

Contents

I.	تَنَصُّل	7
II.	اهداء إلى	11
III.	مقدمة:	I
IV.	CONTENTS	17
V.	مدخل	1
VI.	تسلسل أحداث عادل بن هرهرة	9
VII.	المجلد الأول	9
VIII.	المجلد الثاني	9
IX.	المجلد الثالث	10
X.		13
XI.	الفصل الأول	15
XII.	باحثا عَن طفولتي المبكرة	15
XIII.	الفصل الثاني	29
XIV.	كان لدي عائلة	29
XV.	الفصل الثالث	43
XVI.	كيف غدوت الرجل الذي أنا عليه	43
XVII.	الفصل الرابع	57
XVIII.	وفاة والدي	57
XIX.	الفصل الخامس	65
XX.	تغيير جذري فِي حياتي	65
XXI.	الفصل السادس	75
XXII.	بداية دراستي	75
XXIII.	الفصل السابع	89
XXIV.	يتيم وبلا مأوي	89
XXV.	الفصل الثامن	99

XXVI.	الأمل	99
XXVII.	الفصل التاسع	111
XXVIII.	(مرغوب)	111
XXIX.	الفصل العاشر	125
XXX.	رمز الأبوة...بانصبر	125
XXXI.	الفصل الحادي عشر	137
XXXII.	لست سوى طفل عادي...	137
XXXIII.	الفصل الثاني عشر	147
XXXIV.	مذكرات	147
XXXV.	الفصل الثالث عشر	163
XXXVI.	الأم متزايدة	163
XXXVII.	الفصل الرابع عشر	177
XXXVIII.	الدين من منظور طفل	177
XXXIX.	الفصل الخامس عشر	185
XL.	القراءة والكِتابَة هما ديانتي	185
XLI.	الفصل السادس عشر	195
XLII.	الثورة الأثيوبية عام ١٩٧٤	195
XLIII.	الفصل السابع عشر	207
XLIV.	الشروق مجددا..يوم مرغوب فيه	207
XLV.	الفصل الثامن عشر	219
XLVI.	رفاقي..زملائي الشهداء	219
XLVII.	الفصل التاسع عشر	229
XLVIII.	بانصبر -حكمة المسنين	229
XLIX.	الفصل العشرون	241
L.	المختلف	241
LI.	تمبل جراندين	241

LII.	انجيلينا جولي	241
LIII.	الفصل الحادي والعشرون	259
LIV.	الهجرة/ الرحيل	259
LV.	معاينة المجلد الثاني	268
LVI.	معاينة المجلد الثالث	271
LVII.	تاريخ الإصدار: يناير 2023	271
LVIII.	لوالدتي	275
LIX.	لاخواتي	277
LX.	مثال رمز الأبوة	278
LXI.	لبناتي	278
LXII.	للمساهمين	279
LXIII.	مؤلف مساعد/شارك في التأليف	279
LXIV.	ملاحق	287
LXV.	الملحق الأول	289
LXVI.	مملكة اكسوم	289
LXVII.	الملحق الثاني	295
LXVIII.	الملحق الثالث	307
LXIX.	الملحق الرابع	311

مدخل...

قررت عام ٢٠١٠م بمعية ابنتاي اللتان كَانَتا فِي الثانية عشر والسادسة مِن العمر آنذاك، العودة لموطن مولدي فِي اثيوبيا وايضا زيارة اليمن، أرض ابائي ...كان الهدف الأساسي مِن الرحلة الالتقاء مِن جديد بأمي، وبَعض مِن زوجات أبي، وبَعض الأقارب ومقابلة أناس اخرين لعبوا دورا مميزا ومؤثرا خلال طفولتي المبكرة... اعتبرتها كمعبر مِن حياتي السابقة متجها للحاضر.. تمنيت ان فكرة إعادة التواصل مع أفراد عيلتي واقاربي الذين اثروا فِي تكويني سينتج عنها مواجهتي لألآمي فِي السنين السابقة وفرصة للاستشفاء والتعافي..

ولدت فِي أديس أبابا بأثيوبيا لأم مسيحية قبطية أرثوذكسية.. كلا مِن أُمُي «وينشيت»، وزوجة وَالِدي «رقية» وخالتي «امبت» كانين مقيمات فِي اثيوبيا وقت ولادتي، كان للثلاثة دور فِي نشأتي وتربيتي..

مع إني ولدت وترعرعت في أثيوبيا، لكن طول الوقت اعتبر اصولي يمنية لأن والدي كان عربي من جنوب اليمن وتحديداً من حضرموت ومنذ أن كان عمري خمسة عشر عاماً كان لدي جواز سفر من جنوب اليمن، وحضرموت منطقه تقع في جنوب اليمن من الشرق.. لقد عشت في شمال اليمن من سنة ١٩٧٨ إلى سنة ١٩٨٤، حيث أنهيت تعليمي الثانوي، ووضعت الأساس الأولي لمستقبلي وتواصلت مع جذوري.. ولكن دائما كان في داخلي حلم إكمال دراستي في الغرب، فسافرت لأمريكا ثمان سنوات واضطررت للعودة الي اليمن بسبب الجانب المالي وانتهاء مدة تأشيرتي كطالب.. عملت مجدداً في اليمن لبضع سنوات، تزوجت وأخيرا سافرت لكندا في عام ١٩٩٦ مستقرا

في كالجري بألبرتا حيث اقمت لأكثر من ربع قرن..
بعد الانتقال لكندا بفترة قصيرة، حصلت على الجنسية الكندية.. كندا هي الأرض التي تبنتني وأرضي المختارة.. وهي أيضا موطن مولد بناتي والبلد التي قضيت بها معظم حياتي.. وكانت أرض الفرص بالنسبة لي وساعدتني في تحقيق معظم أحلامي.. هي أيضاً الدولة الوحيدة التي عشت فيها دون أن أتعرض للسجن!!
جبال روكي والتي هي على مسافة قصيرة بالسيارة من غرب كالجري، لعبت دور فعال في الفترة الحالية من حياتي.. السير والتزلج علي الجليد والجري هم جزء كبير من شغفي في هذه الحياة بالإضافة للمناظر الخلابة في ألبرتا.. إضافة إلى سهولة الوصول لمقاطعة بريتيش كولومبيا الجميلة التي منحتني فرص لا تعد ولا تحصي للاستمرار بشغفي وأنا أستكشف طرقها وقمم جبالها التي ما تنفك تبهرني بروعتها.. الوقت الذي أقضيه مع الطبيعة والمناظر التي تخطف أنفاسي من جمالها حيث استرخي وأسرح بأفكاري وأريح أعصابي.. كل ذلك لعب دوراً كبيراً في تعاملي مع الماضي كما ساهم في تشكيل الشخص الذي أصبحت عليه..
الهدف الوحيد والأهم من كتابة مذكراتي ومسيرة حياتي أن أشارك الناس قصة حياتي املاً بإمتاعهم، وتحفيزهم وإلهام الآخرين.. ولكن نواياي تمتد لأبعد من ذلك بكثير.. أنا أأمل أن أنشر الوعي بين الناس وأثير أعمق أفكارهم وأحفز شخصياتهم كقراء (بَيْنَما يواصل العالم دوره في احتواء ثقافات متعددة)، وهذا يتضمني أيضاً.. بالإضافة إلى أنى سوف اتبرع بأرباح الكتاب لدور الأيتام باليمن وأثيوبيا كرد جميل للإنسانية ودعم الأطفال الذين كبروا بدون أن يمتلكون الشعور بحب وتوجيه الأهل..

عيشي وتنقلي بين ثلاث قارات مختلفة كان السبب في تكوين الشخص الذي أصبحت عليه اليوم-الرجل ذاته متأثرا ومحتضناً لمزيج من ثقافات افريقية، عربية،امريكية وكندية.. أنا تعلمت ودرست الإسلام ،اليهودية ،المسيحية ،الماركسية والمورمونية وبالتأكيد اعتنقت بعض عناصر وأفكار هذه الديانات ورفضت البعض الآخر.. لو فكرت بي لوهلة ستتخيلني مثل لوحة الفسيفساء مزيج روحاني، وأيديولوجي، وفلسفي، وثقافي.. كل ذلك اختبرته وعشته بنفسي ولاحظته واستوعبته وهضمته خلال الستة عقود التي ارتحلت فيها حول العالم

عن العنوان

« من لا شيء» (على باب الله) يتميز بلهجه غريبة وجميلة تجعلك تحن للماضي.. مجموعة من الذكريات والصور القديمة والهدايا وبعض الأغراض المحتفظ بها كلهم من الماضي وأيضا تفكر وتذكر الحوارات والتعبيرات ان كانت بالوجه اوالجسد.. كل ذلك يجتمع مع بعضه البعض في أول فصل من الكتاب.. من حنين لإشتياق يعكس الماضي ويقود إلى المستقبل..

الشيئ الوحيد والثابت في الحياة هو التغيير وهو يحتاج بصيرة وإدراك جيد من الانسان.. هو السبب في ان متعة الطفولة وآلامها تبقي محفورة في الذاكرة.. بالطبع الذكريات تتلاشي مع الوقت ولكن للأسف يبقي منها الذكريات المؤلمه مكبوته بداخلنا.. الدنيا دار مرور لا دار هروب، وأنا أرفض أن انكر أو اتهرب من الماضي لأن التغيير ممكن.. وأنا اخترت احتواء وتعديل الماضي من خلال التأثير علي مسار حياة الآخرين..

أول خمسين سنة من حياتي كانوا عذاب وألم بالأخص طفولتي.. تجارب صعبة وأسئلة لم أحصل على الإجابة عليها من أحد، تطاردني بصورة مستمرة ويومية.. إلى أن قررت كتابة هذا الكتاب، لأنني أنا الشخص الذي لا يترك نفسه للتفكير ويبقي نفسه منشغلا بشؤون وأمور الحياة كوني لا أريد التعامل مع كل احزان ومحن الماضي.. التجنب بالنسبة لي كان الحل الأمثل..

عنوان الكتاب

«من لا شيء» ..يتناول أول ستة عشر عاما من حياتي.. منذ كنت طفلاً أبلغ من العمر خمس سنوات، تربيت في كنف عائلة ارستقراطية وبصحبة والدتين، الى أن غدوت طفلاً بلا مأوي ويتيم بين ليلة وضحاها.. على مدار سنوات طويلة خلال طفولتي قضيتها من غير اهل، أو منزل أو أكل أو مستقبل أو حتى أمل.. أنا كنت حينها بين يدي الرحمن..
انا لست شخصاً متديناً، ولكن روحانياً وعندي ايمان، أنا أؤمن بالتدخل الإلهي واني استطيع ان أسمو فوق أي ظروف وأخلق حياة مثمرة ومرضية..
« بارك الله في الطفل الذي سعى بنفسه ولنفسه» كعنوان فرعي، يتضمن منظور تاريخي ويهدف أيضا إلى تصوير طفولتي وتكريم شخص واحد على وجه الخصوص قام بدور كبير في مساعدتي على تحسين ظروفي وإن كان هناك الكثيرون ممن يناسبهم هذا الوصف..
في ايداهو عام ١٩٨٤، تعرفت على دكتورة في الجامعة اسمها دكتورة كاثلين ورنر تقربنا لبعض وأصبحنا أصدقاء واستمعت لقصتي واعطتني البوم أغاني كهدية اسمه «يا رب بارك هذا الطفل» لبيلي هوليداي، بمناسبة

الكريسماس.. في البداية لم افهم سبب اهدائي هذه الأغنية بالتحديد ولم اكن أعرف المغني كما لم أسمع الاغنية من قبل.. لقد شرحت لي معاني الكلمات وأنها عن المثابرة والاستمرار وفيها مراجع كثيره للإنجيل (« لان كل من له يعطى فيزداد ومن ليس له فالذي عنده يؤخذ منه [ماتيو٢٩:٢٥])..
عندما اعطتني التسجيل قالت: «هذا انت، فهو يمثلك.. منذ ذلك الوقت بدأت بكتابة كتبي، وكل مره أعود للأغنية، أعود لعنوانها ومعانيه، وأشعر انها تلخص حياتي بمثالية..
« ولهذا « بارك الله....» هو يدور أكثر حول كاثلين ووضعي أكثر من كونه محتوي ديني..

النصر

بسبب ثقافات أجدادي المتعددة وخبرات حياتي المتنوعة والمختلفة ودراستي، فمِن الصعب وضعي فِي إطار محدد، وإعطائي تعريف محدد أو إني تتملَكِنّي تقليد أو بلد واحدة.. فالواقع عَندَمَا قررت كِتَابَة قصتي، كنت قد انتويت كِتَابَة كتاب واحد تحت عنوان «لن أقبل بالتصنيف» «اعارض التصنيف» «لا للتصنيف» «صعوبة تصنيفة»، ولَكِنَّ عَندَمَا تعمّقت أكثر فِي تاريخي الشَّخصي وقصة عائلتي شعرت انه يجب تقسيم المحتوى إِلَى ثلاثة كتب واختيار العناوين المناسبة مِن اجل تبسيط وتمثيل كلّ الأوجه المختلفة لحياتي واسلافي..
لا مفر من صدمة التقاليد والعادات، عندما تهاجر لعدة بلاد وقارات.. ولكن تبقي اللحظة التي تواجه فيها ثقافة جديدة وتحديات معيشية مختلفة دافعا اساسياً في أن تتعرف وتختبر فيها قدراتك وامكانياتك وتتعلم

منها كثيراً.. وبالرغم من تحدياتي في الحياة والصعوبات التي واجهتها إلا أنه يتم وصفي من قبل المقربين مني بالشخص الإيجابي والمبتهج والمتفائل.. فعلاً هذا انا.. لأني أحاول أن أركز اهتمامي علي الإيجابيات، وقد كتبت ذلك في مختلف حسابات التواصل الاجتماعي التابعة لي، «ليس لأن كل شيئ على ما يرام ولكنني اخترت التركيز علي اللحظات الحلوة والمريحة..» أنا أيضاً أحب اضحك كثيراً.. الضحك هنا يمثل علاج لي.. وخفة دمي وقدرتي على الضحك حتى على نفسي ليست فقط استراتيجية جيدة للتأقلم ولكنها كانت أيضا استراتيجيتي لإقامة وتطوير علاقات ذات مغزى مع أشخاص من خلفيات وهويات مختلفة في كل قارة أقمت فيها.. الضحك لغة عالمية.. لقد عانيت لتخطي تحديات هائلة على مدار حياتي، ولكني عشت انتصارات مبهرة.. إن الكفاح والانتصارات لهم دورا في تشكيل الإنسان ليغدو على ما هو عليه الآن وطبيعي سنستمر في التطور والاستمرار في هذه الحياة لنطبق كل ما تعلمناه خلال حياتنا ومن خلال الصعوبات والمطبات والعقبات التي تعترضنا..

لقد استعرضت قصة حياتي كاملة، وتوضيحا أول ستين عاماً من حياتي، من ضمنهم تاريخ عائلتي وتقاليد وعادات الدول التي تنقلت فيها وعشت بين حواريها في ثلاثة أجزاء.. الجزء الأول يحتوي على أول ١٦ سنة من حياتي في اثيوبيا.. الجزء الثاني يصور فترتين من حياتي في اليمن لمدة ١٢ سنة.. وأيضا الجزء الثالث والذي يحتوي على ثمان سنوات من اقامتي في أمريكا وعودتي لليمن.. ويطلعك على حياتي الحالية في كندا من بعد رحيلي من اليمن للمرة الثانية..

مع اني اقيم واستقر واستمتع بحياتي جدا في كندا الغربية الا ان أثيوبيا و

من لا شيء
عادل بن هرهرة

اليمن ستظلان الاثنان موطني و بلادي وأرض أهلي.. حيث انهما الدولتان اللتان يعيش فيهما اهلي وناسي وهما الدولتان اللتان وفرتا لي فرص تعليم لا حصر لها والتي يبقي تأثيرها علي وعلى الطريقة التي انظر بها لتحديات ومتع حياتي.. وما يثير الاستغراب أن العشر سنوات الأخيرة من حياتي تمثل السنوات التي بدأت خلالها أسرح وأفكر وأستكشف ذاتي في محاولات للتأقلم مع الصدمات الأولي في حياتي وفي نفس الوقت أحاول اتعرف علي ذاتي..

ومثل حال كل البشر، فأنا لا زلت أكبر وأنمو وأتعلم عن العالم وما حولي وأهم من كل ذلك أنني اتعلم أكثر عن ذاتي.. أملي فعلا ان حكايتي من خلال ما كشفت عنه وما تم البحث فيه ستلهمكم وتمتعكم وتحفزكم..

تسلسل أحداث عادل بن هرهرة

المجلد الأول

١٩٦٢	عام الولادة بأديس أبابا بأثيوبيا
١٩٦٣	انفصل عَن والدته وعاش مع والده وزوجته
١٩٦٧	توفِي وَالِدي بسبب تليف الكبد..
١٩٦٧	درس دين اليهودية والاسلام
١٩٧٠	شقيق وَالِدَتِي بدد ممتلكات وَالِدي واختفِي تخلي عنه الجميع مِن غير بيت أو أهل
١٩٧٠ - ١٩٧٨	أنقذ وعاش مع خالته
١٩٧٣ - ١٩٧٤	حضر مدرسة الكتاب المقدس انجيلية: مدرسة برشوس سييد الدولية
١٩٧٦ - ١٩٧٧	سجن ٣ مرات بسبب عضويته فِي الحزب ا لشيو عي
١٩٧٨	نقل لليمِن – ارض اسلافي من ناحية الوالد
	المجلد الثاني
١٩٧٨ - ١٩٨٠	كمل الثانوي العام فِي تعز وعاش فِي الحُديده (مدينتين باليمن)
١٩٨١	نقل الي صنعاء وبدأ بالعمل فِي الوكالة الأمريكية للتنمية الدولية USAID
١٩٨٠ - ١٩٨٤	قام برحلات متكررة إِلَى جنوب اليمِن عَلَى مدى السنوات الثلاث المقبلة..
١٩٨٣	اعتمرت فِي مكة المكرمة، بالمملكة السعودية
١٩٨٤	سافر للولايات المتحدة لدراسة علوم الحاسبات
١٩٩٣	العودة الي اليمِن وبدأ العمل فِي شركة للغاز والبترول

١٩٩٤	النجاة مِن الحرب الأهلية اليمنية
١٩٩٥	تزوجت امرأة مِن جنوب اليمن..
	المجلد الثالث
١٩٨٥	تزوج مِن أمريكية للحصول عَلَى الإقامة
	الحبس والتوقيف مِن قبل إدارة خدمة الهجرة والتجنيس وخسارة الإقامة كطالب فِي أمريكا
١٩٩٠	التعميد فِي كنيسة يسوع المسيح لقيسي الأيام الأخيرة (LDS)
١٩٨٧ - ١٩٩٣	دخل فِي شباك مشاكل قانونية خلال السعي للجوء السياسي فِي الولايات المتحدة
١٩٩٦	الهجرة إِلَى كندا وبدأ دوري كأب ولدت ابنتي الأولى..
٢٠٠٣	ولدت ابنتي الثانية..
٢٠٠٦	تخرجت وحاصل عَلَى ماجستير فِي إدارة الأعمال
٢٠١٠	انتهاء زواج استمر ١٥ سنة ومقابلة مع والدتي
٢٠١٢	تكليفِي بالعمل فِي الشرق الأوسط (دبي والسعودية)
٢٠١٤	ركض أول ماراثون، يلحقه ٢١ ماراثونا خلال ٥ سنوات (اهم ٦: طوكيو وبوسطن وبرلين ولندن ونيويورك)
٢٠١٧	تسلق جبل كليمنجارو
٢٠٢٠	زيارة أكثر المناطق حرارة وأكثر نقطة منخفضة عَلَى الكوكب: دلول – منخفض دناكل
٢٠٢٢	نشر كتبي الثلاثة: مِن لا شيء ومستقبل حدوده السماء وبارقة أمل

الخرائط

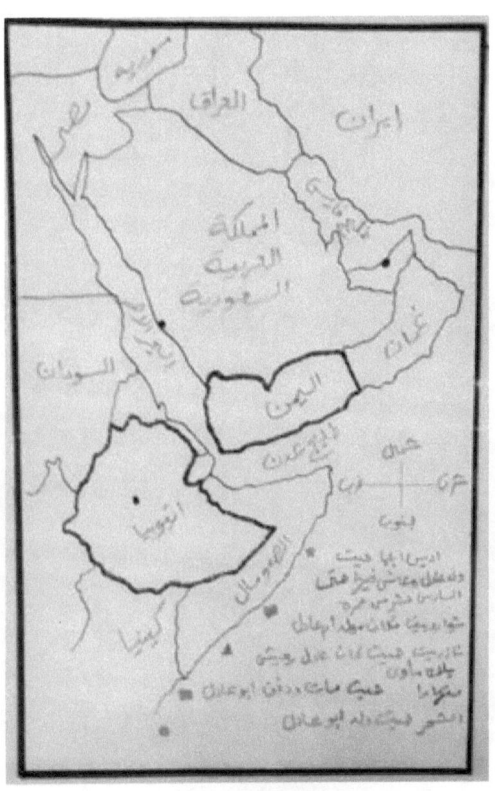

الخريطة الَّتِي أنشأتها جانين شام وترجمتها بازرعة مستعملة بإذن

الفصل الأول

باحثا عَن طفولتي المبكرة

العاطفة هِي «الاعتراف».. عَندَمَا يتم التعرف عَلَى اللحظات الثمينة فِي غابة تاريخنا الشَّخصي خلال لقاء بصري أو عصبي، نلتقط الشرارة السحرية مِن ماضينا، وإثارة لمحات مِن البصيرة وكشف شرارة داخلية.. فلحظاتِ الاعتراف قَدْ تُثيرُ العاطفةَ والإلهامَ..

إريك بيفيرناجي....

من لا شيء
عادل بن هرهرة

فِي الحادي عشر من شهر يوليو العام ٢٠١٠ كنت وبناتي عَلَى متن الطائرة الَّتِي هبطت فِي مطار العاصمة أديس اباب بأثيوبيا.. أخر مرة كنت فيها بأثيوبيا كان مِن ٣٢ سنة فِي ١٣ يناير١٩٧٨ كان عندي ١٦ سنة ووقتها كَانَت البلاد تدار مِن قبل الحكومة الماركسية العسكرية..

علي ما أذكر الأجواء في ذلك الحين كانت مرعبة ومتوترة.. منطقة الانتظار في المطار كانت تضم كل أنواع البشر من كل حدب وصوب منتظرين مواعيد إقلاع طائراتهم.. كان كل ظني وقتها ان الطيران الدولي للناس المهمة فقط ورجال الأعمال.. واعتقدت انني معهم في نفس المكان وأحسست نفسي فائق الأهمية.. بمجرد صعودي إلى الطائرة وجدت مكاني، جاءت مضيفة الطيران لتساعدني في ربط حزام الأمان.. طبعا من كثر التحمس للحدث الكبير هذا لم أنم طوال الليل وكنت مجهد بشدة وانتابني شعور بالغثيان والتقيؤ، ولكن لحسن حظي وجدت حقيبة في متناول يدي لإنقاذ نفسي من الموقف.. وفي عام 2010 تفاجأت جداً عند وصولي أنا وابنتاي لأن كل ما أذكره عن المطار في ١٩٧٨ انه كان أصغر بكثير وأنظف ومنظم بشكل أفضل.. وكانت حينها رائحته زكية ومليء بالإضاءة وواسع ومعظم الناس على مقاعد، وكان من السهل جداً ملاحظة الناس عن بعد.. وأيضا كان عدد الركاب غير الأثيوبيين أكثر من الركاب الأثيوبيين..

غير أن هذه المرة يظهر المطار أكبر ومزدحم بشده وتسمع أصوات عالية للغاية.. وأستطيع القول انه بالتأكيد تم توسعته بصورة واضحة منذ 32 عاماً مضت.. بالإضافة للرائحة اللاذعة للمنظفات المستخدمة لتنظيف الأرضيات.. الركاب هذه المرة كانوا خليطاً من المحليين (الأثيوبيين)، الأفارقة، الآسيويين والأوربيين.. المطار كان مليء بالأصوات التي من الصعب

من لا شيء
عادل بن هرهرة

معرفة مصدرها.. لقد امتلأت الأجواء بالصياح والضجيج المستمر يصحبه أصوات العاملين بالمطار الذين يتخاطبون بأصوات عالية داخل المقصورة وعلى أجهزة الاتصال.. مما يجعل المشهد أمامنا يعج بالزحام والضوضاء مثل السوق المفتوح..

حديث الذكريات..

منذ رحيلي في ١٩٧٨ لم يزداد طولي كثيراً، ولكن هذه المرة كان من السهل التواصل مع طاقم الطيران عبر تبادل النظرات.. قبل ٣٢ عاما، بدا الناس لي أكثر طولاً وأكثر اناقة.. وفكرت فيما إذا كان التغيير داخل نفسي هو الذي اشعرني بذلك أكثر مما كان عليه السكان المحليين.
كل مسؤولي الجمارك والهجرة والحدود في حالة من الاستغراب محاولين مقارنة الشخص الذي بالصورة بالشخص الواقف أمامهم، وجهي واضح عليه اني اثيوبي، ولكن اسمي لا يعكس ذلك.. جواز سفري الكندي موضح إني من مواليد أثيوبيا .. سألتني الضابطة بالإنجليزية إذا ما كنت اتحدث اللغة الأمهرية فأجبتها بالأمهرية.. ثم سألتني: «متى آخر مره غادرت فيها أثيوبيا؟» اجبت: «منذ أكثر من ٣٢ سنة، من قبل أن تولدي تقريبا..» وابتسمت.. وحدث بالفعل، دخلنا أثيوبيا..
بالرغم أنى متعود علي نفس ردود الأفعال في مواقف مختلفة الا انه ذكرني بالروائية دانزي سنا عندما قالت في كتابها «أناس جدد» "New People" «عندما تكون هناك فجوة - بين وجهك وعرقك، بين الطفل والأم، بين جسدك ونفسك - يتوقع منك، في كل مكان تذهب إليه، أن تشرح الفجوة»..
٤ وفعلا في كل الأماكن العامة أشعر إني محتاج أن أشرح وأتكلم عن نفسي..

بَيْنَما كنا نأخذ حقائبنا، بدأت اشم رائحة العمال الذين يساعدون ركاب آخرين لحمل حقائبهم.. وهنا بدأت أتواصل مع موطني بعد أكثر من ثلاثين سنة حين شعرت بتأثير كل ذلك على حواسي..

انا وبناتي أكملنا طريقنا لباب الخروج وكان في انتظارنا سائق من فندق الهيلتون.. في طريقنا كانتا ابنتاي تجلسان بهدوء في المقعد الخلفي للسيارة وأنا كنت أركز وأراقب الطريق يميناً ويساراً محاولا التعرف علي أي شيء.... لم استطع..

في السبعينيات كنت أعتقد أن الناس تقود السيارات وتحترم قواعد المرور ولكن هذه المرة كان الوضع فوضوي وتشعر أن كل السيارات تسير في حالة من الهلع والذعر..

قضينا ٤٠ دقيقة في الطريق ليس لأن الطريق مزدحم، وفعليا الطرق ضيقه جداً لاستيعاب هذا العدد الكبير من السيارات.. وبالتالي كنا مضطرين للتوقف أكثر من مره على جانب الطريق لمرور السيارات القادمة امامنا.. مجدداً لم أستطع التعرف على أي شيء في الشوارع الي ان مرت السيارة أمام مدرستي الابتدائية قصر الإمبريال جوبيلي..في تلك اللحظة كانت ابنتي الصغيرة تراقب رجلا يقضى حاجته على جانب الطريق، فصاحت مندهشةً «بابا هذا الرجل يقضى حاجته على قارعة الطريق..»

لم يكن ردي حاضراً عن سبب قيام الرجل بذلك أمام الحائط فتظاهرت بعدم سماعها.. بالطبع قضاء الحاجة في الشوارع لم يكن شيئا من الطبيعي رؤيته في كندا بالنسبة لبناتي.. وأنا أيضا بصراحة فوجئت لأنه كان إحدى الأشياء التي نسيتها تماما على الرغم من كونه شيء عادي في أثيوبيا.. وكنت في قمة السعادة ان السائق كان ذكياً وأسرع بالسيارة في هذه اللحظة..

بمجرد وصولنا الفندق، اتصلت ب»ابي» اخي من ناحية والدتي لإبلاغه بوصولنا.. ابي أصغر مني بخمس سنوات ويعيش بالعاصمة.. عندما كنت أعيش بأثيوبيا وأنا طفل في الستينيات والسبعينيات أمي لم تقم بتربيتي وبالتالي لم أنشأ مع ابي.. طبعا بسبب بعد المسافات وصعوبة ا الاتصال مع اقاربي من ناحية والدتي، لم أكن أملك أي صور أو تخيل لأي أحد منهم ولذلك لم يكن لدي أدنى فكرة عن شكل ابي..
أخيراً في صباح اليوم التالي رأيته شخصياً وتعرفت عليه.. ابي طوله ١٨٠ سم – أطول مني وبشرته افتح مني وجبهته عريضة تحس انها تبلغ نصف وجهه وتظل تفكر هل جبهته عريضة أم هي بداية مرحلة صلع..

ابي كان قليل الكلام وشعرت وقتها انه يقيمني ويلاحظ تصرفاتي وهو يفترض افتراضات من عنده لمجرد إني اقمت في اليمن وشمال أمريكا لفترة طويلة.. حدسي كان في محله.. لاحظت ذلك طوال رحلتنا منذ اخذنا للتسوق الذي لم اطلبه ولم أكن احتاجه، ومنذ أن نسق خدمات أخري والتي اكتشفت بعدها ان تكلفتها أعلي بكثير من المفترض أن يكون.. بمجرد وصولي لأثيوبيا كنت سعيد بلقائي العائلة مجدداً ولم الشمل ولكن ابي خذلني بأن وضعني في قالب الشخص السياحي النمطي من شمال أمريكا، الشخص الذي كان فرصه لأمثاله لكسب المال، أكثر من كوني واحد من العائلة.. لن أنكر انه كان مضيافاً وساعدنا كثيراً وقت تواجدنا بأثيوبيا، ولكن محاولاته للحصول على المال مني ذكرتني انه عن الرغم من جذوري العميقة بأثيوبيا إلا ان دمائي اليمنية والسنين التي قضيتها في اليمن جعلت بعض الأثيوبيين ينظرون الي علي اني غريب..

من لا شيء
عادل بن هرهرة

صباح اليوم التالي ابي قابلنا في الفندق واقترح ترتيب الزيارات حسب عاداتنا وتقاليدنا.. التقاليد الأثيوبية تحتم زيارة الوالدين قبل أي شيء بغض النظر عن طبيعة العلاقة.. وطبيعي بما ان اهل والدي باليمن فمسار الطائرة كان من تورنتو بكندا مباشرة لأديس أبابا.. وعلى قمة الأولويات مقابلة والدتي وعائلتها..

نصحنا قائلا: «أفضل وأحسن حاجة أنكم تبدأوا بزيارة والدتك ثم خالتك ثم زوجة أبيك..» رقية هي واحدة من زوجات ابي الثلاث وهي التي ربتني أول خمس سنوات من حياتي وهي مازالت تعيش في أديس أبابا خلال زيارتنا..

بالطبع لم أكن أعرف مكان إقامة والدتي وابي أبلغني انها تقيم في مدينة مركاتو وهي كلمة إيطالية معناها سوق.. وهذه المنطقة بالتحديد في أديس أبابا تملك اكبر سوق مفتوح بأفريقيا. لقد عرفت خلال طفولتي انه تم تأسيسها على يد قوة السلطة الاستعمارية، إيطاليا، والتي احتلت أثيوبيا لفترة قصيرة بين عامي ١٩٣٦ - ١٩٤١..

عندما أوشكنا على الاقتراب من منطقة المركاتو لمحت البنتان رجلاً يقضي حاجته مجددا، سألتا «لماذا تفعل الناس ذلك؟» أخي الذي يتحدث الإنجليزية شرح لهما انها حاجة منتشرة وطبيعية هنا في أثيوبيا وأن الحكومة تحاول تثقيف الناس وتبني لهم حمامات عامة.. وأضاف: «إلى وقت قريب كان من الاعتيادي على النساء أن تقضي حاجتها علناً ولكن من الخطأ والعار أن تأكل علنا..»

حينها رأيت بوضوح تعابير الدهشة والاستغراب تعلو وجه ابنتاي.. هي معلومة غريبة وعجيبة بالنسبة لهما.. وساد الصمت الأجواء لبضع دقائق..

وينشت، أمي

والدتي كانت تسكن في بيت مكون من غرفتين.. وانبهرت بحجم البيت الصغير وكيف استطاعت تربية خمسة أطفال فيه.. تفاجئي في حد ذاته كان دليلاً علي أني نسيت طبيعة الحياة والمعيشة في أثيوبيا..

بمجرد وصولنا، اخذتنا والدتي نحن الأربعة لغرفة المعيشة للجلوس وكان هناك زوجها الذي لا أذكر مقابلته سابقا.. مكث ينظر الي ويتفحصني من أعلى لأسفل طوال الوقت من غير أن ينطق بكلمة.. دخلت بنت صغيرة في السن أحضرت لنا القهوة.. وبعد المقدمات والقهوة قدمت الشراب التقليدي وجبة طبق الدورو (مرق دجاج) لي وللبنات..

كنت أريد سؤال أمي عن طفولتي.. ولكن من الناحية الأخرى هي كانت مهتمة بالسؤال أكثر عن حياتي والبنات.. أمي سيدة محترمة وكريمة وهادئة وطرحت أسئلة محددة.. وابنتاي أيضاً لاحظتا كيف هي لبقه وأنيقة بغض النظر عن وضعها الاجتماعي.. سألتها عن صحتها وصحة الأولاد بما ان كلهم يعيشون خارج البلاد ماعدا ابي..

بعد عدة ساعات غادرنا ولم أحصل على فرصة لأسأل عن طفولتي.. لم أكن اريدها ان تظن أنى قطعت كل هذه المسافة من كندا لهذا السبب.. فأول

زيارة انتهت بالسؤال والكلام عنها فقط.. وابي عاد بنا للفندق..
اليوم التالي اتصلت بأمي مباشرة وسألتها عن يوم مناسب لزيارتها وإن كانت تستطيع ان تأتي معي لزيارة زوجة أبي رقية وخالتي إمبت..
عندما التقيت بأمي كان معي بعض صور اخرجتهم من ظرف بني اللون وبدأت أعطيهم لها واحدة تلو الأخرى.. وسألتها لو تذكرهم.. كانت صور لي معها وعمري شهرين و٦ أشهر وسنة.. وصور لها فقط وهي تبلغ من العمر ١٥ و١٧ سنة.. وصور أخري مع فتاة يمنية كانت تربيها..
كانت تنظر بدقة وتمعن في كل صورة بابتسامة كبيرة وحزن على وجهها وفي صمت.. بكل سعادة سألتني أين وجدتهم.. قلت لها أنى جمعتهم من أخواتي الكبار وزوجات أبي باليمن..
قالت: « صورك معي ومع خالتك اختي الصغيرة اخذت في أول عيد ميلاد لك.. وأيضا صورتك وانت بعمر خمس سنوات كانت في يوم عيد ميلادك..»
لقد تذكرت الأوقات والأماكن وكل شيء بوضوح.. وأطلقت ضحكة قوية وجميلة لتذكرها موقف حصل يوم عيد ميلادي الخامس وأنا كلي فضول مصمم ان أعرف كيف تم التقاط الصور..
«المصور كان منبهر جدا بك وطريقتك في طرح الأسئلة.. كنت تريد رؤية الغرفة المظلمة التي يتم تحميض الأفلام فيها.. وهو شرح لك بالقدر المبسط الذي تستطيع استيعابه لأنك كنت مهووس بالتصوير.. كلما شرح أكثر، كلما سألت أكثر.. وأخيرا استطعنا اقناعك بالجلوس والثبات ليأخذ المصور الصور ويرحل، أيضا كان هناك ناس آخرين منتظرين دورهم..»
توقفت عن الكلام لوهلة وقالت إن المصور نظر لها وقال: « حظ سعيد مع هذا الولد ...... لديه أسئلة لا حصر لها..»

سألتها عن عيد ميلادي، ويوم ولادتي، قالت:» أنت ولدت يوم السبت ٢٨ تهاسس، ١٩٥٤ الساعة ١:٠١ في مستشفى فيلهوة (مستشفى العيون السخنة) بأديس آبابا..

ابي كان مشغولا بترجمة كل ما تقوله أمي للبنات..

لينا ابنتي الكبيرة سألتني، «بابا كنت أظن انك ولدت ١٩٦٢؟»

توقفت لبرهة لأشرح لبناتي عن الساعة والتقويم الأثيوبي..

يتكون التقويم الأثيوبي من ١٣ شهراً، كل شهر ٣٠ يوماً بالإضافة لشهر زيادة عبارة عن ٥ أو ٦ أيام علي حسب إن كانت سنة كبيسة ام لا.. هناك فرق ٧ إلى ٨ سنين بين التقويم الأثيوبي والتقويم الميلادي نتيجة حساب بديل في تحديد تاريخ التنازل.. وعدّلت الكنيسة الكاثوليكية تقويمها في عام ٥٠٠ ق م، في حين أن الكنيسة الأرثوذكسية الإثيوبية لم تفعل ذلك.. التقويم الإثيوبي تم إحضاره إلى إثيوبيا من قبل المبشرين، وهو أكثر شيوعا مع التقويم القبطي الأرثوذكسي، ويسمى أيضا تقويم الإسكندرية، الذي يستخدم في مصر..

أثيوبيا تستخدم أيضا نظام الساعة الذي مدته ١٢ ساعة والذي يختلف عن نظام ال٢٤ ساعة في اليوم المستخدم في الغرب .. يتكون اليوم الأثيوبي من يومين مدة كل منهما اثنا عشر ساعة. نصفي النهار يتتاليان من الفجر إلى الغسق والغسق إلى الفجر.. يبدأ اليوم في السادسة صباحاً وينتهي في السادسة مساءً (من شروق الشمس إلى غروب الشمس)؛ ولذلك، فإن ما يعتبره الجميع في العالم هو الساعة السابعة صباحا هو الساعة الواحدة صباحا بالنسبة للإثيوبيين..

طبعا واضح وضوح الشمس.. لو وصل السائح لأثيوبيا وضبط ساعته

أو الموبايل علي حسب التوقيت المحلي، سيحتاج بكل بساطة إنقاص ٦ ساعات من الوقت، فعلى سبيل المثال، إذا رأى أحد الغربيين، وفقا لتعقبهم للوقت، أنها الساعة التاسعة صباحا، فإنها في الواقع الساعة الثالثة صباحا بالتوقيت الإثيوبي منذ أن يبدأ اليوم عند الفجر.. السابعة صباحاً تعتبر الساعة الأولى من اليوم.. ويمكن أن يكون ذلك مربكا إذا كان غير الإثيوبيين يجتمعون مع المحليين من أجل التجمعات التجارية أو الاجتماعية.. مما يسبب سوء الفهم وسوء التواصل حول أوقات الاجتماع وهو أمر شائع.. ولهذا قلت لبناتي، «إذا حساباتي دقيقة.. فقد ولدت ٦ يناير ١٩٦٢ الساعة ٧:٠١ صباحا.. وهذا مذكور بالضبط في شهادة ميلادي..» كانتا راضيتين عن شرحي الطويل.. وسألتاني، « ما هي السنة واليوم لهذا اليوم؟»
نظرت سريعا لابي مستنجدا..
قال: «هاملي ٦، ٢٠٠٢،» الذي هو الثلاثاء ١٣ يوليو، ٢٠١٠..
وانبهرت البنات بإجابته كثيراً
سألت والدتي إذا كانت تستطيع اخذي للمستشفى التي ولدت بها لالتقاط بضع صور..
«بصراحة يا ابني، الفكرة كلها ان المستشفى تم بناءها علي يد مبشرين من المملكة المتحدة وكان الموظفون والممرضات من الهند.. المستشفى كانت بعيدة ٢٠٠ مترا من قصر الإمبريال جوبيلي ومع توسع القصر برزت الحاجة الى تلك الأرض والواقعة بالقرب من المستشفى التي ولدت فيها.. فأخذوا الأرض والمستشفى اصبحت جزء من القصر.. وبعدها بنوا مستشفى جديدة وأكبر على بعد كيلو من المستشفى القديمة..» ولهذا السبب شبه مستحيل دخول القصر للحصول علي أي صور.. وهي لم تكن متأكدة ان المبني الأصلي

مازال قائما أو تم تحويله لأي مكتب خدمات للقصر..
اضحكتها بشده لقولي: «الآن اقدر أن قول اني ولدت في القصر..»
بعد عودتي لكندا، قررت اتقصى أكثر عن المستشفى.. اسمها فيلهوا بسبب قرب موقعها من العيون السخنة التي تدعي فيلهوا.. وكانت تدعي أيضا مستشفى زوديتو «وتعود التسمية إلى الإمبراطورة زوديتو قريبة الامبراطور هايلي سيلاسي.. وقد سبقته على عرش البلاد.. واليوم يدير قطاع الصحة مستشفى زوديتو..»
وأكملت أمي حكايتها عن أعوامي الأولى..
«أنت رضعت لشهر أو أكثر، لم يكن لدي حليب كافي وانت أيضاً لم تكن تحب الرضاعة الطبيعية، فكبرت على اللبن المجفف..»
وقالت انهم لم يستطيعوا تركي لوحدي أكثر من ٥ دقائق، لأنني كنت دائماً أضع أي شيء في فمي أو أحطم الأشياء وأسبب المشاكل..
«عندما كنت سنة ونصف، رأيت والدك يشرب بيرة وأنواع أخرى من الكحول من الزجاجة مباشرة.. وعندما نخرج في رحلات، كان والدك يملأ جازولين للطبخ والرحلة في تلك الزجاجات الفارغة.. الناس كانوا يستخدموا الجاز السائل في الخمسينيات لطبخ اكلهم في الرحلات.. وفي إحدى المرات كان هناك زجاجة مليئة بالجاز وانت اكيد كنت تظنه ما يشربه والدك من الكحول وشربت قليلاً منه وتم حجزك في المستشفى لعدة أيام..»
وأكملت حديث الذكريات، «مره أخرى عندما كان عمرك عامان، وجدت سم فئران واكلته واضطررت للذهاب إلى المستشفى وعمل غسيل معدة.. وأيضاً كان معروف عنك انك تحب تقف في المطبخ وتضع الملح والسكر والدقيق.... أي شيء تلاقيه .... داخل الطعام الذي يتم طبخه علي الموقد..

كتير من المربيات والخدم اضطررنا أن نخرجهم من العمل لدينا لأنهم لم يعطونك الاهتمام الكافي.. أيضاً كنت تلعب بالكهرباء وتضع الأسلاك في غير موضعها.. التوقعات كلها كانت انك ستموت في حادثة من هذه الحوادث قبل أن تتم خمس سنوات..»

«نسبيا وفي هذا الوقت تحديداً أنت كنت أكثر طفل محظوظ، لم يكن هناك سرير لنوم الأطفال ولا احذية مستوردة ولا ملابس كافية.. ومعظم الأطفال لم يحصلوا على التطعيمات ولم يتم شحن طعام أطفال لهم من مدينة عدن وهي مدينة تحت الاستعمار البريطاني.. لكن بفضل مركز والدك وامواله حصلت على كل شيئ»..

والدك اخدك لأماكن كثيرة جدا لأنه كان فخوراً ان لديه ولد.. وانت كنت لا تفارق ظله طوال الوقت.. كان عندك ٥ سنوات عندما توفى والدك فجأة.. بعد وفاته وغسل جسده للدفن، حاولت ان توقظه.. كنت ترغب في أن تتكلم وتلعب معه.. وكل مره كنا نمنعك من دخول الغرفة..» ١١

استمرت في الشرح: «وقعت مشكلة اثناء الوفاة، والمشكلة ان المسيحيين في المنطقة رفضوا دفن والدك قالوا انه غريب وأجنبي وغير مسيحي.. لم يروا انه من المناسب دفنه في المدافن المسيحية..»

المسلمون من الجهة الأخرى، رأوا انه يشرب الكحول ولم يكن يصلي أبداً في المسجد ولم يمارس أيا من أركان الإسلام مثل صيام رمضان مثلا، فعليا لم يكن مسلم بصورة كافية وواضحة ليتم دفنه في مقابر المسلمين.. وهذا نشر جدل كبير وتأخير في الدفن وبدأ جسد أبوك يتحلل..»

كلمة يتحلل نبهتني لذكرى في صغري لرائحة جسم يتعفن..

«كان علي العمدة والسفارة البريطانية ان يتدخلوا لأن والدك مواطن

بريطاني.. وأخيرا السلطات قررت دفن والدك بين المقبرتين..»
ليس لدي أي ذكريات وأنا صغير عن وجود مثل هذه العقبات عندما توفي والدي.. والآن، وأنا رجلاً راشداً فهمت ما هي التقاليد الدينية والعادات المختلفة، والتوقعات، والواجبات، والأهمية التي توضع لهذه الممارسات، أستطيع الأن إدراك المأزق الذي كانت تعيشه أسرتي عندما تعاملت مع جسد والدي..
واصررت علي زيارة قبره..
والدتي وافقت.. وبعد أن قضينا أنا وبناتي ثلاثة أيام في اديس أبابا، سافرنا مع أمي إلى متاهارا، قرية تبعد ١٨٨ كم شرق العاصمة.. أبلغتنا أمي انها قد لا تتذكر مكان القبر بالتحديد، لأنه مر عليه أكثر من ٤٠ سنة، ولكن خططنا أن نسأل أحد من شيوخ المدينة ليوجهنا لمكان الدفن..

عند وصولنا لمتاهارا وجدنا أُناس ساعدتنا لإيجاد المقبرة، ولكن اكتشفنا ان خلال الأعوام الماضية امتزجت المقبرتين وكان من الصعب تحديد مكان دفن والدي..
سرحت وفكرت بيني وبين نفسي ان بعد كل الخلافات والمشاجرات والجدل الديني بخصوص دفن والدي، فقد انتهت بهذه الطريقة المثيرة للسخرية.. معظم الناس الذين كانوا احياء حينها دفنوا في نفس المكان تحت نفس التربة ولا يوجد أحد يستطيع أن يفصل ما بين مقابر المسلمين والمسيحيين أو غيرهم.

الفصل الثاني

كان لدي عائلة

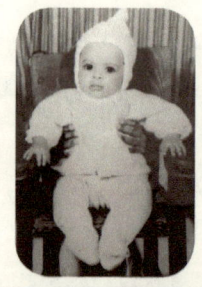

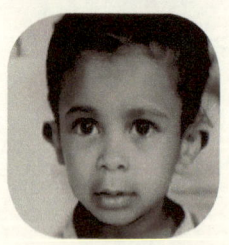

زوجة الأب العاقلة تعرف أنها في بَعض الأيام كالعامل عَلَى مسرح، وفي ايام اخرى هِي البطلة وأحيانا هِي الجمهور...... انها تلعب كلّ دور بأناقة ورقي..

مجهول

وَالِدي كان لديه عدة زوجات وعشيقات في مدن ودول مختلفة كانت ثمرتها ستة أطفال، منهم أربع بنات.. من جهة والدي كان لدي ثلاث زوجات أب.. وعدد من الأخوات غير الشقيقات وبناتهم وأبنائهم.. ووالدتي كان لديها أختان وشقيق وحيد..

والدتي أكدت لي ان والدي لم يتزوجها وفق الشريعة الإسلامية أو وفق الزواج المتعارف عليه في شمال أمريكا ولكن كان زواجاً وفق التقاليد الأثيوبية.. هي، أبي وأنا عشنا سوياً كعائلة لمدة تقارب عامين بعد أن ولدت.. وعندما بلغت من العمر عامين ترك أمي وتزوج من سيدة يمنية إسمها رُقية. قضيت مع زوجة أبي رُقية أكثر من ثلاث سنوات منذ كان عمري عاماً ونصف إلى أن بلغت خمس سنوات.. وكما خططنا في رحلتنا وبناء على موافقة أمي فسوف تصطحبني لزيارة رقية برفقة البنات، لأني في حاجة لأعلم أكثر عن سنواتي الأولى معها وهي متزوجة من أبي.. قبل رحلتي لأثيوبيا كنت أتابع أخبارها عن طريق ابنتها مني وهي أختي غير الشقيقة والتي كنت على تواصل معها منذ غادرت أثيوبيا ١٩٧٨..

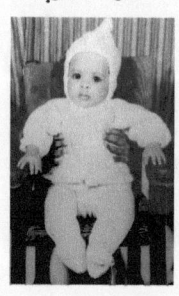

يونيو ١٩٦٢

رقية

رقية يمنية مسلمة، ولَكِنَّها عاشت فِي اثيوبيا لعشرات السنين مِن بَعد زواجها بوالدي.. أنا وبناتي قمنا بزيارتها بأديس أبابا كجزء مِن رحلتنا فِي أثيوبيا ٢٠١٠..

انا ورقية تكلمنا كثيرا عَن أيام زمان وعن أولادها مِن رجل تزوجته بَعد وفاة والدي.. تكلمنا أيضاً عَن صحتها وعن ابنتها لأن صحتها لم تكن فِي أحسن حال..

سألت رقية عَن طفولتي مِن منتصف عامي الثاني حَتَّى عامي الخامس وتحديدا خلال فترة بقائي معها ومع والدي.. فاجابت بانها كَانَت أصعب فترة فِي حياتها ومِن الواضح أنى كنت صعب المراس..

تابعت الحكي ضاحكة، «رعايتك كَانَت تقريبا مهمة شبة مستحيلة.. كان صعب تركك بمفردك لبضع ثواني مِن غير ما تُحدث كسراً أو تدمر شيئا مِن اشياء البيت مما سببت لي مشاكل كثيره مع والدك..»

شرحت أكثر اني كنت طفلا شقيا وكثير الحركة و وَالِدي كان متطلبا ويبالغ فِي حمايتي، وكما يقال ابنه الغالي بقى...لَقَد وجدت صعوبات فِي السيطرة علي وفِي نفس الوقت لم تريد اغضاب أبي..

تذكرت رُقية بعض مواقف وأحداث مرت في الماضي بشكل طفيف ومهزوز مثل إحدى المرات حين حاولت ادخال شوكة في مفتاح الكهرباء ونجوت بأعجوبة من الخطر.. وهي ذكريات شبيهة لما ذكرته أمي لي.. من الواضح أنني كنت مغرماً باللعب بمفاتيح الكهرباء وأنا صغير..

والحادث الثاني الذي تذكرته رُقية هو أنني كنت على دراجتي ثلاثية العجلات ألعب في مكان لا يبعد كثيراً عن بيتنا وكانت هناك حفرة كبيره

من لا شيء
عادل بن هرهرة

حديثة للصرف الصحي عمقها ثلاثة أمتار وطبعا وقعت فيها مما أثار الرعب في رُقية حيث ظننت أنني قد متُ .. العمال حينها كانوا قد ذهبوا للغداء وهي جلست تصرخ عالياً تستنجد لسحبي خارج الحفرة.. بعض من الرجال سمعوا صراخها وجاؤوا مسرعين وجلبوا سلماً ليتمكنوا من سحبي للخارج.. هي تذكر ان أنفي كان ينزف دماً وأن رأسي كانت مجروحة حيث ارتطمت بشدة في الأرض.. ..

قالت لي «انا كنت في قمة الخوف والرعب من مواجهة والدك حينما يعود البيت، فقررت أن أعطيك رشفه من الويسكي الخاص به لتذهب في النوم سريعاً وعندما وصل البيت وسأل عنك قلت بكل بساطه: «لقد نام..»
بعدها سألتها عن علاقتي بوالدي وعلاقته بها.. تحدثت عن المشاكل التي كنت أسببها للجميع.. **قالت** لي انه كان من الصعب إطعامي وكنت كثير الحركة مثلما قالت امي.. رُقية أكدت القصص حول مدى سعادة ابي بكوني أبنه واصطحابي معه في كل مكان... بعد سماع كل هذه القصص، كان من المنطقي بالنسبة الي فهم لماذا لم يتردد أغلب أصدقاء والدي في كوني فعلاً أبنه؟ خاصة عندما بدأت في مقابلتهم في وقت لاحق من حياتي (بما في ذلك عائلتي في جنوب اليمن، التي كانت مدركة تماما لوجودي)..
استمرت رقية في حديث الذكريات : «لم تكن الطفل الذي يبكي أو يشتكي، لكنك كنت محتاج الكثير من التركيز والرقابة، هذا ما أتذكره بدقة..»
بعدها نظرت لرأسي وتفاجأت بما حصل لشعري..

« كنت تملك شعراً كثيفاً، ومجعداً وانت طفل.. بعد أن كنت أصفف مقدمة شعرك ثم أبدأ في تصفيف الجزء الخلفي أجد أن المقدمة تجعدت من جديد..»

الآن فإن شعر حاجباي والشعر في أذناي أكثر بكثير من الشعر في مقدمة رأسي..

علاقة مضطربة...

أمّا عن علاقتها بوالدي، فقد أشارت أنها كانت مضطربة جداً وغير مستقرة.. فهو لم يكن شخصاً مسلماً ملتزماً وصالحاً كزوج عربي كما كانت تأمل.. كانت الخلافات بينهما بصورة يومية وأغلبها حول معاقرته للخمر.. هو طوال عمره لم يسمع أو يلتزم بنصيحة الدكتور، فما بالك بنصائح زوجة صغيرة في السن.. إذا تزوج رجل امرأة لإنها خجولة ومسالمة ومطيعة، فهو اختار زوجة تلبي كل احتياجاته في التحكم والسيطرة.. أبي طوال حياته لم يضرب أيا من زوجاته، ولكنه كان يفقد أعصابه معهن لأنهن كن يواجهوه ويؤنبوه على شربه وعاداته الأخرى.. ورُقية لم تكن تختلف عن زوجاته الأخريات، حيث كانت تتركه على راحته.. وعندما كان يشرب الخمر كانت فقط تؤنبه علي تصرفه وهذا كان أسوأ وقت للتعامل معه وفي الوقع كان الحافز لإعلان الحرب في المنزل..

وأضافت أن «الحياة مع والدك كانت صعبة جداً..لأنني لم أكن أريده أن يشرب الخمر فهذا مخالف لديننا وتقاليدنا لكنه لم يكن يستمع لي أبداً.. كان يشرب كثيراً وكان يصرخ حينما كنت أواجهه بمشكلته مع الخمر.. كان رجلاً طيباً ولكن غير متفهم على الإطلاق»..

«انا ووالدتك كنا مراهقتين عندما أنجبنا من والدك.. كان أكبر منا بكثير بحوالي خمسة وثلاثين عاماً وكان رجل جيش سابق وعنيد جدا..»

ونظرت في عيني وقالت، «انت ابني الأول الذي لم أنجبهُ ..»

سألتها ماذا تقصدين؟ ردت موضحة: « قد لا أكون الأم التي أنجبتك، ولكن

منذ أن بلغ عمرك عاماً تربيت بيننا أنا ووالدك وكان هو يحبك حباً ليس له حدود.. وأنا كنت حريصة ان لا يصرخ ولا يرفع صوته عليك عندما تقوم بأمر خاطئ، واعطيتك الاهتمام والرعاية التي لم أعطيهم لأي من أولادي..»
شكرتها جداً لحبها ومشاعرها الجميلة لي وأنا طفل.. كل ما أذكره عنها في صغري انها لم تتحدث الأمهرية وهي اللغة الرسمية بأثيوبيا.. كانت تتحدث فقط اللغتين العربية والأرومو خلال الأربع سنوات التي عشتها معها، ولذلك حينما بلغت من العمر خمس سنوات كنت أنا المترجم الرسمي لها في السوق وهي تشتري احتياجات البيت من خضار ولحوم..
وأيضاً أذكر أنها كانت تصلي الخمسة فروض يومياً وكانت ترتدي الحجاب كل مرة تخرج فيها على عكس السيدات الأثيوبيات..
كطفل كنت في حيرة وأنا أري الفروقات الروتينية بين المسلمين والمسيحيين..
وهذه الاختلافات لم تكن منطقية أبداً بالنسبة لي، ولم أستطع أن أفهم لماذا كانت ضرورية..؟
أكملت رقية الحديث عن طفولتي..
«عندما كنت أبلغ من العمر أربع سنوات وأربعة أيام تواصلت مع عائلة عربية لتعليمك القراءة والكتابة باللغة العربية..»
لم يكن عمر الأربع سنوات السن الرسمي لدخول المدارس ولذلك اتفقت رُقية مع مدرس خصوصي ليبدأ بتعليمي القراءه والكتابة باللغة العربية وقالت لي أأنني قد تكلمت اللغة العربية قبل كتابة وتحدث الأمهرية..
«كان والدك يحاول تعليمك بعض كلمات باللغة الإنجليزية..»
والدي كان يجيد التحدث بالعربية والإيطالية والإنجليزية والسواحيلي وقليل من الأمهرية.. نعم، من الواضح انه كان مقدر لي تعلم عدة لغات منذ

طفولتي..ضحكت رُقية فجأة وتذكرت ذكرى أخرى جميلة عني: « حتى بلغت أربع سنوات لم تكن قادرا على النطق، فقط تشير بحركة رأسك بنعم أو لا..» سألتها هل هذا يعني انني لم أجيد النطق بشكل صحيح..

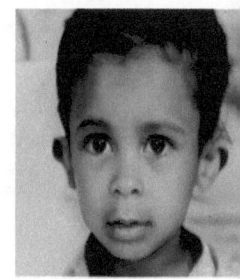

يناير ١٩٦٧

بوابة البيت الَّذِي كنت اسكنه

الباحة الامامية للمنزل الَّذِي ولدت به – ابنتي ال صغيرة تتجول المكان معي..

مِن الواضح ان البيوت تم ترميمها واعادة تأهيلها عَلَى مدار الخمسين عام – كان المدخل مِن الزجاج

اجابت: «أنت لم تنطق وتعبر حَتَّى عمر الاربع سنوات.. بعدها أول ما بَدَأت الكلام، كونت جمل كاملة باللغتين العربية والأمهرية.. تكلمت أورمو أيضاً... جمل كاملة مِن غير أي غلطة، مثل الكبار..»

حين بلغت عمر الاربع سنوات كشفت لي بان المخاوف كانت تنتابها مِن انني غير قادر عَلَى نطق الكلمات..

تابعت: «لا تتخيل الراحة الَّتِي شعرت بها أول ما اتكلمت! وبدأت بالكلام بجمل كاملة وسريعة! طوال عيشنا معاً لم أسمعك قط تتكلم مثل الأطفال.. إلى جانب أنك كنت تستخدم يدك اليسرى واضطررنا إلى ربط يدك في كرسي وراء ظهرك لكيلا تستخدمها.. كما تعلم، في الإسلام، اليد اليسرى تستخدم فقط في التنظيف.. بعد ستة شهور من المحاولات المضنية، بدأت تستخدم يدك اليمني..“

بعدها سألتني ما اليد التي أستخدمها الآن هـ..ل هي اليسرى أم اليمنى؟ شرحت لها اني أعسر، وأنني أكتب فقط بيدي اليمين، وأركل الكرة بقدمي اليسرى.. وفي الغالب للمدافعة عن نفسي يدي اليسرى تتحرك أولاً كرد فعل لا إرادي..

”انت كنت تتبع التعليمات والاتجاهات جيد جداً.. ولكن لم تتكلم، وعدم قدرتك على الكلام كان تحدي للجميع.. لذلك تركناك تقضي وقت مع

فردوس منير آملين إنك تستطيع الكلام بطلاقة.. فردوس كانت بنت اخت رُقية وهي تعيش حالياً في اتلانتا بأمريكا.. والد فردوس الحاج منير كان أحد أصدقاء والدي واخوانها الكبار كانوا يعرفوا والدي معرفة جيدة..
الحاج منير أدار شركة مواصلات وكان يملك عدداً من الباصات الكبيرة.. كان لديه سبعة عشر ولداً من زوجتين.. هو وأبي تزوجا أختين وهذا سبب الارتباط بين العائلتين الذي استمر حتى هذه الأيام..
خلال الزيارة كاملة كان الحديث يدور حول قصصها وقصص والدي..
أكملت حديثها الشيق :» في هذه الأيام لم يكن هناك أي تطعيم للجدري أو أي تطعيمات لأي مرض، ولكن أخذناك لمستشفى زويديتو التبشيري لتحصل على التطعيم.. معظم الأطفال لم يزوروا أي أطباء أو يحصلوا على متابعات منتظمة، لكن والدك كان حريصاً جداً على رعايتك وصحتك وأن تحصل على غذاء صحي متوازن..“
” الناس في هذا الوقت لم تكن تفكر في التطعيمات والمتابعات المنتظمة.. معظم الأطفال كبروا بصورة طبيعية من غير أي مشاكل ومن غير تطعيمات.. وغالبية الأطفال كانوا يولدون في المنازل وكثير منهم لم يكتب له الحياة.. والذين كتب لهم الحياة منهم، جروا ولعبوا وعاشوا بصوره طبيعية من غير أي مشاكل.. عندما كنت أصحبك بصورة منتظمة للتطعيمات، إحدى الجارات أوقفتني ذات مرة وسألتني لماذا أذهب بك للمستشفى بشكل دائم.. كثير من السيدات لم يعرفوا إني زوجة والدك وقلت لهم انك ابني..“
عندما سألتها ما سبب تعلق والدي بي: قالت «لأنه كان لديه أربع بنات وابن آخر.. الابن الكبير، جاء من جنوب اليمن ليكمل دراسته في مدرسة سانفورد الخاصة كبينا، المدرسة البريطانية في أديس أبابا.. ولكن والدك

من لا شيء
عادل بن هرهرة

وأخيك لم يتفقا وكانا على خلاف دائم.. وعندما بلغ أخاك سن السابعة عشر ترك والدك وعاد إلى جنوب اليمن.."

أخي الكبير الذي لم أقابله شخصياً أبداً في حياتي، ترك أثيوبيا وذهب للعيش في اليمن في ١٩٥٩.. عاش في عدن، جنوب اليمن الى ان تم تحريرها من بريطانيا في ١٩٦٧ وبعدها بعامين سافر للسعودية.. وتوفي وهو في سن التاسعة والثلاثين تاركا خلفه أربع بنات دون سن العاشرة.. لقد توفي عندما كنت مقيماً باليمن في نفس الوقت الذي كنت أخطط فيه لزيارته وبالرغم من معرفته بوجودي، لم نتقابل..

"كان والدك ينتابه إحساس بالمرارة والضيق فيما يخص أخاك الأكبر وتجاه زوجاته مريم وزينب، لذا فحين ولدت أحس بأنك عطية حصل عليها حتى أنه لقبك: عاد!

عندما سألتها لماذا هذا اللقب بالتحديد، قالت: «أقرأ عنه وستعرف..» وهذا ما فعلته بالضبط....

***

السبب وراء تسميتي بهذا اللقب مرتبط أكثر بشخصية والدي وليس بي شخصياً.. الهدف وراء منحي اسم « عاد » هو اغضاب العرب مع انه هو عربي الأصل، ولكنه يرى نفسه بريطاني وكان يستمتع بشدة بمضايقة العرب المتشبثين بثقافتهم وديانتهم.. وعادة كان يخترع طرائف وأفكار غريبة لتثير استفزازهم وتضايقهم..

هناك بعض القصص في القران عن قبيلة عربية مفقودة تدعى عاد.. هي قبيلة قديمة موجودة في جنوب الجزيرة العربية... أفراد هذه القبيلة كانوا من المجموعات الأصلية من العرب الرافضين الديانات التوحيدية وعُرفت

من لا شيء
عادل بن هرهرة

في القرآن الكريم كتاب المسلمين باسم قوم عاد والذين تعرضوا لعذاب كبير من الله بسبب كفرهم ومحاربتهم النبي هود..

العرب لديهم تعصب شديد لدينهم ولعاداتهم وتقاليدهم.. على سبيل المثال إذا رسم أحداً صوره مهينة لسيدنا محمد عليه الصلاة والسلام، فإن المسلمين المتشددين عندهم الاستعداد لقتله.. المسلمون يستطيعوا تقبل ان المسيحي يشرب أو يزني.. ولكنهم اقل تسامحا إذا مسلم فعل نفس الأفعال.. والدي كان يشرب الخمر ولم يكن يصوم أو يصلي.. كان هو أفضل مثال للشخص غير الملتزم في نطاق البروتوكول العربي المعتمد على الدين والقيم الثقافية.. ونتيجة لنمط وأسلوب حياته، كان دائما عرضة للنميمة والشكاوى..

لقد كان منبوذاً.. وكثيرا ما كان منزعجاً من هذه المعاملة، وكان دائما يخوض معركة اغتيال لشخصيته.. حلقة قاسية بكل تأكيد.. ولكنه لم يكن أبداً طوال حياته مهتماً بأي من تلك الأشياء..

عند دخولي المدرسة في سنة ١٩٦٧، اعتقد العرب ان هناك وصمة قبيلة عاد مرتبطة باسمي.. قرر أحمد بانصير صديق والدي المقرب وهو من نفس مدينة والدي (الشحر في حضرموت في جنوب اليمن) ان يضيف حرف اللام في نهاية أسمي ليتحول أسمي من عاد الي عادل والذي اكتشفت انه اسم ملفت لأنه مستخدم كاسم أوروبي وعربي ويهودي...

أحمد بانصير

حسين اخي الكبير ١٩٥٤

اختي فوزية ١٩٥٥

وقد استكملت رُقية الحديث عن هذا الموضوع باستفاضة
«والدك كان لديه بعض المشاكل مع رجال أعمال عرب يعملون في الاستيراد والتصدير للبن، وهم لم يكونوا راضيين نهائياً عن سلوكياته غير العربية والبعيدة عن النهج الإسلامي ..»

«بالنسبة لشخصيته، كان متسلطاً وقيادياً كشخص عسكري ضابط يعيش حياة الغرب... كان مغضوب عليه من رجال الأعمال المحليين بسبب تصرفاته مثل التدخين والشرب وذهابه للملهى الليلي وكونه أيضاً لا يتبع أي من اركان الإسلام مثل الصلاة والصوم ولا يذهب للمسجد...»

«لذا قرر أن ينتقل لجزء آخر من أثيوبيا ويبدأ عمل مختلف، فتركني مع أهلي وجمع أغراضه ورحل ليعيش في وادي أواش في ماتهارا..»

وأضافت:» هذه كانت آخر مره رأيتك فيها، كنت تبلغ حينها خمس سنوات

عندما انتقلت لماتهارا مع والدك، وبعدها بفترة قصيرة توفى والدك.. منذ هذه اللحظة فإن عائلة والدتك لم تكن تدري ماذا هي فاعلة بك.. والدتك وأخيها قررا ان يتواصلا مع عائلات أخري في اليمن ليقوموا برعايتك، ولأن عائلتي لم تكن تستطيع تحمل مسؤوليتك ومسؤولية أختك مني معاً.. وقد انقطع الاتصال بيننا لمدة عشر سنوات.. ورأيتك بعدها لعدة ساعات قبل رحيلك ومغادرتك لليمن في ١٩٧٨..»

أخيراً، في نهاية حديثنا وزيارتنا، نظرت بطرف عينيها مجددا لمقدمة رأسي وطلبت ان انحني على كتفها..»

وضعت يدها على رأسي وقالت» لقد تفاجأت جداً كيف أصبحت بدون شعر وقد كنت في صغرك تملك شعراً كثيفاً ومجعداً..»

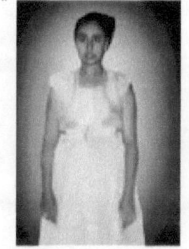

زوجة وَالِدي رقية عطوفا ١٩٦٥

اليوم بَعد التفكير فِي حكايات أُمِّي وزوجة والدي، أستطيع القول انهما لم تكونا قلقتان على مستقبلي، ولَكِنَّهما كرسا وقتهم ومجهودهم وتركيزهم لأصبح ما أنا عليه اليوم.. مما جعلني استوعب ..لماذا لا أتذكر أي شيء تعلمته منهما؟

ولكني أعدت اكتشاف شخصياتهم من جديد...!!

الفصل الثالث

كيف غدوت الرجل الذي أنا عليه؟

أصولي لا تطاردني ولكِنَّ اتجاهاتهم..

ميشيل بولز

إذا قلت ان والدي كان زير نساء فإن هذا الوصف قليلاً في حقه.. فهو على حد علمي كان متزوجاً من ستة نساء إحداهن كانت فرنسية.. أربعة فقط منهن وهن زينب ومريم ورقية ووينيشيت رُزق منهن بأطفال.. هذا بالإضافة إلى علاقاته المتعددة خارج نطاق الزواج، وأنا كنت ثمرة إحدى تلك العلاقات..

الزواج والطلاق والميراث بأثيوبيا

الأمهريون يعترفون بثلاثة أنواع من الزواج.. النوعان الأوليان هما شكل من أشكال الزواج المدبر من قبل أهل العريس والعروسة:

١ – **كال كيدان** أو سيرمانيا وهو عقد زواج مدني هو وعد أو التزام – زواج بعقد مدني.. يختار معظم الناس هذا النوع من الزواج لأنه أقل إلزاما من الاتفاق القانوني الرسمي.. وهو يشبه نوع الزواج بموجب القانون العام ويمكن انهائه بسهولة.. والطلاق شائع مع هذا النوع من الاتفاق، لأن ببساطه يمكن لأحد الزوجين ترك الزواج وبالمثل، إذا اختفي الرجل تستطيع المرأة ان تدعي انها مطلقة وتتزوج مجدداً بسهولة، وهذا هو ما كان عليه زواج والدي وأمي..

٢- **زواج القربان:** هو زواج رفيع المستوي ومرموق وأكثرهم تقديسا ولا يمكن إنهائه حتى إذا مات أحدهم، فلا يسمح للأرمل أو الأرملة بالزواج مرة اخري.. يقام الاحتفال في الكنيسة من قبل كاهن ليكون هذا الاتحاد رسمي.. زواج القربان هو اقل أنواع الزواج شيوعا..

3- **زواج الداموز:** هو أدنى مستوي في الثلاثة أنواع.. هو بالضبط يشبه

موقف الرجل الذي يبقي عشيقته في الخفاء.. هو نوع من الاتحاد بين الرجل والمرأة مع إبقاء إمرأة أخرى في السر.. ولكن ليس شرطاً ان يكون وضعاً دائماً أو لمدى طويل.. المرأة في هذا الوضع ليس لها أي حقوق في أملاك الرجل أو أمواله.. ولن يكون لها أي ميراث إذا حدث أي شيء للرجل..

من الناحية الأخرى في الدين الإسلامي، الرجل يستطيع ان يقول «إنت طالق» ثلاث مرات وهنا يقع الطلاق.. مع ان الإسلام يسمح للمرأة ان تطلب الطلاق، الا ان ولا واحده من زوجات والدي طلبت الطلاق، وقد يكون السبب هو الخوف من احتمال أن تخسر الميراث.. القرآن الكريم يتضمن تفاصيل دقيقة في قضية توزيع الميراث.. بالطبع استفاد النظام القانوني الوضعي من كل الوصايا بموجب الشريعة الإسلامية مما يعني أن الاعتماد يتم على أكثر من مصدر بشأن تلك القضايا.. ورغم ذلك فإن العمق الذي يناقش فيه القرآن مسألة الزواج يعد حقاً رائعاً..

في الإسلام، الميراث يكون للأبناء والزوج أو الزوجة والأهل وبعض الأحيان أشخاص آخرين.. هذا كله ليس بسبب الحب والمشاعر أو لأن الناس كلها كانت على علاقة طيبة بالمتوفي أو كانوا يسألون عليه أو على صلة رحم جيدة معه.. ولكن الحاصلين على الميراث يحصلون عليه لأن القرآن يأمر بأن يحصلوا على جزء محدد من التركة..

الزوج أو الزوجة والأبناء ووالد ووالدة المتوفي هم من أوائل الوارثين.. أما الجد والجدة والأخوة والأحفاد والعم والخال والعمة والخالة ....الخ فهم يأتون في المركز الثاني. والعلاقة المحددة مع المتوفى توضح النسبة التي سيحصل عليها من التركة.. على سبيل المثال، «لا يرث الجد إلا إذا كان الأب متوفياً.. ولا يرث الأخ إلا إذا لم يكن هناك أبناء للمتوفى.. مما يعني أن الميراث

ينتقل من الأكثر قربا إلى الأقل قربا في حالة الغياب..
الأشخاص المقربين من المتوفي يحصلون على نوعين من الميراث: ثابت ومتغير.. أهل الزوج أو الزوجة يرثون مبلغاً ثابتاً، اما المبلغ المتغير فيرثه عدد آخر من الورثة.. ومن أجل تقسيم الميراث بمساواة، يجب تعديل المبالغ بطريقة ما..

على سبيل المثال:

الزوج يحصل على ٤/١ أو ٢/١، فيما إذا كان هناك أولاد أو لا.. اما للزوجة فهي تحصل على ٨/١ أو ٤/١ أيضا معتمدا إذا كان هناك أطفال أو لا.. اما الحصص الأخرى الثابتة هي ٦/١ للأب و٦/١ للأم.. وللولد مثل حق الأنثيين.. في بعض الحالات، على سبيل المثال إذا الأولاد بنات فقط والمتوفي ليس له أب، فمن الممكن وليس من الضرورة أن يكون الوضع دائماً كذلك، في هذه الحالة يرث الأخ..

جذوري الأمهرية

أكبر مجموعتين عرقيتين في أثيوبيا هما الأمهرة والأورومو، والأمهرة تشكل ما يقرب من ٢٥٪ من السكان.. الأمهرة وهم أسلافي من جهة أمي ينحدرون من مجموعة من الغزاة الساميين القدماء الذين هاجروا جنوباً واختلطوا بالشعب الكوشي الأصلي في المنطقة.. اليوم، الأمهرة بسماتها الثقافية المميزة هي المجموعة السكانية الرئيسية في وسط وغرب أثيوبيا.. هناك جانب هام من ثقافة الأمهرة وهو جزء من عائلتي، والمثير للاستغراب انه موجود أيضاً في الجزء العربي من عائلتي.. وهو الهوس غير العادي بأهمية نظرة الناس للأسرة والمنظر العام..وهو مصدر لصراع صغير

مستمر بيني وبين أختي الكبيرة غير الشقيقة، على وجه الخصوص، هو انشغالها بالمظهر العام ورغبتها في التأكد ان الأخرين ينظرون اليها (ولي أيضا والعائلة كلها) بنظرة تسودها الاحترام، السمعة الرفيعة والهيبة..
جانب آخر للثقافة الأمهرية جدير بالذكر هو التركيز على المشاركة والعمل الجماعي والتعاوني من اجل تحسين مستوى الجميع....السخاء والطيبة هما بالفعل صفتان متميزتان في الثقافة الأمهرية أقدرهما تقديراً كبيراً..
حتى الآن، الأمهرة يكسبون رزقهم من زراعة الأرض بمختلف المحاصيل.. إن امتلاك الأراضي كان دائماً رمزاً مهماً لوضعهم الاجتماعي.. وكما هو الوضع في ثقافات أخرى، فإنه كلما تملك الشخص أراضي أكثر، كلما كان أعظم في ثرائه وبالتالي في تأثيره ونفوذه الاجتماعي.. الثقافة الأمهرية ثقافة بطريركية، لذا تملي الثقافة ان يعيش الزوجان بالقرب من منزل اهل الزوج بعد زواجهما..

هجرات جماعية..

ابتداءً من أوائل خمسينيات القرن المنصرم أصبحت الهجرة الجماعية شائعة من القرى الريفية لأديس ابابا، عاصمة اثيوبيا.. كانوا المهاجرون إلى حد كبير يسعون إلى حياة وتعليم أفضل، لأن الحياة في القرى الريفية كانت أصعب لأغلب الناس نظراً للصعوبات المتعلقة بتوفر المياه الجارية والكهرباء والمدارس ومراكز الصحة والمواصلات الحديثة..
عندما توفي جدي لأمي، ترك أربعة أطفال، ولد وثلاث فتيات تتراوح أعمارهم بين العشر سنوات والثمانية عشر.. وقد ولدوا جميعا في قرية زراعية صغيرة بالقرب من شيوا روبيت في مقاطعة أمهرة شمال وسط اثيوبيا..
شيوا روبيت تقع على ارتفاع ١،٢٨٠ متراً فوق مستوى سطح البحر، وكات

دائما بلدة صغيرة..

استنادا إلى الأرقام الواردة من الوكالة الإحصائية المركزية في ٢٠٠٥، يقدر مجموع سكان شيوا روبيت ٢٤،٨٨٦ نسمة.. منهم ١٣،٠٢١ رجال و١١،٨٦٥ نساء.. بلغ عدد سكان هذه البلدة في ١٩٩٤ ٥،٣٦٠ نسمة منهم ٢،٥٥٣ رجال و٢،٨٠٧ نساء..

أستطيع ان أقول، ان في أواخر الخمسينيات واوائل الستينيات عندما كان يعيش جزء من عائلة والدتي هناك، كان تعداد سكان شيوا روبيت بالمئات.. خالي، وهو الأخ الأكبر سنا لوالدتي كان أول من غادر قريتهم.. ثم غادرت جدتي لأمي والثلاث فتيات بعده بفترة وجيزة..

وكانت الرحلة من قريتهم الصغيرة تبدأ بالسير على الأقدام لأميال حافي القدمين، ثم ركوب البغل في جزء من الطريق، ثم ركوب حافلة من أقرب مدينة للوصول إلى نازريث، رحلة مسافتها تقرب من ٣٠٠ كيلومتراً..

نازريث تعرف حاليا باسم أداما وهي مدينة تقع في مركز أوروموا وتبعد حوالي ٩٩ كيلومتر(62 ميلاً) جنوب شرق العاصمة اديس ابابا.. وعندما استمر الطفلان الأكبر سنا - الولد والبنت - في السير إلى العاصمة، ظلت جدتي والابنتين الصغار - أمي وأختها الصغرى، إيميبيت، وكانا حينها في الثالثة عشرة والعشرة من العمر- في نازريث..

كانت جدتي واسعة الحيلة وتمكنت من البقاء على قيد الحياة بالتقرب والتعاون مع الأعضاء المحليين من الأوروموعن طريق التجارة والمساومات في تبادل بذور الملح والحليب.. لقد تمكنت أيضا من إيجاد وظيفة بدوام جزئي لابنتها البالغة من العمر١٣ سنة عند عائلة يمنية حضرمية..

المربية ذات الخمسة عشر ربيعًا حاملاً

هذه الفتاة البالغة من العمر ١٣ سنة، الطفل الثالث بالعائلة، هي أمي.. وأسمها وينشيت فيرتوهل تاشبلي..

بعد فترة وجيزة من العثور على وظيفة كمربية، انتقلت للإقامة في منزل رب عملها في نازريث، حيث كانت ترعى ابنتهم الصغيرة واسمها نادية باشراحيل..

امي مع نادية باشراحيل في ١٩٦١، نازريث، اثيوبيا

بَيْنَما كانت تذهب للمدرسة وتعمل كمربية للعائلة العربية من جنوب اليمن تقابلت مع والدي.. حيث كان والدي صديق والد نادية «باشراحيل»..

والدي كان يقضي موسم الشتاء في نازريث لأن الجو في اديس ابابا كان باردا جدا بالنسبة له.. فهو يستمتع بالتخييم والحياة بالخارج في الهواء الطلق.. في أواخر الخمسينيات، كان يأخذ أطفال أصدقائه للتخييم ورحلات ليوم

من لا شيء
عادل بن هرهرة

الواحد واحد لسودير، وهي عبارة عن منتجع يبعد حوالي ٢٥ كيلومترا جنوب نازريث ويتميز ببيئة نباتية خصبة وغنية..

بما ان معظم الرجال العرب لم يرغبوا في مرافقته بالقدر الذي يتمناه، فقد كان يرافقه الأطفال والذين يستمتعون بركوب السيارات والخروج معه.. بَيْنَما كان يقضي معظم العرب ايامهم وعطلات نهاية الأسبوع يمارسون عملهم ويكسبون رزقهم من تجارتهم ومحلاتهم، وكان ابي يستمتع بوقت فراغه في مواقع الاجازات..

عندما كنت طفلاً لعبت مع فردوس منير وهي ابنة اخت زوجة أبي رقية وكثير من أشقائها.. وفقا لأطفال منير الذين كانوا كبارا بما يكفي ليتذكروا والدي، وشاركوني ذكرياتهم المحببة معه في ذلك الوقت، فقد اعتاد أن يجمع العديد من الأطفال في سيارته خلال تلك الرحلات.. كان يطبخ ويسلي الأطفال خلال رحلات التخييم..

بما ان امي كانت تعيش مع العائلة اليمنية الحضرمية في ذلك الوقت، فكانت تسافر معهم لترعي الأطفال.. ويبدو ان خلال إحدى تلك الرحلات حملت بي وهي في الخامسة عشر من عمرها..

بعد أربعة أشهر، بدأت علامات الحمل بالظهور عليها، وبدأت والدة الطفلة نادية باشراحيل تتساءل عن حملها.. في الأول كانوا يعتقدون انه طفل باشيراحيل.. وكان الوالد باشراحيل غائباً مثل معظم التجار العرب في اثيوبيا حيث يسافرون لأجزاء مختلفة من البلاد للحصول على الجلد والقهوة أو لتوزيع السكر والأقمشة أو أغراض اخري.. لهذا السبب كان الرجال دائما مسافرين وبعيدين عن بيوتهم.. بمجرد وصول باشراحيل في نهاية رحلة عمله واجهته زوجته متسائلة إذا كان له علاقة بحمل المربية..

بعد مناقشات ومجادلات اضطرته إلى أن يؤدي القسم على المصحف انه كان في كالبريت، قررت زوجته ن تسأل أكثر لتفسير هذا الوضع الذي وجدوا أنفسهم فيه.. بعد عدة تهديدات وترهيب ومواجهات مع أمي، تمكنت زوجة باشراحيل من معرفة حقيقة القصة من أمي وكيف حملت.. وعلى الرغم من ذلك فإن زوجة باشراحيل لم تصدق كلا من زوجها أو أمي..

بمجرد وصول أمي للشهر الخامس من الحمل، طلبت زوجة باشراحيل من زوجها كتابة رسالة لوالدي ليسأله إذا كان الطفل له.. في هذا الوقت كان والدي في عدن باليمن.. باشراحيل كتب في رسالته ان المربية حامل، وان زوجته ظنت انه الأب وهو يحتاج لاعتراف من والدي انه الأب الفعلي.. وبمجرد ما أكد والدي الواقعة كانت الخطة كالتالي، ان باشراحيل يبلغ جدتي بالوضع.. وفي تلك الأيام، لم يكن إنجاب طفل خارج إطار الزواج أمراً شائعاً، بل كان أكثر تعقيدا عندما تكون الأم أمهرية ومن أسرة مسيحية والأب عربياً، كما كان الحال مع والدي..

كان رد والدي لباشراحيل: «نسق عملية الاجهاض وسأتحمل كل التكاليف..» رد صديقه عليه قائلاً انها في شهرها الخامس من الحمل وبالتالي يوجد خطورة كبيرة لعملية الإجهاض.. وكان رد والدي ان ينتظروا ليوم الولادة ويعلموه بنوع المولود وبناءً على هذا سيعترف انه الوالد، وهذا لم يكن الرد الذي توقعته العائلة..

واستغرقت المراسلات وتسليم الرسائل بين الاثنين أسابيع في ذلك الوقت.. في الوقت الذي وصل فيه رد والدي، كانت أمي قد أنجبت طفلاً وكان ولدا.. باشراحيل أسرع بالرد على والدي الذي مازال في عدن لإبلاغه ان المولود صبي..

كان رد والدي حاداً قائلا: «هل هي غنمة لتلد كل ستة أشهر»
إلا أن باشراحيل أكد في رسالة أخري كانت في غاية الأهمية للتوضيح ان الطفل ولد شهرين قبل ميعاده... واعترف والدي في نهاية المطاف بأنه والد الطفل وسرعان ما عاد إلى أديس أبابا مع الهدايا واحتضن الصبي المولود.. وعلى الرغم من صعوبة الكشف عن حقيقة من هو والد الطفل، فإن نقل أخبار الحمل إلى أسرة أمي كان من أكثر الجوانب تحديا وتوترا.. الأخ الأكبر لأمي، خالي، أراد قتل والدي..
لحسن الحظ، انجبت والدتي هذا الطفل من أب عربي وبعيداً جداً عن قريتها، حتي تجنب نفسها الشائعات من معظم القرويين.. فإن العار والذنب تسببوا بعذاب مؤلم.. وعبر عائلة باشراحيل عرض عليها والدي مبلغ مادي مقابل ان تترك البيت ومدينة نازريث بدون الطفل..

***

في سن السادسة عشرة، بعد عامين فقط من انتقالها هي ووالدتها حيث بدأوا حياة جديدة، كان من الصعب التعامل مع إنجاب طفل، واضطرت امي مواجهة قراراً لا يحتمل.. فهي كانت طفلة عاملة، ووضعت تحت ظروف غير متوقعة، بداية بتجربة الحمل ومرورا بكل خزي والعار لكونها غير متزوجة.. وتخلت عن أي مطالب وسلمتني إلي والدي.. ونظرا للموقف اليائس الذي كنا فيه، كيف يمكن لأمي ان تختار اختيارا مختلفا؟ ونظرا لكونها ام عازبه وصغيرة في السن وليس لديها ما يكفي لإعالة نفسها.. وبعد فترة قصيرة من ولادتي تزوجت من والدي «زواج كال كيدان» وعاشت معه لمدة عامين تقريباً إلى أن تركها وتزوج من رقية.. ثم أضحت والدتي عازبة من جديد في ذلك الوقت عرض عليها والدي المال للتخلي عن طفلها

والاختفاء، واعتقد ان والدتي اتخذت القرار الذي ظنته في مصلحة الجميع.. متخيلة انها دفنت مشاعرها وألم قلبها كأم وسلمتني لوالدي.. رجل لم تكن تعرفه بشكل حقيقي..

بعد ولاتي، تزوج ابي من بنت صغيرة من عائلة يمنية معروفة.. زوجته الصغيرة رقية عطوف، كانت مسلمة متدينة ولم تقبل بعادات والدي، بالأخص الشرب.. رقية ووالدي احتوياني..

قرار أمي بتركي لأبي والسماح بسيدات أخريات بتربيتي كان بالتأكيد شيئاً مؤلماً.. حاليا كشخص بالغ، أنا متفهم جدا ان ليس هناك ام تتخلي أو تنسي ابنها ابدا.. ولكني كطفل شعرت دوما بأن تم التخلي عني وهذا الشعور عانيت معه طوال حياتي.. الأطفال لا يملكون الذكاء العاطفي ليشفقوا على والديهم.. ولا يمكنهم فهم مدي تعقيدات الموقف التي مرت به والدتهم.. الأطفال يؤمنوا بالمثاليات «الحب ينتصر على كل شيء» و «لا شيء يستطيع ان يهزم حب الأم».. وعندما نضجت، بدأت استوعب وافهم الأمهات وحبهم، كيف في بعض الأحيان يواجهون أكثر الضغوطات والقرارات ألماً من جانب عائلتهم ودينهم وعاداتهم وأيضا الرجال الذين يملكون السلطة على حياتهم.. معرفتي لكل ما سبق جعلني أشعر بالرحمة والشفقة اتجاه امي وفي نفس الوقت كنت اتمني ان يكون وضعها مختلفاً.. مازال الطفل الذي بداخلي يتألم ويتمنى لو انها قدمت التضحية الأكثر نبلاً واحتفظت بي وربتني واحبتني..

بَيْنَما اثرت علي طوال حياتي مشاعر الهجر، ظل الذنب يطاردها هي أيضًا.. ولقد تركت مشاعري العميقة بالخسارة اثراً واضحاً على علاقاتي

مع النساء على مدار حياتي وبالمثل فإن ندم والدتي قد أثر على علاقتها بأطفالها الآخرين، الذين أنجبتهم من بعدي.. لم نتشارك أنا وهي الجسد والدم فحسب، بل تقاسمنا الصدمة والخسارة والحزن.. أنا أحزن على أمي مثلما أحزن على نفسي..

أم في سن المراهقة

حين انتويت كتابة مذكراتي، وعندما بدأت أتكلم مع أمي عن هذا الفصل من حياتها، أحسست بعدم رغبتها في فتح قلبها لتتحدث عن الموضوع.. في الواقع، حتى هذه اللحظة أول كلمات تخرج من فمها هي طلبها المستمر أن أسامحها، لأنها كانت بلا حول ولا قوة عندما تركتني.. لكنني متأكد انها إذا كانت تملك السبل والاختيار، لم تكن أبداً لتتخلى عني.. عندما نتطرق لهذا الموضوع عادة هناك صمت يصاحبه دموع..

أحد إخواني من جهة أمي أخبرني، «امنا أحست إنك كنت ابنها الوحيد الحقيقي..»

أستطيع ان أشعر الاستياء.. وأضاف، «عندما نكون نحن الخمسة حولها وتذكرك وتتذكر، تحس اننا غير موجودين..»، لكن أمي تلخص الموقف قائلة، «كانت غلطة.. كانت غير متوقعة وغير مخطط لها.. هذا إلى جانب التناقضات الكبيرة في العادات والتقاليد والدين واللغة و فرق كبير في العمر بيني وبين والدك يصل إلى خمسة وثلاثين عاماً، جعلت الوضع كله مستحيل.. إلى جانب ذلك فإن عائلتي شعرت بالخزي، وتركك مع اهل والدك كان خياري الوحيد.. كان سبيلي الوحيد للخروج من هذه المعضلة.. في الواقع وفاة والدك ساعد في إنهاء التوتر بين العائلتين..“

من المؤكد أنني كشخص ناضج لا أزال بداخلي طفلاً، لديه القدرة على شفاء امه، حتى بعد سنين من خروجه من جسدها.. نستطيع القول لأمهاتنا،» أحبك بسبب كل الذي فعلتيه لأجلي.. أحبك لأنك أعطيتني الحياة وأعطيتني أَفضل ما عندك.. أحبك لأن ما سبب لي الألم والضرر احتوي أيضا أصغر النعم.. أحبك بكل ذره في كياني، وأنا أعلم إنك بذلت كل جهدك..»
ولكن في نفس الوقت، الطفل الصغير الذي بداخلي مازال يعيش مع آلامه القديمة، واشتياقه لأمه، مازال يتساءل «لماذا؟» و»كيف تجرأت على تركي ؟»

***

للأسف، في ذات اليوم الذي كانت فيه أمي تهب لي الحياة، توفت جدتي من ناحية امي.. بعدها علمت ان واحدة من خالاتي طلبت تسميتي ب «ينات فانتا» ومعناه هدية من الأم التي توفاها الله..
كان من الصعب على إيجاد معلومات واحداث عن وفاة جدتي.. كثير من الناس اللذين عندهم حكايات وقصص قد غادروا الحياة.. معرفة امي بالظروف التي توفت فيها والدتها يغلب عليها الإحساس بالخزي بسبب حملها، قلقها من المستقبل ومأساة عدم مقدرتها السيطرة علي حياتها (وحياتي طبعا في هذا الموقف)..امي كانت تعيش تحت رحمة رجلا تعمل عنده ورجلا آخر تسبب في حملها.. وغالبا لم تكن امي على اتصال بوالدتها بسبب هذه الظروف.. وغالبا لم تستطع ان تحزن على وفاة والدتها أو حتي ان تشعر بفرحة الولادة..
وانا أعرف كل هذا من صميم قلبي، ولكن لا أزال أرغب بشدة بمعرفة كل تفاصيل القصة.. قصة حمل أمي وولادتها وتنازل امي عني.. فأنا أركز على

دور أمي في حكايتي وأتجاهل أو أهمل الصراع مع أخطاء والدي.. وهذا كله يرجع جزئياً لاختفاء والدي معظم حياتي بعد وفاته وأنا في سن صغير.. أظن أن الحديث يركز على سمو العلاقة بين الطفل وأمه مقارنة بالعلاقة مع الأب..

وماذا بعد ذلك؟ عليّ أن أتقبل القصص المجتزأة والمختارة بعناية التي كانت تحكيها لي أمي عن والدي.. فهي تخبرني ما تريده هي فقط ووفقا لبروتكول خاص بها تتحكم به قيم ورؤى ثقافية.. لذا فهي تختار قصصها لرغبتها في أن تحتفظ ببعض التفاصيل لنفسها..

امي اختارت ان تتكلم عن طيبة وكرم والدي، ومدى سعادته عندما عرف انني ولد.. في أثيوبيا واليمن كما هو الحال في بلاد وثقافات كثيرة، يتم تفضيل الأولاد على البنات لتصورات اقتصادية، وسياسية ودينية واجتماعية..

من لحظة الولادة، يتم تعليم الأولاد أن يغدوا «رجال» وان مسؤوليتهم هي حماية النساء في العائلة والعمل خارج المنزل، بَيْنَما يتم تعليم البنات الاهتمام بأمور المنزل وإظهار انوثتهن..

الفصل الرابع

وفاة والدي

«يجب أن أعرف ما يكفي عَن الخسارة لأدرك أنك لا تتوقف أبدًا عَن فقدان شخص ما - أنت فقط تتعلم كَيف تعيش حول الفجوة الهائلة لغيابهم» -

أليسون نويل..

الحُزن مثل المُحِيط، يأتي كالأمواج ينحسر ويفيض.. أحيانا تكون المياه هادئة، وأحيانا تكتسحك.. كلّ ما علينا عمله هو تعلم السباحة..

فيكي هاريسون

كفاح أُمِّي معي فِي أول ايامي

حِين انتويت كِتَابَة مُذَكَّرَاتِي، وبَدَأت بتناول حياة أُمِّي فِي هَذَا الفصل شعرت بعدم رغبتها فِي فتح قلبها للتحدث عَن الموضوع، فالواقع، حَتَّى هَذِه اللحظة أول كلماتها هِي طلبها المستمر إن أسامحها، لأنها كَانَت بلا حول ولا قوة وقت ما تركتني، لَكِنَّ أنا مُتَأَكِّد انها إذا كَانَت تملك السبل والاختيار فلن تتخل عني.. عَندَمَا نتطرق لهَذَا الموضوع عادة يسود الصمت ويلحقه الدموع..

أحد من أبنائها من زوج اخر أخبرني، «امنا شعرت إنك كنت ابنها الوحيد الحقيقي..“

أستطيع ان أشعر الاستياء.. أضاف، «عَندَمَا نكون نحن الخمسة حولها وتذكرك وتتذكر، تحس اننا غير موجودين..“

لَكِنَّ أُمِّي تلخص الموقف قائلة، «كَانَت غلطة.. كَانَت غير متوقعة وغير مخطط لها بجانب العادات والتقاليد والدين واللغة و فرق كبير بيني وبين والدك، جعلت الوضع كله مستحيل.. أيضاً عائلتي شعرت بالخزي، وتركك مع اهل والدك كان خياري الوحيد.. كان سبيلي الوحيد للخروج من هَذِه المعضلة.. فِي الواقع وفاة والدك ساعد فِي إنهاء التوتر بين العائلتين..“

اكيد كشخص ناضج مازال بداخله طفل، لديه القدرة عَلَى شفاء امه، حَتَّى لو بَعد سنين من خروجه من جسدهم.. يمكن ان نقول لأمهاتنا،» أحبك بسبب كلّ الذي فعلتيه لأجلي.. بحبك لأنك أعطيتني الحياة واعطيتني أَفضل ما عندك.. بحبك لأن ما ألمني واضرني احتوي أيضاً أصغر النعم.. بحبك بكل ذره فِي كياني، وأنا عارف إنك عملتي كلّ الذي قدرتي عليه..“

ولَكِنَّ فِي نفس الوقت، الطفل الصغير الَّذِي بداخلي مازال عايش مع الامه القديمة، واشتياقه لأمه، مازال يتساءل «لماذا؟» و»كَيف جرأت؟"

***

للأسف، مساء اليوم الَّذِي كَانَت أُمِّي فالمخاض أثناء الطلق، توفت جدتي من ناحية امي.. بعدها علمت ان واحدة من خالاتي طلبت تسميتي ب «ينات فانتا» ومعناه هدية من الأم الَّذِي رحمها الله..

كان من الصعب علي التحصل عَلَى معلومات عَن وفاة جدتي... كثير من الناس اللذين يحتفظون ببَعض الحكايات والقصص توفوا.... معرفة أُمِّي بالظروف الَّتِي توفت فيها والدتها يغلب عَلَيهَا الإحساس بالخزي بسبب حملها، قلقها من المستقبل ومأساة عدم مقدرتها فِي السيطرة علي حياتها (وحياتي طبعا فِي هَذَا الموقف)..أُمِّي كَانَت تعيش تحت رحمة رجلا تعمل عنده ورجلا اخر تسبب فِي حملها.. وغالبا لم تكن أُمِّي عَلَى اتصال بوالدتها بسبب هَذِه الظروف.. وغالبا لم تستطع ان تحزن عَلَى وفاة والدتها أو حتي انها تشعر بالفرحة للولادة..

وانا أعرف كلّ هَذَا من صميم قلبي، ولَكِنَّ مازالت أريد ان أعرف كلّ تفاصيل القصة.. قصة كَيف حصل الحمل والولادة وتنازل أُمِّي عني.. فأنا أركز عَلَى دور أُمِّي فِي حكايتي واعاني وأهمل الصراع مع أخطاء والدي.. وهَذَا كله يرجع جزئيا لاختفاء وَالِدي معظم حياتي.. أظن أنه يتحدث عَن الصلة بين الطفل وأمه مقارنة بعلاقته لأبوه..

لكي اتقدم كان علي أن أتقبل الانكسار والألم..

أُمِّي اختارت ان تتكلم عَن طيبة وكرم والدي، ومدي سعادته عَندَمَا عرف انني ولد.. باثيوبيا واليمن كما هو الحال فِي بلاد وثقافات كثيرة، يفضل

الأولاد عَن البنات بسبب زيادة النفوذ الاقتصادية، والسياسية والدينية والمستوي الاجتماعي.. من لحظة الولادة، يتم تعليم الأولاد أو يبقوا «رجال» وان مسؤوليتهم هِي حماية النساء فِي العائلة والعمل خارج المنزل، بَيْنَما يتم تعليم البنات الاهتمام بأمور المنزل ويظهروا انوثتهم..

الأولاد مناط بهم كسب الرزق وبالتالي متوقع منهم الاعالة المادية والعاطفية، ليس فقط لزوجاتهم ولأبنائهم وأيضاً لأهلهم وبقية العائلة وبالأخص عند تقدمهم فِي العمر.. عادة الأبناء يتركون المنزل عَندَمَا يتزوجوا وحتى بَعد الزواج يبقي ابن واحد مع الأهل ليرعاهم.. فإن الرعاية الصحية بأثيوبيا ليست بالتقدم الَّذِي أصبحت عليه أمريكا أو كندا أو أوروبا الخ ولهَذَا فالأمهات والجدات يساعدون النساء الصغيرة فِي السن فِي ولادة الأطفال والأولاد الكبار الناضجين متوقع منهم رعاية كبار السن..

أيام وَالِدي الأخيرة

فالأول يبدأ برشفه ثم يأتي ما ورائها وفجأة يسيطر عليك المشروب كله..

-ف سكوت فيتزجرالد، رواية جاتسبي العظيم

في الأيام التالية من حياة ابي، فِي أوائل الخمسينيات، مع انه كان يعاقر الخمر بكثرة ، ولَكِنَّ استمررت وتيرة شربه للكحوليات في الإزدياد، كان معتادا على شراء صناديق من الشرب من السفارة البريطانية وقضاء جزء كبير من يومه فِي البانيو والشرب.. ينقع قدميه المتورمتين ويشرب بلا توقف... تم علاجه من فشل الكبد ونصحه الأطباء بالتوقف عَن الشرب

ولَكِنَّه تجاهل نصيحتهم..

الإفراط فِي الشرب كان عاملا كبيرا فِي وفاته.. عَلَى طول كان فِي أيده زجاجة جوني ووكر أو هيج ويسكي فِي عربيته أثناء القيادة.. لا اذكر رؤيته سكران، ولَكِنَّ أَتَذَكَّر انه كان يشرب مشروبات اخرى غير الشاي والقهوة.. عَندَمَا سألت أُمِّي اذا رأته فِي حالة سكر، تلخص ردها فِي مشوشا بين النعم واللاء، كلّ الَّذِي اتذكره بانه كَانَت فكراه أنه كان يسكت يدخل سريره ببساطه أو بهدوء..

في نفس الوقت، وَالِدي قتل واحد من أعز أصدقائه (باحميد)، ولَكِنَّ كان حادث غير متعمد أثناء رحلة صيد.. تم احتجازه فِي المُعْتَقَل لحوالي أسبوع وأطلق سراحه بمجرد وصول جثمان المتوفي العاصمة... فورا بَعد إطلاق سراحه، توجب عَلَى وَالِدي دفع مبلغ كبير لعائلة باحميد يسمى «بالّدية» كتعويض... بانصير صديق مقرب لوَالِدي وفي مرحلة ما سيكون مثال ورمز الأب بالنسبة لي، هو شك فِي المبلغ المالي الَّذِي دفعه وَالِدي كتعويض، بسبب لعبه القمار وأسلوب حياته المتهور والمبالغ فيه كانوا عوامل فعالة لخلق مشاكل ماديه ونفسية وذهنية فِي حياة وَالِدي لاحقا.. كان من الصعب عَلَى وَالِدي استيعاب فكرة خسائره وزلاته والَّتِي لا مهرب منها.. استمر فِي الشرب، وكذَلِك بسبب تدهور حالته الصحية.. كان يتعامل مع تداعيات تعاطي الكحول المفرط.. عند بلوعه الخمسين كان فِي كلّ مره يسعل فيها كان يبثق دما وكان مصدره الرئة.. انني أَتَذَكَّر بوضوح انه كان بدخن ويسعل، ويبثق دما.. ورُبَّما دفعتني ذكريات طفولتي إِلَى تجنب الكحول..

ابنه البكر حسين، من زينب إحدى زوجاته السابقات، لم ينسجموا،

جزئيا بسبب افتقاد الولد لعائلته فِي اليمن.. حسين كان معزول فِي مدرسته الداخلية فِي اديس ابابا وكان بالكاد يري ودخل أيضاً فِي موضوع الشرب والتدخين من سن صغير، حَتَّى فِي المدرسة كَانَت تقديراته ضعيفة.. طبيعة هَذَا النمط لم يرض وَالِدي وحسين هرب من اثيوبيا لليمن عَن طريق جيبوتي، بلد صغيره فِي منتصف افريقيا..

خلال الأيام الأخيرة من حياة والدي، لم يكن يسير عمله بسلاسة... فكرة مظهرة بوجه عام وهيبته فِي المجتمع امرين مهمين جدا بالنسبة له، ولَكِنَّ سمعته كَانَت تتدهور سريعا.. كان متدمر تماماً أخلاقيا وماديا.. واحد من أقرب الأصدقاء اليه باهارون، لم ينج من عملية تجميل... من الواضح انه كان يرغب فِي اصلاح شكل انفه ، لَكِنَّ للأسف وقعت له أثناء عملية التجميل مضاعفات بَعد الجراحة، وتوفي..

وَالِدي دخل فِي حالة من الصدمة والحُزن الشديد لصديقه... فِي نفس الوقت قررت مريم الَّتِي تزوجها باليمن واحضرها لحضرموت فِي ١٩٥٨ مع ابنتها فوزية وعاشوا فِي اثيوبيا لخمس سنوات الرحيل، ولَكِنَّها لم تطلب الطلاق.. رحلت بكل بساطه لأنها لم تستطع احتمال المعيشة مع الاختلافات الثقافية المتعددة وأيضاً مع اسلوب حياه وَالِدي والجو العام.. وأول ما رحلت مريم مفيش بعدها عَلَى طول رحل حسين..

وحيدا وبَيْنَما تسوء سمعته، استمر وَالِدي فِي عزل نفسه اجتماعيا وأصبح غير قادر عَلَى منع نفسه عَن مواصلة افعاله..

بدأ يظهر ان الخيار الوحيد الَّذِي امامه هو ترك اديس ابابا وبدء حياة جديدة فِي متهارا، بلدة صغيرة فِي منطقة أواش فِي اثيوبيا الوسطي.. مع ان لم يكن واضح للكثير من الناس سبب اختياره للمكان هَذَا بالتحديد، الا ان

التخمين كان انه لم يحب الجو البارد فِي اديس ابابا بما انه كان يقضي جزء كبير من فصل الشتاء فِي جو نازريت المعتدل..

اشترى وَالِدي الأراضي الزراعية العائلية فِي منطقة أواش وبدأ عملية بناء مبني سكني باسمه، وبما أنه اجنبي الجنسية، كان محظور من الحصول عَلَى أصول ثابته مثل الأرض.. بأثيوبيا، مالم يحمل الشَّخص الجنسية الأثيوبية من جهة امه أو والده، فلا يستطيع ان يمتلك أي ممتلكات.. ولأني مولود بأثيوبيا فكنت مؤهل لملكية الأرض ولهَذَا استغل اسمي لشراء الأرض مع إني كنت مجرد طفل.. وطبعا جاء واحضر معه كلّ أساليب معيشته البريطانية والَّتِي كَانَت غير مألوفة أو معروفه للمجتمعات المحلية للسكان الأصليين.. (قبائل الأفار والأورومو المسلمة كانا المسيطرين عَلَى المنطقة)

قبل الوفاه...

قبل وقت قصير من وفاة وَالِدي غير المتوقعة، قام بالاتصال بقريبة محمد طاهر، رجل يمني غالبا من ناحية جده الأكبر من العائلة، ليبقي مكانه فِي اديس اباب.. الاتفاق كان ينص عَلَى ان تحرير يأخذ باله من بيت وَالِدي والمقابل كان انه يستخدم غرفة أو اثنين لمصلحته الشَّخصية.. كان هَذَا الرجل مسلم متحفظ والَّذِي عمره ما قدر أسلوب حياة والدي.. هو لم يوافق أبداً عَلَى وجودي بسبب الظروف الَّتِي ولدت فيها والَّتِي تعد خارج القوانين الإسلامية، ولم يكن له الرغبة في الاتصال بامي..

أنا مُتَأَكِّد من أن ميتهارا لم تكن الخيار الأمثل بسبب اسلوب حياه ابي.. ولَكِنَّ كان وَالِدي فِي حاجة إِلَى النأي بنفسه عَن المدينة والناس الذين يعرفهم بسبب ان علاقاته الشَّخصية والبيزنس كان يتغير بشدة.. أيضاً

بسبب عادات الشرب، والاكل بالشوكة والسكينة بَيْنَما هو جالس عَلَى الطاولة عَن الجلوس عَلَى الأرض والاكل بأصابعه، وارتداء البدل بدا من الملابس العربية التقليدية، والخلاف وكَانَت الخلافات بينه وبين الباعة كان فِي ازدياد..

وَالِدي اخذ معه، لميتهارا ملابسة واوراق سفره.. وكان يتجه ذهابا وإيابا بين اديس ابابا وميتهارا عَندَمَا توفي فجأة فِي ميتهارا فِي مارس ١٩٦٧.. كَانَت وفاته سبب فِي بداية فصل جديد وسلسلة من مأسي طفولتي..

***

لاحقا فِي حياتي وخلال محادثات مع اختي الكبيرة عَن ابي.. سألتها كان زماني فين فِي الدنيا لو كان عندي ثروة وَالِدي وإذا كان عَلَى قيد الحياة وأنا بكبر.. ردها كان لاذعا:» أفضل ما وقع لك هو موت والدك!"

غالبا سوء الحظ هو أفضل فصل دراسي فِي الحياة..

الفصل الخامس

تغيير جذري فِي حياتي

حيث تعودت ان تكون، هنَاك فراغ فِي العالم، حيث أجد نفسي أهيم عَلَى قدمي فِي النهار وانهار بالليل.. مفتقدك بجنون..

ادنا سانت فينسنت ميلاي

لم يقل لي أحد أبدًا ان الحُزن مثل الخوف..

سي اس لويس

رغم مضي ٥٥ عاما عَلَى وفاه والدي مازالت ذكرياتي عنه متضاربة.. أَتَذَكُّر نومي بجانبه وأنا صغير، أو مرتاحا بين ذراعيه.. وأَتَذَكُّر أيضاً رؤيتهم يغسلون جثمانه واحتفاظهم به فِي إحدى الغرف يوم وفاته.... فِي عمري هَذَا كَانَت علومي لا تفقه ما هو الموت ولم يكن لدي أي مشاعر تجاه ما كان يحدث كطفل صغير، بكل بساطة رأيت جسد وَالِدي ممدا عَلَى الأرض... توقعته نائماً وأردت أن ألعب معه... أفراد العائلة الاخرين حاولوا ابعادي عَن الجثمان ومنعني من دخول الغرفة، إلاّ ان يستقروا ويحلوا النزاع حول مكان دفن جثمانه..

كوني طفل لم يكن أدنى فكرة عَن مدى أثر وفاة والدي.... لم أستطع فهم... لماذا لا أستطيع أن أتواجد بقربه فترة أطول، وبالتأكيد لم أكن متوقعا مدى تأثير وفاته عَلَى حياتي بدون مقدمات أو إنذارات، هكذا كنت فجأة وحيدا.... مذعورا يتملكِنّي الإحساس بالهجر، مرتبك وأتساءل... لماذا يصعب علي الوصول اليه؟..

ظهر لي الموقف كمثل لحظة عودة باص المدرسة وهو فِي انتظاري، وإذا فجأة فِي يوم بلا أي تحذيرات أو شرح، لم يكن أحدا هنَاك بانتظاري.... ووقفت عند موقف انزالي من الباص منتظرا.... انظر يمينا ويسارا ترقبا لعودته ... يزداد خوفي وتشتيتي، فِي حيرة من امري عَن ماذا أفعل..؟

انهاء شؤون والدي

في الحياة، عَندَمَا تواجه ظروفاً بائسه، ليس هنَاك كتاب، ولا دليل، ولا جواب صح عَن كيفية الوصول للجهة الأخرى.. هو الموضوع تقريبا إنك تصحو فِي يوم وامامك طريقين، احدهما إن تصعد والأخر إن ستقع،

واختيار طريق الصعود هو بالتأكيد ليس الاسهل، ولَكِنَّه الاشجع..

لي ميشيل

عَندَمَا توفي والدي، أحد اقاربنا البعاد وهو يمني حضرمي واسمه محمد طاهر ويعيش فِي البيت الَّتِي أعطاه له وَالِدي فِي أديس ابابا استدعى لميتهارا ليستلم الممتلكات الشَّخصية لوالدي... بمجرد انتهاء مراسم الدفن الكل عاد إِلَى مشاغله، استمر طاهر فِي العيش فِي بيت وَالِدي بأديس ابابا.... اخذ متعلقات ابي ومن ضمنهم جواز سفره ومقتنيات شخصية اخرى ... البني آدم هَذَا استغل وفاة والدي، وهو الواثق بعدم وجود أي أقارب يعيشون بالقرب منه قرر الاستفادة من الموقف وهو ما كان وحدث..
عَندَمَا حاولت أُمِّي وزوجة ابي رقية التحدث معه فِي نفس الوقت، ليطلبوا مساعدته فِي رعاية أولاد ابي، كان رده إنه سيوفر خدمات للأطفال بتقسيم عقارات وَالِدي بينهم جميعاً بالتساوي، بمن فيهم الأطفال من الزيجات السابقة فِي اليمن..

مرت أسابيع عدة دون ان يصل أي خبر منه ... بَعد شهرين قررتا أُمِّي ورقية واللاتي كانا تحت سن الـ ٢١ عاما ومعهم أطفال صغار ولا يملكون أي وسيلة لإعالة أنفسهم واطفالهم التحدث مع محمد طاهر مرة اخرى..
لا يتم تشجيع النساء فِي اثيوبيا بشكل عام عَلَى الاقتراب مباشرة من الرجل لأي أمر كان... بالنسبة لهم هَذَا فعل غير لائق من منظور ثقافي وديني و هَذَا رأي رقيه، بالإضافة ان أُمِّي غير عربية وتحتاج لمترجم ليتحدث للرجل باللغة العربية، ولذَلِك كلّ الاتصالات الَّتِي كَانَت بين أُمِّي وزوجة ابي مع قريبنا كان لابد من القيام بها من خلال تاجر عربي معروف لوَالِدي والعائلة.. جزء كبير

من المفاوضات كَانَت تتم عَن طريق بانصير..
طاهر أرسل رسالة لوَالِدَتِي يشير فيها إِلَى أنّه سيسلّم كشوف الحسابات المصرفية، وغيرها من البيانات المالية والأصول.. و فِي نفس الوقت، كتب لأولاد ابي فِي اليمن، بِأَنّ أم أولاده فِي أثيوبيا اخذت كلّ ما يخص والدهم... وفعليا أبلغهم ان لا يوجد أي شيء بيده لمساعدتهم... باختصار تخلص الطرفين عَن طريق الكذب عليهم ووجد لنفسه مخرجاً من الفقر..
العديد من العائلات العربية والذين شهدوا الوضع توسلوا محمد طاهر التخلي عَن الأصول أو المال الَّذِي اخذه، لَكِنَّ هـ رفض، ومع عدم وجود أدلة عَلَى ما أخذ، قررت المحكمة ان يتم عرض أثاث المنزل للبيع فِي مزاد علني والمال يقسم بالتساوي عَلَى الأولاد.... استحوذت أتعاب المحاُمٌي عَلَى جزء كبير من العائدات..
بَيْنَما كَانَت الدعاوي سارية، قام طاهر بتصفية كلّ ما يقدر عليه، وكان قد تم تشخيصه بسرطان فِي المخ... عَندَمَا ساءت حالته وأصبح طريح الفراش، شعر بالذنب وعَلَى افتراض ان الله سيخلص روحه فِي الجنة، اتصل بأُمِّي بشأن نقل كلّ شيء لممتلكاتها..
برفقة اثنين من أصدقاء والدي، بانصير كان احدهم، ظهر سيدتان عند بيت وَالِدي حيث كان يعيش طاهر وتم ابلاغهم انه توفي مُنذ يومين قبل وصولهم.. زوجته أبلغت بانصير وأُمِّي إذا يريدون الاستعلام عَن أموال ماجد (والدي)، عليهم ان يذهبوا لمقبرة زوجها المتوفي... وفقدوا كلّ أمل فِي الحصول عَلَى ما يعينهم لإعانة وتربية الأولاد..
المثير للسخرية، يمكن القول القدر أو قسمة ونصيب، إما حصل بَعد عشرة سنوات، إذ تمكنت زوجه طاهر من تحويل ملكية المنزل إِلَى ملكيتها وفي نفس

يوم نجاحها فِي تحويل الملكية لاسمها فِي المحكمة توفيت جراء سكتة قلبية..

ماذا تفعل مع الولد الذهبي؟

عَندَمَا كنت خمس سنوات ونصف من العمر وفي الشهور الأخيرة من سنة ١٩٦٧، سمعت محادثات ومفاوضات بين مختلف أفراد العائلة.. أذكر بوضوح خالي وأُمِّي وشخص ثالث لا أعرفه كان جزء من المقابلة.. الحوار كان عني وكَيف يتم انقاذ الممتلكات الَّذِي اشتراها وَالِدي باسمي فِي منطقة ميتاهارا باثيوبيا..

في عام ٢٠١٠، سألت أُمِّي عَن هَذِه المحادثة... كان من الطبيعي انها صدمت من قدرتي عَلَى تذكر هَذَا الاجتماع، وأكدت لي حدوث الاجتماع وأضافت بَعض المعلومات..

كما فقدت الممتلكات الَّتِي اشتراها وَالِدي باسمي بَعد وقت قصير من وفاته، لأن أُمِّي منحت توكيل، والَّذِي كان غير آمين.. فبالتوكيل الَّتِي اعطته أُمِّي إياه استطاع ان يبيع الأرض الَّتِي يملكها ابي.. ليومنا هذا، لا يعرف أحد ماذا حدث للفلوس.. فِي ٢٠١٠، اعترفت أُمِّي بِهَذَا الموقف المؤلم وطلبت مني ان اقبل باعتذارها..

خالي أيضاً أخذ أكثر من حصته وذَلِك بنهب الأدوات والمواد الَّتِي اشتراها وَالِدي لإكمال المنزل الَّذِي كان تحت الانشاء.. فِي الأساس اخذ عمي كلّ ما استطاع وضع يده عليه..

وَالِدي كان ثريا لدرجة ان كان يقوم بتبديل سياراته كلّ ٨ أشهر فِي حِين أن معظم الناس لا يملكون المال الكافي، الا لتوفر قوت يومهم... كان يملك تليفزيون وثلاجة وكان معظم الناس عمرهم ما سمعوا عنها من قبل،

وبسبب خدمته فِي الجيش البريطاني، كان عنده أحقية الولوج للسفارة البريطانية حيث الخدمات الجيدة والمتوفرة لمشترياته والاستخدام... كان لديه حق الوصول إلَى السفارة البريطانية حيث كَانَت السلع والخدمات متاحة له لشرائها أو استخدامها..

قبل الفترة القصيرة من تدمير الذات فِي سنواته الأخيرة، كان وَالِدي رجل وقور، ومحترم وله أصول عديدة...حاول أن يكون رفيع المستوي ويعيش حياته تحت التأثير البريطاني عَن اتباع الثقافة العربية.. كان متسلط وقوي وصوته جهوري لَقَد كان رجل أعمال ناجحًا - طويل القامة، حسن الأخلاق، ومتميزًا..

مع وفاته، وفساد من كان يأتمنهم عَلَى رعاية أطفاله وشؤونه، ضاعت مكَانَته فِي المجتمع وكذَلِك جميع وثائقه، إلَى جانب أمواله وممتلكاته الأخرى.. فقد اختفت سجلات خدمته فِي أرض الصومال البريطانية، وومومباسا، وعدن (اليمن)، وكينيا... وفاة وَالِدي غير المتوقعة.. لَقَد أفاد موت وَالِدي المفاجئ بشكل كبير أولئك الذين استغلوا الوضع ما بين أقارب وَالِدي الذين انتقلوا للمنزل فِي اديس ابابا وخالي – ربنا وحده أعلم ماذا فعل بالأرض، والبيت والأشياء الأخرى الَّذِي اخذها – لَقَد دمرت ممتلكات والدي..

حاولت التواصل مع ابناء واحفاد عائلة طاهر الذين عاشوا ومازالوا مقيمين فِي منزل وَالِدي فِي اديس اباب.. طلبت صورا واشياءً اخرى من ممتلكاته.. فأبلغوني ان والدتهم أحرقت كلّ ممتلكاته..

وأرى لماذا لم ينزعج هؤلاء الأطفال والأحفاد بِأَنّ جميع سجلات وَالِدي قد دمرت، لأنه لم يكن مثال المسلم النموذجي ولم يحترم والدهم، وكان والدهما رجلا فقيرا قام بتربية أحد عشر طفلا من دخله المحدود... وكان

يأتي باستمرار لمنزل وَالِدي ليقترض الأموال أو القيام ببَعض الأعمال، مثل تنسيق الدفاتر لإعالة أولاده وتوفير قوتهم... كان تدمير ممتلكات وَالِدي وإرثه فرصة للانتقام دون مساءلة، لذَلِك استولى عَلَى كلّ شيء تركه وَالِدي فِي المنزل وهرب... الرجل كان فِي حالة غيرة وغضب من والدي..

بالنظر إِلَى الماضي، أنا لا أمانع خسارة الأموال والممتلكات الَّتِي كان من المفترض ان نمتلكها، ولَكِنَّ لا شيء مخيّب للآمال مثل فقدان كلّ القيمة الوجدانية لسجلات وَالِدي الَّتِي تركت فِي ذَلِك المنزل.... لحسن الحظ، ٥٥ سنة لاحقا بَعد وفاة والدي، تواصلت مع الحكومة البريطانية للاستفسار عَن السجلات العسكرية وأستطعت الحصول عليها، بالاضافة إِلَى بَعض النسخ من ميدالياته..

أنا سعيد الآن، مع ذلك، لا أعرف ما فقدته.. وطبيعي لأنه كان عمري حينها خمس سنوات ، لم يكن لدي أي معرفة أو إلمام بالأمور المتعلقة بالمال.. نعم، لَقَد تم اعلاُمُي انه كان أحد أغنى رجال اديس ابابا.. ولم يفرق معي، لأن من هَذِه اللحظة لم يكن لدي مكان لأنام أو حَتَّى أكل فيه... كنت يتيما بمعنى الكلمة، فقد توفي وَالِدي ووالدتي...نتيجة موته انتزعت كلّ المميزات، من طفل يحظى برعاية جيدة إِلَى طفل يتيم بلا مأوى.... الخمس السنوات الاولى من حياتي حظيت خلالها بالعديد من المميزات والَّتِي لم يحظ بها كثيرين من حولي..

لم يكن أي وسيلة تمكنني من التواصل مع أهلي فِي اليمن، ولا المال للسفر إِلَى اليمن لأكون معهم، ولا حَتَّى أعرف الطريق لليمن.... ممكن لو كنت أكبر سنا كان سيبقي عندي تحكم أكثر فِي مستقبلي، ولَكِنِّي كنت طفلا صغيرا، كنت تحت رحمة أفراد عائلتي الأكبر سناً..

في هَذَا الوقت... كان فيه رجل اعمال اثيوبي، وكان فاتح سلسلة من الفنادق فِي اثيوبيا.. عَلَى حسب كلام بانصير وعرب اخرين، ان هَذَا الرجل اعتاد عَلَى اقتراض أموال من وَالِدي لتوسيع نطاق فندقه المحلي.. عَندَمَا تقرب منه أصحاب وَالِدي بالأخص بانصير ليستفسر عَن القروض الَّتِي اخذها منه، بيكلي مولا طلب المستندات الَّذِي وقعها واعطاها لوالدي، وبالطبع لم يستطع أحد الوصول اليها بسبب اختفائها عَلَى يد محمد طاهر، وبذَلِك من غير أي اثباتات عَن المبلغ الَّذِي يدين به، بيكي مولا لم يطلب منه رد المبلغ.. في أحد الأيام، أخذ بانصير وَالِدَتِي لتقابل بيكلي مولا وتسأله عَلَى رد الأموال الَّتِي اقترضها من والدي، وانها كلها لأولاد ماجد.. ورده كان: «امضي عَلَى ورقة توعدني فيها إنكم ما تعودوا لعندي تطلبوا أموال من جديد، وأنا سأعطيكم ٦٠٠ دولار..» غضب احمد بانصير بشدة لأنه عَلَى يقين ان بيكلي مولا اقترض أكثر مما كان يعرض بكثير.. قال بانصير:» احنا ما نريد أي شيء منك..» ورحلوا... اكيد المبلغ الَّذِي عرضه كان كبيرا وقتها، لَكِنَّ الفكرة كَانَت فكرة مبدأ..

مع ان بيكلي مولا أصبح من أنجح رواد الاعمال فِي اثيوبيا، ولَكِنِّي عرفت مؤخرا ان مصير تجارته واسرته ليسا بأحسن حال... وبَدَأت أتساءل لو كان ما حدث له علاقة القدر..

بعد وفاة وَالِدي بسنتين، عثر عَلَى عدة حاويات شحن تعود لملكه فِي ساحة التخليص الجمركي لأديس ابابا.. عَلَى ما يبدو، كَانَت شحنة من المواد القابلة للتلف الَّتِي تبين أنها غير آمنة للاستخدام، وكان لا بد من إرسالها إِلَى مكب النفايات.. بالإضافة إِلَى عدم مطالبة أحد بها، بما انه كان هنَاك رسوم ضخمة للأرض الَّتِي عَلَيهَا البضائع لأكثر من عامين.. تم اضافة أي

شيء تمكنت السلطات من إنقاذه عَلَى تكلفة التخلص من المواد..
قامت وَالِدَتِي بالتنسيق مع والدي، ان هو وزوجته سوف يرعاني، لأنها غير متزوجة فلن تتقبلها عائلتها.. كَانَت بحاجة إِلَى أن تتزوج وأن يكون لديها من يعتني بها، والوقت الَّذِي توفي فيه والدي، كَانَت قد تزوجت لمدة عامين وأنجبت طفلاً آخر ولم يكن زوجها مهتما بوجودي فِي حياته.. اكتفى بتربية أطفاله فقط..

الانتقال إلى نازريت...

في سن الخامسة والنصف قرر الكبار نقلي إِلَى مدينة نازريت..
ظاهريًا، كَانَت عائلتان يمنيتان حضرميتان عَلَى استعداد للمشاركة فِي دعمي للمضي قدمًا حَتَّى تم تسوية وضعي مع عائلتي فِي اليمن... شقيق أُمِّي بيزونة، والأسرة الَّتِي عملت وَالِدَتِي لديهم كمربية بشراحيل.. ..العائلة اليمنية الحضرمية كانوا مستعدين تعليمي العادات العربية، ويدفعوا لمدرسة عربية وشراء لي بَعض ملابس كلّ سنة.. لن أعيش معهم، لَكِنَّ هم سيساعدون فِي إعالَتِي ماليًا.. كان قد وافق عَلَى أن أقضي معظم الأمسيات فِي منزله ، وأنه سيغطي طعامي ونفقات المدرسة الأمهرية..
وهكذا فِي عام ١٩٦٧ ، بَعد وفاة ابي بفترى، تولى خالي مسؤولية تربيتي مؤقتا فِي نازريت... كلّ بني آدم رأيته كان جديدا بالنسبة لي وفي ذهني، ولا واحد منهم كان يقرب لي... كنت مشتتا وشعرت اني منفصل عنهم، ولَكِنَّ لم اكن خائفا... لم يتكلم احد معي ليشرح ماذا يحدث أو حَتَّى يهيئني للتغيير الكبير الَّذِي عَلَى وشك ان يحدث فِي حياتي..
أحلأُمِّي الَّتِي كَانَت تراودني فِي ذَلِك الوقت، والَّتِي ما زلت اذكرها بوضوح،

إني كنت اطير كالعصفور.. تحتي واقف عليهم لم أستطع تثبيت نفسي ... لم أستطع وضع قدمي تحتي لاقف بشكل مستقيم.. وان قد تم دفعي خارج عشي... كنت احلق بلا هدف، لست مُتَأَكِّدا إِلَى أين، أو كَيف أصل هنَاك؟..

***

لم أكن مهتماً لمعرفة ما جرى لثروة وَالِدي أو شغلت نفسي بها، ولَكِنَّ كنت منبهر لمصير أولئك الذين تدخلوا فِي أمواله.. عمري ما تعايشت مع فكرة ان الكارما أو القدر تحوي أشياءً حقيقية... يجب ان أقول ان البشر لا يعاقبون عَلَى خطاياهم، بَل عَلَى افعالهم... أود أن أقول إن القانون الطبيعي انتقامُيُّ وهو يلاحق أولئك الذين يبذلون قصارى جهدهم لإيذاء الآخرين.. مثل هؤلاء الناس سوف ينتهي بهم الحال مفلسين ووحيدين..

الفصل السادس

بداية دراستي

الرب اختارك لتكون شعبا لحيازته الثمينة، من بين جميع الشعوب الَّتِي هِي عَلَى وجه الأرض..
(- تثنية ٧: ٦)

مدرس اللغة الأمهرية

بعد وقت قصير من انتقالي إِلَى نازريت، بَدَأت حضور المدارس الأمهرية والعربية فِي نفس الوقت.. معلم اللغة الأمهرية من منطقة ديمبيا، بالقرب من مدينة جوندار وبحيرة تانا فِي شمال اثيوبيا... بحيرة تانا، أكبر بحيرة فِي إثيوبيا، لها أهمية كبيرة لأنها مصدر النيل الأزرق.. وقد تشكلت مُنذ حوالي خمسة مليون سنة بسبب نشاط بركاني فِي المنطقة. وهو ما يعرف الآن بمنطقة أمهرة فِي المرتفعات الإثيوبية الشمالية الغربية.. يتحكم السد فِي تدفق المياه إِلَى النيل الأزرق من بحيرة تانا وبالتالي يتبدل عمق البحيرة مع تسرب المياه إِلَى النيل، وكذَلِك مع تأثير هطول الأمطار الموسمية الكبيرة فِي تدفق روافده، والأمطار، والتبخر، تختلف مستويات المياه فِي بحيرة تانا عادة بمقدار ٢،٥-٢ متر (٢،٨-٦،٦ قدم) فِي السنة، وتبلغ ذروتها فِي سبتمبر وأكتوبر مباشرة بَعد موسم الأمطار الرئيسي.. عَندَمَا تكون مستويات المياه مرتفعة، تغمر السهول المُحِيطة بالبحيرة مرارا ومستنقعات اخري دائمة تصبح متصلة بالبحيرة..

كما هو معروف عَن نهر النيل، فإن الفيضانات عنصر أساسي للزراعة.. يوجد عدة جزر فِي بحيرة تانا، كثير منهم بها أديرة، ولَكِنَّ التغيرات فِي مستوى المياه تحدد أيضاً عدد الجزر الموجودة فِي البحيرة فِي أي وقت.. يعتقد أن الأديرة قد شيدت عَلَى مواقع دينية سابقة بما فِي ذَلِك تانا قرقوس، والَّتِي قيل إنها كَانَت تضم تابوت العهد قبل نقله إِلَى أكسوم..

تحتوي الأديرة هَذِه الأيام عَلَى بقايا مدافن أباطرة إثيوبيين قدامى وكنوز الكَنِّيسة الإثيوبية... واحدة من الجزر، تانا كويركس، تضم إحدى الجزر،

تانا قرقوس ، صخرة يقال إن السيدة العذراء استراحت عَلَيهَا فِي رحلة عودتها من مصر.. والجزيرة الثانية، تانا شيركوس، حيث يزعم أن جزيرة اخري، و هِي تانا شرقوس، حيث تم دفن فرومانتيوس ، الَّذِي أدخل المسيحية إِلَى إثيوبيا.. وعَندَمَا بَدَأت دروس اللغة، كنت أيضاً عَلَى وشك البدء فِي التعرف عَلَى هَذِه المواقع والتفاصيل الدينية الهامة..

خالي لم يقرأ أو يكتب بنفسه، لَكِنَّ ه رتب لي أن يكون لدي مدرس خاص لتعلم قراءة وكِتَابَة اللغة الأمهرية.. والشَّخص الَّذِي وقع العقد واخذ علي عاتقه مهمة تعليمي اللغة الأمهرية كان فِي الثلاثينات من عمره و يدعى جدعون.. أول يوم ذهبت لبيته لتعلم الأمهرية وسألني عَن أسمي..

قلت:» اسمي عادل..»

«هَذَا اسم غير امهري.. ايه هِي اصولك؟» وبدأ فِي استجوابي

«لا أعرف»

«طيب ...ما اسم والدتك ؟» باهتمام شديد

«أي واحده؟» اجبت

« الواحد بيكون عنده ام واحده بس» رد بفظاظة

جدعون كان شخصا هادئا وعمره ما فقد أعصابه، ولَكِنَّه كان يتسم بالحزم والصرامة ، ويتكلم بحدة مستخدما جملا قصيرة... كان دائما ما يقدم تعاليمه عَلَى أنها أسمى من الآخرين.. كان رافضًا ومعارضا للتعاليم المسيحية والإسلام، واعتقد أن الديانتين مزيفتان.. بالنسبة له، كَانَت اليهودية هِي الدين الوحيد..

لطالما وجدته ساخطا، نادرا ما يبتسم... كان دائما يحاول اقناعي انني من العرق المختار، وأنني ذكي وقادر.. وكان مكرسا نفسه ليجعلني واحدا من

من لا شيء
عادل بن هرهرة

أَفضل طلابه.. بمجرد ما علم انني نص يمني، زاد حرصه فِي نمو شغفه بجعلي أتقن اللغة.. مازلت اذكر رائحته، كَانَت تشبه رائحة المشغلات الجلدية\ المخطوطات الجلدية.. كان رجلا لا يتزعزع لديه ادراكه لغايته/ كان رجلاً لا هوادة فيه وله هدف..

استكمل:»ما هو اسم والدك؟»

«اسمه ماجد، لَكِنَّ هو مات..»

سأل «هو ماجد اثيوبي؟»

قلت:» لا هو بريطاني..»

«هَل هُو ابيض؟»

«لا»

«ولَكِنَّه هو عربي حضرمي من اليمن؟ ايه اسم العيلة؟» استمر فِي طرح الأسئلة..

«بن هرهرة..»

اول أسبوع من الحصص كان عبارة عَن جدعون يسأل عَن خلفية اهلي..

لم أتم السادسة بَعد من العمر وبَدَأت أواجه أسئلة عَن عرقيتي.. حَتَّى تلك اللحظة، كنت قادرًا فقط عَلَى التمييز بين الأشخاص بناءً عَلَى معايير السمات الجسدية: كالطول، أو لون البشرة، أو البنية، أو النوع.. عمري ما كنت أعرف ان ممكن تصنيف الأشخاص أيضاً حسب العرق.. كنت أظن ان الأسماء تستخدم لتمييز/لتفرقة الأشياء عَن بَعضها مثل الشوكة والصحن والسكين، ليس العائلات أو سلالة/اجداد/نسب.. بالنسبة لي الأم هِي الشَّخص الَّذِي يرعي الطفل، ليس الشَّخص الَّذِي أنجبه.. أسئلة جدعون واسئلة اخري متشابهة كثيرة والَّتِي مازلت تطرح علي الي يومي هذا،

فهي لم تقلل من شأني كإنسان ولا جعلتني مذبذب بالعكس، بَل كنت أشعر بالحيرة وبَدَأت أشعر بالحساسية و الوعي اتجاه هَذِه الاختلافات..

وبعدها سألني إذا كان تم ختاني.. / ثم كرر السؤال إذا كنت مختونا؟..

شعب جدعون، هو شعبي... جزء من التعارف عَلَى بَعضنا البَعض، أخبرني جدعون انه من شمال اثيوبيا، وانه كان من بيت إسرائيل..

علماء الأعراق البشرية يؤمنون ان اليهود فِي اثيوبيا من بيت إسرائيل ينحدرون من سكان اثيوبيا القدامى والذين كانوا أعضاء فِي قبائل أجاو، «الناطقون باللغة الكوشية من المرتفعات الشمالية لإثيوبيا».. اليهود الذين كانوا مقيمون بأثيوبيا أو الذين فِي جنوب شبه الجزيرة العربية أو صعيد مصر، يعتقد انهم حولوا قبائل الأجاو الي الديانة اليهودية.. إحدى النظريات المتعلقة بأصولهم «تؤكد أنهم من نسل أعيان القدس الذين رافقوه إِلَى بلده منليك الأول، ابن الملك سليمان وملكة سبأ..»

أهل يهوذا..

وفقا للسجلات الإثيوبية...كَانَت اليهودية واسعة الانتشار فِي ارجاء مملكة اكسوم (شمال اثيوبيا وأجزاء من اريتريا)، والَّتِي تأسست فِي القرن الثاني علي يد المهاجريين الساميين من الجنوب العربي.. فِي القرن الرابع، تحت تأثير روما البيزنطية، أصبحت المسيحية ديانة البلد وتعرض أولئك الذين ظلوا أوفياء لليهودية للاضطهاد انسحبوا اليهوديين من المنطقة الساحلية الي الجبال الداخلية شمال بحيرة تانا، فِي منطقة سيمين.. تم تعزيزهم من قبل الأسري اليهود لحملة عسكرية شنت فِي المنطقة عام ٥٢٥، وبذَلِك اندمجت الفئة الاجتماعية الَّتِي كَانَت تسمى الفلاشا فِي مملكة مستقلة قوية..

شعب وَالِدي هم اهل يهودا، والذين جاءوا من جنوب شبه الجزيرة العربية.. كان كلّ شعب الجنوب العربي فِي هَذَا الوقت يهود.. اعتقد جدعون أنه من المحتمل أن عائلات أبي وأُمِّي تنحدر من نفس سلالة الدم.. وظن أيضاً ان أسلافه تنحدر من الأراضي العربية، مملكة الحمير باليمن.. فِي الواقع، هو استنتج ان عَلَى مرار السنين جانب عائلة وَالِدي وارد ان تكون عَلَى قرابة له..

صادف أن لجديون أخ أكبر درس فِي إسرائيل، وسأل أخيه عَن اسم عائلتي.. يبدو أن اسم عائلتي يعني «ابن التلال» بالعبرية..

قال لي، «انت عَلَى صلة قرابة من منيليك الأول، ابن الملك سليمان وملكة سبأ..» هو استنتج أنني من نسل يهودي.. ولم يكن أي شيء منطقيا بالنسبة لي.. ولا كان عندي فكرة لماذا كان من المفترض ان اهتم بأي من هذا!

يدعي كلّ من اليمن واثيوبيا ان ملكة سبأ ملكتهم، ولم يتم العثور عَلَى قبرها ابدا.. كان لليمن ملكات متعددة، وهكذا بالنسبة إِلَى اليمنيين، فإن ملكة سبأ هِي ببساطة واحدة من بين العديد من الملكات لديهم.. ولَكِنَّ الأثيوبيين بنوا وجودهم عَلَى أساسها، وهويتهم مرتبطة بالملك سليمان.. معظم علماء الأثار يؤمنون ان ملكة سبأ يمنية.. بغض النظر، أنا مُتَأَكِّد إني مرتبط بها بسبب جذوري اليمنية والأثيوبية.. بما إني فهمت التاريخ وعلم الأنساب، أقدر أقول للناس بشكل طريف وبكل ثقة، «لو هِي يمنية، هِي عمتي! ولو هِي اثيوبية فهي خالتي!»

جدعون أخبرني، « معظم أبناء شعبنا رفضوا قبول المسيحية والإسلام عَلَى حد سَواء، وظل قومي مضطهدين لقرون..»

شهد القرنين الثالث عشر والسادس عشر زيادة ملحوظه فِي اضطهاد يهود

إثيوبيا من قبل المسيحيين الأقباط والمبشرين الأوروبيين.. وشمل جزء من الاضطهاد التعميد الإجباري.. وقتل من يرفض التعميد، ومن بين أولئك الذين سقطوا فِي هَذِه المجموعة كان الملك جدعون فِي النهاية، سُمح لليهود باستئناف ممارسة شعائرهم الدينية، ولَكِنَّ بحلول ذَلِك الوقت، تم تحويل العديد منهم قسراً إِلَى المسيحية..

قبل القرن العشرين، غالبية الإثيوبيين اليهود عاشوا فِي قراهم الصغيرة فِي شمال غرب اثيوبيا بالقرب من بحيرة تانا.. وإذا كانوا فِي قري مع اثيوبيين اخرين، فإنهم يعيشون فِي مجتمعاتهم فِي القرية ومحافظين عَلَى انفصال واضح عَن مجموعات الثقافات الأخرى.. «في بلدة جوندر ، عَلَى سبيل المثال ، فصل نهر بين الطائفتين ، وعَندَمَا عاد اليهود من المنطقة المسيحية غطسوا فِي النهر» ليطهروا أنفسهم..

وفي ضوء هَذَا التاريخ الَّذِي شهد الاضطهاد اليهود الإثيوبيين والتعميد الإجباري من جانب المسيحيين، فإن حماسة جديون وإصراره عَندَمَا يتعلق الأمر بالحفاظ عَلَى دينة وممارساته واللغة الجيزية (الجيز)، أصبحت الان منطقية تماما.. أظن اسمه عَلَى اسم الملك جدعون له علاقة بإخلاصه أيضاً..

***

في الأسابيع التالية، بدأنا بحروف اللغة الأمهرية.. بَيْنَما نتقدم فِي الحصص، مع تقدمنا فِي بناء الجمل، أخبرني أن اللغة الأمهرية مكتوبة بشكل معدل قليلاً من الأبجدية المستخدمة لكِتَابَة لغة الجيز.. وأبلغني إني يجب ان اتعلم الجيزية لأتعرف عَلَى الأمهرية بطريقة كاملة..

وأضاف «انا اتحدث لغة الأجاو، ولَكِنَّ معظم الأجاو مرتبط بالجيزية

والأمهرية.. الجيز هِي لغة سامية من اللغات العربية الجنوبية..
هنَاك ٣٣ حرف أساسي، كلّ واحد منهم عنده ٧ أنماط/اشكال، معتمدا عَلَى الحرف المتحرك الَّذِي سيتم نطقه فِي المقطع..»
سألت ما هِي لغة الجيز..؟
يشير الباحثين للجيزية انها الإثيوبية الكلاسيكية وتعود اصولها الأن إِلَى اريتريا وشمال اثيوبيا فِي شرق افريقيا
اليوم الجيزية مستخدمة فقط كلغة فِي الشعائر والاحتفالات/ ليتورجية الأساسية فِي كنيسة التوحيد الأرثوذكسية الأثيوبية وكنيسة التوحيد الأرثوذكسية الإريترية، الكَنِيسة الأثيوبية الكاثوليكية والكَنِيسة الإريترية الكاثوليكية، والطائفة اليهودية البيتا إسرائيل
بعد شهرين، جدعون قادني لمجلد كبير.. كان التوراة..
وشرح لي «في تقاليدنا، تظل التوراة فِي وضع الراحة عَلَى حامله بَيْنَما يتم رفع الورق فقط»
بَدَأت قراءة الكتاب المقدس.. فقد جعلني أقرأ الكتاب المقدس العبري والعهد القديم، الَّذِي كان يتألف من واحد وثمانين كتاباً، ولَكِنَّه أرادني أن أقرأ أول ستة وأربعين كتاباً فقط..
" عَندَمَا سألته لماذا لم نقرأ الكتب الستة والثلاثين المتبقية، قال، «هَذِه للمسيحيين»..
تفسيراته ومبرراته مازالت غير منطقيه بالنسبة لي، لم افهم لماذا غير مسموح لي بقراءة الكتاب بالكامل لأنني لم أفهم بَعد الاختلافات بين الأديان..
أخبرني أن تلك الكتب الستة والأربعين مقسمة إِلَى خمس مجلدات: كتب الشريعة (أسفار موسى الخمسة)، أسفار التاريخ، أسفار المزامير

(الأناشيد)، أسفار الحكمة، وأسفار النبوة.. وجعلني أقرأ تلك الكتب الستة والأربعين سبع مرات.. فِي ذَلِك الوقت، لم أكن أعرف أيضاً أهمية تكرار نفس الكتب سبع مرات.. الرقم سبعة مهم فِي جميع أنحاء التوراة وهو رقم مهم فِي اليهودية.. عَلَى سبيل المثال، تم إنشاء العالم عَلَى مدار سبعة أيام، والآية الأولى من التوراة تتكون من سبع كلمات، ويوافق السبت (يوم الراحة) فِي اليوم السابع من الأسبوع، واستمرت كلّ من الأوبئة المصرية عَلَى اليهود سبعة أيام، وهكذا.. واكد بإلحاح عَلَى قراءة هَذِه الكتب فِي أيام السبت بَعد الظهر والاثنين والخميس..

قال لي بالحرف الواحد « هم (الأثيوبيين الأخرين من الشمال وليس لديهم أي أصول يهودية يدعونا يهود الفلاشا..» ولَكِنَّه وضح لي انه لا يحب دعوته هكذا لأنه مهين بَعض الشيء..

تعني كلمة فلاشا الشارد أو المتجول أو المنفي..

يعتقد جدعون أن دينه هو النسخة الكتابية الحقيقية للتوراه.. علمني عَن الذبيحة الكهنوتية، وحفظ شعائر السبت، والقوانين الغذائية، والفصل أيام الحيض، والصوم، وأهمية إستير.. فِي العهد القديم، تعتبر قصة إستير «تذكيرًا قويًا بقوة الله الحقيقية فِي تخليص الناس، فضلاً عَن قدرة شخص أو اثنين فقط مهما يبدون عاجزين عَلَى أن يكونوا أدوات للخلاص..»

كان جدعون يعلمني الجيزية واليهودية بدلاً من الأمهرية أو العبرية، وكنت مرتبكًا ومشتتا.. لَقَد أخبرني أنه لكي أتعلم اللغة الأمهرية، يجب أن أتعلم لغة الجيز أولاً.. شعرت كأنني شخص تم إرساله لدراسة الإيطالية، ولَكِنَّني واجهت تعلم اللغة اللاتينية لمجرد أن اللغة الإيطالية مشتقة من اللاتينية.. اللاتينية هِي لغة الدين، ومعرفة اللغة اللاتينية ليست ضرورية

لتعلم الإيطالية المستخدمة فِي الشوارع.. شعرت بالشيء نفسه حيال الجيز - فهي لغة للدين فقط ولم يكن من الضروري بالنسبة لي أن أتعلمها.. أردت فقط تعلم الأمهرية..

وبدا انه مستاء لما فعله المسيحيون الأنجليكان والبروتستانت المسيحيون لدين أسلافه والجالية اليهودية فِي إثيوبيا.. والآن، وأنا أتأمل أسلوبه وأساليبه فِي التدريس، أقول إن طريقته كان الهدف منها إعادة دينه وفرضه عليّ.. ويبدو أنه يريد أن يدعوني كجزء من مجموعته العرقية وأن يضع عَلَى عاتقي مسؤولية المساعدة فِي الحفاظ عَلَى دينه عَلَى قيد الحياة.. لم يعلمني المسيحية فِي الواقع، أصر عَلَى أن أتوقف عَن قراءة ما وراء الكتب المحددة والتركيز فقط عَلَى اليهودية..

مدرس اللغة العربية

أختار الله اللغة العربية وأرسل الكتاب العظيم (القُرآن الكريم) مكتوب باللغة العربية، لغة اخر الأنبياء.. لهَذَا السبب، فهو واجب عَلَى كلّ البشر تعلمها..

الشافعي (٧٧٢-٨٢٦)

مثل الكَثِيرين من العرب، العائلات اليمنية الحضرمية الحريصين عَلَى تعليم أولادهم اللغة العربية.. من بين عمر خمس ونصف لثماني سنوات كنت فِي مدارس خاصة تعلمني اللغتين العربية والأمهرية بصورة مكثفة.. لم يكن هنَاك مدارس لتعليم اللغة العربية بَل كان مقصرا علي المساجد.. معلمي فِي اللغة العربية كان مهاجر حضرمي والَّذِي اشتغل مع

باعة حضرميين اخرين فِي تجارة الجلود.. كان اسمه باشيراحيل، وهو كان يقرب لعائلة باشراحيل والَّتِي كَانَت تعمل عندهم أُمِّي مربية قبل ولادتي.. معظم الحضرميين يشيرون الي بَعض باسماء ألقاب العائلة...اما الاثيوبيين يستخدمن اسم الشَّخص، فطلب مني بمناداته أستاذ باشراحيل.. بعدها عرفت ان اسمه عمر..

عَلَى عكس جدعون، لم يَسأَلُنِي معلم اللغة العربية أي أسئلة عَن اهلي.. فهو يعرف أُمِّي وابي من قبل.. كَانَت بشرته افتح من جيديون وكان احيانا يرتدي العمامة.. كنت دائما بنبهر كَيف يقرفص ويجلس عَلَى الأرض، وكان متوقع مني عمله.. الرجال العرب عادة يجلسون عَلَى الأرض يا اما رجلهم ممدودة، أو فِي وضع القرفصاء..

هو شخص نظيف.. النظافة الشَّخصية مهمة جدا للعرب لأسباب دينيه وعمليه.. لأن فِي أغلب الأوقات الوجبات تؤكل باليد، ومن المعتاد غسيل الأيدي قبل الأكل وبعده.. والغسيل الأساسي للوجه واليدين والجبهة مطلوب قبل الصلوات اليومية أو الصيام..

بنفس الطريقة الَّتِي تعلمت بها اللغة الأمهرية، بَدَأت بتعلم الحروف الأبجدية للغة العربية.. وبعدها استخدمنا صور وجمل بسيطة..

مدرسي للغة العربية لم يوجهني لقراءة القُرْآن، ولَكِنَّ كان صارما بخصوص البروتوكولات: الاغتسال والوضوء والقراءة بهدوء والبداية بقول «بسم الله الرحمن الرحيم..» والدقة فِي النطق والتلاوة المتناغمة الجميلة، عزل نفسك وقت التلاوة، والتأمل فِي الأيات.. الحفظ وكيفية التعامل مع القُرْآن وتسجيله بصوره يومية..

- توفّر تشريعات اسلامية عديدة:

- نظافة الأيدي قبل لمس القُرْآن..
- إبقاء القُرْآن خارج المراحيض..
- عدم وضع القُرْآن عَلَى الأرض..
- وجوب تغليف القُرْآن بغلاف مناسب
- الابقاء على القران بعيدا عن متناول الاطفال.
- لا يجب وضع أي شيء فوق المصحف..
- قبل قراءة القُرْآن، يتلوون ما يلي: «أعوذ بالله من الشيطان الرجيم»..
- عند القراءة، يجب عَلَى المرء الجلوس عَلَى الأرض..
- يجب عَلَى المسلمين وضع المصحف عَلَى مسند إذا لم يكن متوفر فيحمل علي الحجر
- لا يجب عَلَى المرأة الحائض حمل القُرْآن..

اول وأهم ممارسة الزمني بها معلمي هو الاغتسال قبل لمس وقراءة القُرْآن.. لقراءة المصحف يجب عَلَى القارئ الاغتسال والتوضؤ بنفس الترتيب..

لَقد علمني أركان الإسلام الخمس: شهادة ان لا إله الا الله وان محمدا رسول الله، إقامة الصلاة، اتاء الزكاة، وصوم رمضان وحج البيت.. وجزء من التعليم تضمن كَيف يصلي المسلمين.. هنَاك خمس فروض فِي اليوم: الفجر والظهر، والعصر، والمغرب، والعشاء.. وهنَاك أيضاً صلوات إضافية مثل صلاة العيد وصلاة التراويح وصلاة الجنازة..

أنزل الله القرآن عَن طريق ملاك الوحي جبريل إِلَى النبي محمد (صلى الله عليه وسلم) باللغة العربية، وكَانَت لغة معقدة بالنسبة لي فِي ذَلِك العمر.. أدنى تغيير فِي نطق أي كلمة عربية يعطي معنى مختلف تمامًا وخارج السياق..

لذَلِك من الضروري أن يتوخى القارئ الحذر عند نطق كلمات وآيات من القرآن، يجب عَلَى القارئ لفظ الكلمات بصورة صحيحه حَتَّى لا يحرف المعني أو الرسالة..

عَندَمَا ذكرت حيرتي ومدى ارتباكي وتشتيتي فِي اللغة العربية وطلبت من أستاذي التوضيح، قدم لي الشرح التالي:

١) **اللغة السامية الشرقي**ة تمثلها اللغة الأكادية المنتشرة فِي جميع أنحاء بلاد ما بين النهرين (دجلة والفرات)، وكان أقدم نص هو شريعة حمورابى الشهير..

٢) تمثل **اللغة الآرامية** لغة سامية شمالية غربية، ولهجاتها النبطية المندائية هِي السريانية.. كما تمثلها اللغة الكِنَّ عانية الَّتِي تشعبت إِلَى اللغة العبرية الفينيقية الأوغاريتية..

٣) **اللغة السامية الجنوبية الغربي**ة هِي اللغة الحبشية واللهجات الأمهرية، واللغة العربية..

اللغة العربية مقسمة للغتين:

١) اللغة العربية الجنوبية تدعي اللغة الحميرية.. ولهجاتها السبئية ولغة عربية جنوبية تسمى اللغة الحميرية.. لهجاتها هِي سابك وماعين، اللغات الَّتِي لم تعد موجودة..

٢) **لغة عربية شمالية** تسمى اللغة الغربية الكلاسيكية، الَّتِي تم الكشف فيها عَن القرآن النبوي والَّتِي كتب الخلود والشرف لها، تماما كما لم تنشر أي لغة سامية أخرى..

واللغة العربية وفقا لمعلمي، هِي أساس اللغات السامية كلها..

معلمي اللغة العربية والأمهرية كانوا فِي صراع مع بَعضهم البَعض، مثل

الأهالي المطلقين ويتقاتلون علي الطفل..، لم أكن اعلم من اصدق.. ونفس الكلام لهويتي.. وكلاهما ارادا دعوتي لمجموعته العرقية.. اعتقد جدعون أنني يهودي، وأصر بشراحيل عَلَى أنني عربي، وبالتالي يجب أن أكون مسلمًا.. محاولات اقناع كثيرة لانتمائي لجانب دون الأخر.. بسبب تفانيهم لدينهم المحترم، الدراسات كَانَت مكثفة عَلَى من الاتجاهين.. كوني الحبل المستخدم دون رضاه فِي لعبة شد الحبل لم يؤدي إلا إِلَى زيادة حيرتي..

الطريقة المتوقعة مني لقراءة القُرآن واللغة العربية

***

لا أدعي معرفة أكثر مما أَتَذَكَّر من طفولتي...لست بباحث ديني ولا خبير فِي علم اللاهوت، ومن واقع تجربتي يمكن ان أقول ...إن المسيحية جاءت من اليهودية، وان الإسلام يشمل كلا من اليهودية والمسيحية.. وما زلت غير قادر عَلَى الربط بين سبب تركيز البشر عَلَى الاختلافات، بدلاً من التركيز على أوجه التشابه بينهم..

الفصل السابع

يتيم وبلا مأوي

عَندَمَا أفكر فِي طفولتي، أتساءل كَيف نجوت.. كَانَت بالتأكيد طفولة بائسة، فان الطفولة السعيدة بالكاد تستحق وقتك.. والذي أسوأ من الطفولة العادية البائسة هِي الطفولة الايرلندية، والأسوأ من ذَلِك هِي الطفولة الايرلندية الكاثوليكية البائسة..

فرانك ماككورت

كبرت وصار عمري سبع سنوات، وجدت أنه من المثير للاهتمام أنني شعرت أن لدي يدا عليا فِي كلتا المدرستين اللتين حضرتهما... فِي المدرسة الابتدائية، الأطفال الأورومو لم يفهموا الأمهرية والعكس، ولذَلِك الأولاد الأورومو والأمهريين لا يستطيعون التواصل مع بَعضهم لبَعض... أما أنا كنت حالة خاصة جدا، فأنا أستطيع التحدث مع الأولاد من مختلف الثقافات.. وأقدر ان اسخر من أي واحد من زملائي بلغة لا يفهمها، مما اعطاني قوة، كولد من منزلة صغيرة ومن عرق مختلط، احتجت أي شيء يميزني عَن غيري..

في العادات والتقاليد الأثيوبية، إذا قلت ان امرأة هِي الَّذِي رعتك وقامت بتربيتك تعد إهانة، بالنسب لهم أنت لست كفاية، رجولتك ناقصة، أما إذا تربيت وتلقيت الرعاية عَلَى يد رجل فأنت نفسك راجل.. ...المثير للسخرية- بغض النظر عَن الفترات القصيرة الَّتِي قضيتها مع وَالِدي وخالي-، الا انه تم تربيتي ورعايتي من قبل عدة سيدات... هو واقع أفخر ...لَقَد رعوني جيداً وكان لهم تأثير إيجابي قوي علي..

لا اخفيكم لَقَد كنت السبب فِي اختلاق الخناقات مع وبين الأولاد، وذَلِك بقلبهم عَلَى بَعض بالترجمة الخاطئة والمتعدة الَّتِي انقلها ...معظم التعليقات الَّتِي كنت اختلقها كَانَت سخيفة، ولَكِنَّ واحدة من أهم الأدوات الَّتِي استخدمتها هِي إهانة إثيوبية مشتركة، ومن أكثر التعليقات هجوما الَّتِي يمكن أن يقولها الإثيوبي لآخر- أو لإهانة أم واحد فيهم.... كنت أقول لأكثر من ولد أن الشَّخص الثاني أهان أمه، ما يكفل ان يكون سببا لبداية خناقة... الخناقات أمور طبيعية وعادية وتقع بين الأولاد، مثل ما هِي بلدان اخرى..

أيضاً وجدت ان تقضيه وقت فِي بيت وتقديم وجبات معينة وبعدها الذهاب لبيت اخر والتعرف عَلَى وجبات عرقية مختلفة شيء رائعة جدا... بما ان من المتطلبات الأساسية لدى المسلمين فِي الأكل هِي اللحم الحلال، معظم المسيحيين لا يأكلون فِي بيوت العائلات المسلمة والعكس..

إذا ذبحت البقرة علي يد عائلة مسلمة لن تلمسها العائلة المسيحية.. ولَكِنَّي كنت قادر علي اكل أي شيء لأنم لم أكن تابعا لأي دين عَلَى التحديد..

الشيء نفسه بالنسبة للبروتوكولات الدينية الأخرى... لَقَد تنقلت بين الديانتين ومختلف الثقافات بلا حدود.... كلاهما مدرسين الأمهرية والعربية علموني ان دينهم هو الدين الصحيح، وأنني إذا اتبعت الدين الآخر بدلاً من دينهم، فسأعاني من عواقب وخيمه، ولَكِنَّي تعلمت سريعا انني إذا اتبعت قوانين دين واحد عَن الأخر لن يحدث أي شيء سيء لي! حسيت وقتها إني ساحر، وهَذِه الفكرة اتبعها أطفال اخرين.. وزملائي كانوا منتظرين بانبهار وتأهب ليروا ماذا سيحدث لي.. مثلا الأطفال المسلمين توقعوا إني اتعب تعب شديد بما إني بأكل لحم غير حلال، ولَكِنَّي صدمتهم إني كلّ يوم سليم ومعافي! أنا كنت عايش فِي كلا العالمين، وهَذَا اعطاني إحساس بالقوة والحرية لم يكن لدى الأطفال الآخرين..

التخلي عني مجددًا ... هجرت مجددًا

لم نكن أنا وخالي عَلَى وفاق.. كان عادة ينظر ألي بطريقة غريبة وفي العادة يصرخ مصدرا شتائم مهينة تتصل بعرقي..

كما كان الحال مع العديد من الإثيوبيين من جيله، لم يكن لديه رأي محدد عَن العرب، ولذا فهو يذكرني باستمرار بأنني « دافع الجمال، ولا قيمة له

ولا مكان له فِي مجتمعنا..»
لَقَد قيل لي مرارا أن وَالِدي بريطاني وهَذَا ما قلته لخالي، «أنا لست عربيا..“ فيصرخ فِي وجهي، « من تظن نفسك ؟ أنت عربي، وصادف ان والدك كان عايش فِي مستعمرة بريطانية، ولهَذَا يحمل جواز السفر البريطاني، هو عربي حَتَّى النخاع..“
لا يمر يوم من غير ما يهينني، بدأ كرهي له يزيد....لكم تمنيت ان لا يعود للبيت، لكم تخيلت بانه يتعرض للموت جراء حادث..
بَدَأت أتساءل: لماذا أنا اعيش معه، ولماذا يعاملني بهَذَا السوء؟ وبَدَأت أتساءل عَن مكان امي..
من اللحظة الَّتِي تركت فيها مع خالي والناس كلها والخدم يعرفون السبب، إلاّ أنا... أنا لم افهم سبب ان أعيش مع شخص فظيع مثله..
فِي الصباح بَعد قضائي ليلتي الأولى فِي منزله، كان فراشي مبللاً... إساءته اللفظية المستمرة من تلك الليلة الأولى ضاعفت من إرباكي وزادت من ضائقتي..

ما أن بلغت الثامنة من العمر، حَتَّى شهدت قيام خالي بينزونه بطلاق زوجته...كما انه فصل الخدم والحراس والبستاني.. كَانَت له عشيقة، وانتقلت للعيش معه، ولَكِنَّها لم تبق طويلا، رُبَّما بضعة أشهر..
حاليا أنا وهو فقط فِي المنزل وكان متوقعا مني ان اهتم بجلب احتياجات المنزل، مثلا شراء الحليب والمساعدة فِي ري مزروعاته ... فِي نفس الوقت العائلة العربية الَّتِي كَانَت تعمل أُمِّي عندها، ومدرس اللغة العربية وعائلة باشراحيل انتقلوا لمدينة «دير داوا» تبعد حوالي ٣٧٦ كم (٢٣٤ ميل) من موقعي....مجرد انتقالهم كشف لي بِأَنّ فرصتي الوحيدة فِي الرحيل والعيش

مع عائلتي فِي اليمن أصبحت مستبعدا...
بقيت مقيدا فِي منزل خالي..!
انتهى المطاف بخالي بوقوعه فِي سلسلة من المشاكل المادية مع البنك المحلي وغيرها من المؤسسات المالية، وبدأوا يبحثون عنه.... بطريقة ما انتهى به الوضع بخسارة كلّ الاموال الَّتِي سرقها من ابي، بالإضافة إِلَى خسارة عقاراته...
في ليلة وجدته جالسا عَلَى كرسي عند بوابة المنزل ممسكا ببندقية...تلك الليلة كَانَت اخر مره رأيته فيها، اذ رحل فجر اليوم التالي..
اختفى، وتركني بلا مال ولا طعام ولا مساعدة.... كنت فِي الثامنة من العمر حينها وليس هنَاك أي أحد ليرعاني.... كنت اذهب للمدرسة بمعدة فارغة....
فكرت بِأَنّ الطريقة الوحيدة للحصول عَلَى المال هو بيع أثاث المنزل، أدواته فِي السوق المحلي..
انا بمفردي! لا يوجد أحد معي! يجب ان اعيش!... هكذا كان كلّ تفكيري منصبا فِي ذَلِك الوقت
بعد الاستيلاء عَلَى ممتلكات ابي، اشترى خالي أدوات كثيرة جدا.... عمال البناء لم يأتوا للعمل عَلَى مشاريعه بأدواتهم فِي ذَلِك الوقت، بَل اقترضوا أو استأجروا الأدوات اللازمة لأداء معظم أعمال البناء...أقدر أقول... لم يكن هنَاك أقل من عشرين شاكوش وشرائط القياس والمنشار والفأس.... إلخ..
بَدَأت بأخذ شاكوش أو أدوات القياس – أي من الأدوات الصغيرة للنجارين – للسوق المحلي وبيعها بأي ثمن سيدفعه الناس، الناس الَّذِي ينتوون شراء الأدوات مني كانوا يظنون إني سرقتها.... بَعضهم هددني جسديا والبَعض الاخر ارهبني فيما البَعض الاخير اخذ مني الأدوات دون ان يدفع

مليما واحداً..

في أوقات اخرى سألوني عَن سبب بيع الأدوات وحِين اخبرتهم بالحقيقة ، اعطوني جزء صغير فقط من السعر الَّذِي تستحقه القطعة.... فِي حالات اخرى، فِي أوقات كنت استبدل الأدوات برغيف عيش....وهكذا مضت حوالي ستة اشهر حَتَّى قمت بتصفية البيت من كلّ الأدوات والأثاث ، ولم يتبق شيء لأبيعه..

خيارات...

بعد أن أفرغت المنزل، نفذت مني الخيارات، ولم يكن لدي مكان آخر للذهاب إليه.. كنت أعيش لوحدي فِي منزل مهجور، والتحقت بالمدرسة لنصف اليوم.. اما بقية اليوم كنت اتجول فِي شوارع السوق المحلي باحثا عَن بقايا طعام من الفاكهة، أو الذرة، أو البطاطس، أو شيء أستطيع سرقته – اخذه بسرعه واجري.. فِي نفس الوقت، كان لدي كلّ الحرية ولذَلِك كان الأطفال يستمتعون بالمجيء لمنزلي للعب.. بيت خالي كان به حديقة خلفية مساحتها حوالي ١٥٠٠ م٢ حيث كان يزرع العنب والبابايا وفواكهه استوائية ونباتات اخري من ضمنهم الشعير ونوع من التبغ الَّذِي كان يمضغه معظم الصوماليين والعرب (رجال ونساء(

أدركت إني أقدر ابيع أو استبدل الفاكهة بنوع اخر من الأكل عشان أعرف أعيش.. كونت صداقات مع ناس كبيرة كثيرة أقدر اضبط معهم البيزنس.. وعملي فِي بيع الفواكه استمر لمدة تتراوح بين ثلاثة وستة أشهر لأن معظم هَذِه الفواكه موسمية..

جاء فِي يوم رجل لشراء فاكهة... أَتَذَكَّر انه جاء بصندوق ليأخذ الفاكهة

ليبيعها.. شكله كان غريب.. بعدما اخذ كلّ العنب الذي عندي سألني هما الكبار فين.. بلغته انهم خارج البيت فِي الشغل فِي الوقت الحالي وفهمته إني أقدر ابيع الفاكهة واستلم الفلوس فِي غيابهم..

تقريبا هو شك إني غير صادق.. ...رفعني عَلَى الحيطة.. وبدأ يقول أبشع الكلام ليرعبني..

"اتركني! اتركني» صارخا، فأنزلني...اخذ صندوقا مليئا بالعنب وذهب من غير ان يدفع قرشا واحدا.... بالتالي لم يكن هنَاك أي شيء لأكله ولا لبيعه فِي البيت ولا الحديقة..

بعدها بوقت قصير، صادر المصرف المنزل وأغلق الأبواب... كنت بلا مأوى ووحيدا بالفعل..

***

قد وافق خالي عَلَى الاعتناء بي، ليس من باب القلق، بَل من أجل الحصول عَلَى توكيل من أُمِّي والسيطرة عَلَى عقارات والدي.. كان غرضه تحقيق الكسب المادي، وأنا كُنْتُ ببساطة الأداة السهلة الَّتِي تمكنه من اختلاس عقارات ابي.... بمجرد انه بدد أموال والدي، لم أعد ذي قيمة بالنسبة له، ومع مجيء المقرضين وملاحقته له لسداد القروض الَّتِي اخذها... كان يَشعُر بالخجل والعار... فرحل بدون سابق انذار.... رحل.. والنتيجة كَانَت أنى تُركت لأدافع وابقى مسؤولا عَن نفسي فِي منزله..

بالضبط مثل عائلة مولا، مصير خالي لم يكن أفضل... لَقَد تزوج عدة مرات وعنده أطفال كثر.... لم يعيش أيا منهم إِلَى ما بَعد سن العشرين، ولم يستطيعوا الحصول عَلَى وظيفة ثابتة ومستقرة... مات مفلسا...وفقيرا

***

تواصلت مع جارة تدعى السيدة ابيبتش، والَّتِي كَانَت تبيع الكحول المنزلي المسمى أركي، أحد أكثر المشروبات الكحولية شيوعا فِي إثيوبيا، وواحد من أقوى المشروبات حيث يحتوي عَلَى نسبة ٧٠ فِي المئة من الكحول.... أكثر ما يميز هَذَا المشروب ان السيدات هن من تقوم بتحضيره بانفسهن فِي المنزل..

أركي ...مثل الجين أو الفودكا، عبارة عَن كحول شفاف بدون اللون مصنوع من النباتات المخمرة.. تطحن أوراق الجيشو، وهي نبتة تشبه القفزات، والَّتِي توجد من إريتريا إِلَى جنوب إفريقيا، فِي مسحوق وتُخلط مع مسحوق البيكيل (الشعير) والماء.. يتم بَعد ذَلِك وضع السائل جانبًا للتخمر لمدة خمسة أيام تقريبًا.. ثم يضاف الماء إِلَى مسحوق الدجوسة (الدخن) ويعجن لصنع عجينة، ثم تُخبز فِي شكل كعكات.. بَيْنَما لا تزال ساخنة، يتم تكسير الكعك إِلَى قطع ودمجها مع السائل.. يُضاف المزيد من الماء، وبمجرد الخلط، يتم ترك الخليط جانبًا للتخمر لمدة تزيد عَن أربعة أيام.. بَعد أن تخمر، يتم تقطيرها ثم تُعرف باسم تيرا أركي أو عرق الأرض..

"داجيم» بالأمهرية تعني المرة الثانية.. نوع أخر من العرق هو «دغيم أريكي» هو تقطيره للمرة ثانية وهكذا يصبح أقوى من عرق الأرض هو أقوى من تيرا أريكي.. هِي نفس خطوات طريقة التحضير ماعدا إعادة التقطير للمرة الثانية..

عرضت مساعدة السيدة أبيبيتش فِي الأعمال المنزلية بشرط البقاء فِي منزلها... سألتني عَن البيت الَّذِي كنت اسكن به بما انه كان هادئا فِي الفترة الاخيرة حيث لم ترى والدي..

صححت لها: «هو ليس بوالدي.. هو خالي، وهو خارج البلدة الان ..» وأيضاً ابلغتها ان المنزل مغلق..

سألت «متي سيعود؟"

"لا أعرف.."

بعد صمت، قالت :»تمام بامكانك العيش معي طالما إنك لا تسرق أي شيء.."

اكدت لها، «لن اسرق أي شيء.. لن افعل أي شيء.. أنا مجرد بردان ولا أريد ان أكون خائف ولوحدي.."

سألت، «انت عندك كام سنة؟"

"صرت عَلَى مشارف بلوغي التاسعة من العمر.."

سألت : "انت ليس المفروض ان تكون فِي البيت لوحدك.. مَتَى يعود خالك للبيت؟"

رددت «لا أعرف.... ممكن فِي خلال ٣ أو ٤ شهور.."

"ما صنف هَذَا البني آدم الَّذِي يترك طفلا صغيرا مثلك فِي المنزل لوحده من غير ما يعطي خبر لأي حد..؟"

"أين والدتك؟"

"هي فِي اديس ابابا.."

كَانَت تقريبا مندهشة من وضعي، ووافقت بتواجدي فِي المنزل..

السيدة ابيبتش طويلة وأسنانها بارزه للأمام وطيبة... وقتها كان عندها ابنه فِي الرابعة عشر من العمر وابن فِي الخامسة ... سمعتها تقول انها أسقطت عددا من الأطفال عند الولادة وبعدها لا يعيشون أكثر من أسبوعين غير الأولاد الذين عاشوا..

الولد كان يحب اللعب، كان يظنني ساحرا، لاني أكبر منه بأربع سنوات،

فكان يراني مثله الأعلى.... بالإضافة إِلَى أني الشَّخص الوحيد الَّذِي يعرفه وكان قادرا عَلَى القراءة والكِتَابَة والقيام بالعمليات الحسابية وكسب الكبار فِي العابهم..

كَانَت السيدة ابيبتش تسألني باستمرار مَتَى يعود خالك؟... وردي عَلَى طول... كان إني لا أعرف فتعقب قائلة، « أنت عارف؟ أنا سعيدة إنك هنا.. لا تخاف..» من هَذِه اللحظة شعرت بالأمان لكون هَذِه السيدة باتت تمثل لي عائلة..عَلَى الأقل لم أكن بمفردي دون عائلة فِي منزل بأربعة غرفة..

***

مكثت في بيتها حوالي ١٦ شهرا.... قاربت عَلَى بلوغ العشر سنوات ...كل ملابسي تسلّخت وتمزقت، حَتَّى احذيتي.. بَدَأت اسير حافيا، لأن قدماي صارت اكبر ولم يكن معي المال لشراء حذاء اخر... كنت اتجول حافي القدمين وغير مستحم – رُبَّما غسلت جسمي فِي النهر مره فِي السنة.. السيدة ابيبتش كَانَت تساعد فِي المأوى وكَانَت تقدم لي وجبة واحدة فِي اليوم، ولَكِنَّ لم تتمكن من دفع المصاريف المدرسية، أو شراء مستلزمات المدرسة.. والنتيجة كَانَت تركي للمدرسة لفصلين دراسيين... قضيت وقتي فِي الشوارع باحثا عَن أي طعام... أولوياتي تمثلت فِي البقاء يوما بَعد يوم وليس حضور المدرسة..

***

يقال ان الإحساس بالتخلي عنك جرح لا يشفي.. وأنا اقول عَندَمَا

يتم التخلي عَن طفل فهو لا ينسي ابدا، وأهم درس تعلمته من التخلي عني أني فعليا اتخلص من أي آمال فِي أن يكون لدي قدوة للبالغين فِي حياتي فِي ذَلِك الوقت، ولم أكن أثق بالبالغين.. له علاقة بدور الشَّخص الناضج القدوة فِي الحياة فِي حياتي فِي هَذَا الوقت، ولم امن اثق فِي الكبار تماما..

لا اعتقد إني ولدت متمردا..ربما ان العامل المساهم فِي كوني متمردا يعود الى انعكاسات التخلي عني ...
خلال فترة نضجي..تقريبا قسوت عَلَى كلّ من حاول التحكم بي، بما فيهم خالتي..لا أقوى عَلَى تقديم الاعتذار عَن سنوات الشقاء والتعاسة الَّتِي تسببتها لهم..

الفصل الثامن

الأمل

«الأمل كما الريش الَّذِي يتدفق فِي الروح ويغني اللحن دون الكلمات ولا يتوقف عَلَى الإطلاق»..

ايميلي ديكنسون.

«أقل ما يمكنك فعله فِي حياتك هو معرفة ما تتمناه.. وأكثر ما يمكنك فعله هو العيش داخل هَذَا الأمل.. ليس معجبا به من بعيد، ولكِنَّ العيش فيه مباشرة، تحت سقفه «..

باربرا كينجسولفر.

عَندَمَا كان يَسأَلُنِي الأطفال من حولي عَن وَالِدي يكون ردي انهما ماتا...كَانَت هَذِه طريقتي الَّتِي اتبعتها فِي التعامل مع هَذَا السؤال، إما لا أريد الجواب وعدم قدرتي عَلَى الرد..

الم يكن من الأسهل أسهل أن أقول وَالِدي مات، بما انه فعلا مات ...لَقَد كنت قادرا اختلاق قصص عَلَى حسب ما اذكر عَن ملابسات موته والأحاديث الَّتِي سمعتها عَن موته.... أصعب جزء هو اختلاق قصة وفاة أمي... بصراحة أن أقول انها تخلت عني سيكون أسوأ شيء يعرفه اصحابي .... لم أستطع تتبع عدد الأكاذيب الَّتِي كنت اقولها عَن موت أمي، لدرجة ان بَعض القصص كَانَت تتعارض مع بَعضها.. ..بَعض الأولاد الذين سمعوني أرد عَلَى نفس سؤال موت أُمِّي يصححوا لي لأن الَّذِي حكيته لهم كان مختلفاً..

مع مرور الوقت والتعايش مع نفس المشاعر و الأفكار والقصص عَن اهلي، انتهى بي الأمر إِلَى تقبل قصة موت أُمِّي وانها واقع وحقيقة فِي عقلي وتوقفت عَن الشعور ان لا احد يريدني ... توقفت عَن الشعور بالحُزن لعدم وجود أفراد عائلة قريبين مني.. وكنت بالتأكيد سعيداً بالحرية بعيدا عَن سوء المعاملة والإهانة المستمرة من خالي الَّذِي هرب، مع إني كنت مشتتا بسبب كلّ سؤال يخطر عَلَى بالي، ولَكِنَّ استوعبت أيضاً إني وحيد، كان شيئا مخيفا، ولَكِنَّه مشجع....قررت ان لا اطلب المساعدة أكثر من النوم فِي بيت السيدة ابيبتش، لأن طلب المساعدة فِي حد ذاته علامة عَلَى الضعف وتطلب مني توضيح أو شرح نفسي أكثر مما كنت اريد... لم أريد ان يعرف أحد إني لوحدي وضعيف... كنت أظن أنه إذا علم الآخرين أنني لم أحصل عَلَى دعم من عائلتي، فقد يهاجموني أو يقتلوني... كان الاحتفاظ بالمعلومات عَن وَالِدي لنفسي هو كَيف حافظت عَلَى وضعي بين الأطفال الآخرين..

لا املك شيء.. أنا وحيد.. أنا لوحدي لنفسي ومع نفسى!

جيبيتا ... لعبة منقلة

في يوم كنت ألعب جيبيتا وهي احدى العاب الاطفال الشهيرة فِي ذَلِك الزمن مع عدد من الاطفال رُبَّما ثمان أو تسع أطفال بالقرب من منزل خالي، وبَيْنَما كنا نلعب، اقترب رجل عمره تقريبا ٣٥ أو ٤٠ سنة للمنزل... كأنما يبحث عَن احد يسكن المنزل.... ولاحظت ان كان معه رجلين.... واحد من البنك والاخر ضابط شرطة..

سألت الرجل: لماذا أنت هنا وعن من تبحث؟

قال:» أبحث عَن صاحب البيت،» وذكر اسم خالي..

«بنزونه خالي، واسمي عادل...هل تريد شيء؟»

وشرح لي: «انا أبحث عنه لأن عندي مشكلة مع الشرطة.... عملت حادثة واخذوا سيارتي ومحتاج ضامن لإخلاء سبيلي..»

لم أكن أريد إبلاغه ان خالي رحل من عدة أشهر، لأني لا أعرفه، وكنت قلقا عما يمكن ان يحدث لو قلت الحقيقة، ولَكِنَّ فكرت أيضاً انه ممكن يكونوا أقارب وإذا كذبت سأقع فِي مشكلة مع خالي..

قلت له: «خالي خارج البلد ولا أعرف مَتَى سيعود..»

سألني: «انت بتقول انه خالك..»

قلت: «نعم..»

بعدها سأل: «هي مين والدتك؟»

«أُمِّي وينشيت..»

«هو أنت ابنويني؟»

قلت له: نعم أنا وبعدها سأل، «هو أنت ابن ماجد؟»

«نعم..»
قالي: «زين.. أنا كنت أعرف والدك ماجد.. كان راجل محترم..»
بعدها نظر ألي بحزن... كان واضح قلقه عليا أكثر من حادث السَّيَّارَة.. وأعطاني بر اثيوبي واحد..
قلت له: «شكرا!» وابتسمت ابتسامه عريضة!
ضحك هو والضابط وموظف البنك ورحلوا....من جانبي تابعت اللعب مع بقية الأولاد وكالعادة كسبت..

***

«جيبيتا» تعود لمجموعة من العاب الطاولة ألعاب الطاولة الإفريقية القديمة اسمها منقلة، لا تلعب سوى باستخدام الأحجار أو الفاصوليا أو الحبوب وصفوف من الثقوب الصغيرة فِي الأرض، أو طاولة أو أي مسطحات للعب.. يتم لعبها بلاعبين، والهدف منها هو الاستيلاء عَلَى حجارة أكثر من خصمك.. هِي مسائل حسابية بسيطة، وبمجرد ما تتمكن من استراتيجية اللعبة، عمرك ما هتخسر، وكَيف تقدر عَلَى ان تغلب خصمك..
هنَاك نسخ كثيرة من لعبة المنقلة... كنا نلعبها بطريقة مختلفة حيث يكون عَلَى سطح أفقي مع ستة ثقوب أمام كلّ لاعب.. كلّ لاعب يتحكم فِي ستة ثقوب الَّذِي امامة.. ١٤احجار (او بذور ....الخ) يتم وضعهم فِي كلّ ثقب من كلّ جهة للاعب عَلَى الطاولة أو أي مسطح أخر.. إن اثنين من الثقوب الأكبر حجماً عَلَى كلّ جانب من جوانب اللوحة يتلخص فِي استخدام كلّ لاعب فِي جمع الأحجار الَّتِي يكسبها كلّ لاعب.. اللاعب الأول يأخذ كلّ الأحجار من أحد ثقوبهم، ويتحرك عكس عقارب الساعة، يضع حجرا واحدا فِي كلّ من

الثقوب التالية.. إذا واجه اللاعب منقلة الخاصة بهم، يضعون الحجر فِي منقلة الخاصة بهم.. إذا صادف اللاعب منقلة خصمه، يتجاوزونه.. إذا تم وضع آخر حجر من المنعطف فِي منقلة اللاعب نفسه، فإن ذَلِك اللاعب يأخذ دورا آخر.. إذا تم وضع آخر حجر من المنعطف فِي حفرة فارغة عَلَى جانب المنعطف من اللوحة، فإن ذَلِك اللاعب يلتقط ذَلِك الحجر بالإضافة إِلَى أي حجارة مباشرة من تلك الحفرة.. جميع الحجارة تجمع وتوضع فِي منديل اللاعب.. تنتهي اللعبة عَندَمَا تكون جميع الثقوب الستة للاعب واحد فارغة.. وتسمى حركة الصخور أو البذور حول اللوحة ووضعها فِي ثقوب ببذر لأن اللعبة تحاكي زرع البذور..

منقلة هِي واحدة من أقدم الألعاب، وما زالت أشكالها المختلفة تُلعب عَلَى نطاق واسع حَتَّى يومنا هَذَا فِي جميع أنحاء العالم.. وتشير الأدلة الأثرية ان اللعبة لعبت فِي مصر القديمة.. وهنَاك اثبات أخر لوجود اللعبة فِي إسرائيل «في مدينة جيدرا وفي حمام روماني تم حفره، حيث تم اكتشاف ألواح فخارية وقطع صخرية تعود إِلَى ما بين القرنين الثاني والثالث الميلاديين.. كما تم العثور عَلَى أجزاء من الفخار من لوحة وعدة صخور (قطع لعب) متارا (إريتريا) ويها (إثيوبيا) يرجع تاريخها إِلَى القرنين السادس والسابع الميلاديين.. وقد جلبت الهجرة والتجارة عَلَى مدى مئات السنين الماضية منقلة إِلَى بلدان وقارات أخرى، بما فِي ذَلِك منطقة البلطيق.. كَانَت يوما ما ذو شعبية فِي البوسنة، حيث تسمى بان-بان، وكذَلِك صربيا واليونان..

يمكن العثور عَلَى طاولتي منقلة من أوائل القرن الثامن عشر فِي قلعة فايكرزهليم فِي جنوب ألمانيا.. فِي أوروبا الغربية، لم ينتشر هَذَا الأمر أبدًا، ولَكِنَّ وثقه المستشرق بجامعة أكسفورد توماس هايد..

كما شقت اللعبة طريقها عبر المُحِيط الأطلسي..

عادة كنت اراهن خصومي والخسران يعطيني فاكهة أو قطعة من العيش.. أنا كنت جيد فِي اللعبة، وكل الناس كانوا بيقفوا طوابير لكي الاعبهم.. بما إني كنت كسبان طول الوقت، كان خصومي يتناوبون واستمريت فِي اللعب لحد ما خسرت.. بجانب طبعا ربح طعام، ساعدتني اللعبة أيضاً فِي تعلم الرياضيات..

لا تزال لعبة المنقلة التقليدية المسماة ورا تُلعب فِي لويزيانا فِي أوائل القرن العشرين، وأصبحت نسخة تجارية تسمى كالاه شائعة فِي الأربعينيات.. فِي الرأس الأخضر، تُعرف المنقلة باسم أوريل.. يتم لعبها فِي الجزر وتم إحضارها إِلَى الولايات المتحدة من قبل مهاجري الرأس الأخضر.. يتم لعبها حَتَّى يومنا هَذَا فِي مجتمعات الرأس الأخضر فِي نيو إنجلاند..

انقذت...طفال الشوارع هم أزهار جميلة سقطت للتو من الشجرة بَعد عاصفة شديدة.. الآن يجب أن يتوصلوا ببَعض بإبرة وخيط من الأمان والمأوى للعيش فِي دائرة جميلة من إكليل الحياة..

مونيا خان

لم يكن هنَاك وفرة من سيارات الأجرة وبالكاد أي عربيات لنقل الناس فِي ناز ريث..فكرة الحنطور كَانَت المواصلة المعتادة..

يوم بَعد الظهر، عربة الحصان والتي تسمى بالجاري وقفت امام بيت خالي ..حاولت خلال العشرين الثانية التي وقفت فيها العربة معرفة الشَّخص الموجود بداخلها ..ظننت ان خالي عاد، لَكِنَّ خاب ظني فقد ترجلت سيدة من العربة.. لا اذكر مقابلتها من قبل.. استجمعت قواي، وسألتها عن من

من لا شيء
عادل بن هرهرة

تبحثين؟.. لم تجب!.. فهي لا تعرفني ولا أعرفها..
دفعت السيدة للسائق وشكرته بلطف طالبه منه الرحيل.... بعدها بادلتني بنظرات وسارت باتجاه بوابة البيت..
الباب كان مغلقا، لأن البنك قام بتحرزيه والتحفّظ عليه، ولم يكن معي المفتاح..
سألتها» «عن ماذا تبحثين؟»
قالت: «هَذَا منزل اخي.. جئت لأراه،»
سألتني: «هو بنزونه خالك؟»
اجبت: « نعم هَذَا منزل خالي، أنا ابن اخته..»
توقفت لبرهه ونظرت لي وقالت: « يبقى هَذَا يجعلني خالتك..»
« تقولين إنك اخت امي؟» سألتها..
«نعم.. أنا اختها الصغيرة،» اكدت لي... ورأيت نظرة حزن فِي عينها...سريعا ما تحولت نظراتها الحزينة إِلَى دموع..
«لماذا تبكين؟»
«عادل ...انا خالتك.. أنا أعرفك مُنذ ان كنت رضيعا... تغيرت كثيرا... شكلك مثل شخص مشرد..»
وتابعت البكاء وهي تحتضنني..
كنت مذهولا ومصعوقا لاكتشاف ان لدي أقارب من أي من والديّ، لأني لم أكن اعلم ان لهما أقارب..
«أنا هنا بمفردي مُنذ سنتين تقريبا... عمري عشر سنوات..» وابتسمت لها دون ان أبك..
«لَقَد كنت هنا وحيدا لمدة عامين تقريبًا...» ابتسمت لها، لَكِنِّي لم أبك..»

(فِي الحقيقة، بعمري ما بكيت فِي أي وقت من طفولتي.. حاولت دائما أن أبقى قويا..)

أمسكت بيدي، وسيرنا إِلَى أقرب سوق حيث اشترت لي خبزا ومشروب يسمى بالفانتا، وهو مشروب غازي معظم الأطفال كانوا يشربونه وقتها.... كنت متحمسا جدا واترقب انبساطنا مع بَعض..

سألتها: «ما اسمك؟»

«اسمي امبت..»

قلت لها: «شكراً عَلَى مشروب الفانتا والخبز..»

جلست بجانبي عَلَى صخرة وبَدَأت تسألني أسئلة..

«سألت: «متى كَانَت اخر مرة اكلت وجبة كاملة؟»

«انا أكل كلّ يوم ويوم..»

كملت:» واين تنام فين؟»

« فِي بيت الجيران..»

وما ان تأكدت من أني اكملت أكل تناول العيش وشرب الفانتا، حَتَّى اعادت الزجاجة الفارغة لصاحب البقالة، بعدها ذهبنا سويا لرؤية الجيران، السيدة ابيبتش.. ...تبادلا السلام وبعد السلام عرّفت نفسها قائلة: أنا خالة عادل..

بكثير من العرفان والتقدير لدور السيدة ابيبتش شكرتها لسماحها لي بالإقامة فِي بيتها...تبادلوا الاحاديث لحوالي ١٥-٢٠ دقيقة..

قالت السيدة ابيبتش لخالتي ان خالي تركني لوحدي وهي استضافتني وقامت برعايتي لأكثر من سنة.. سنتين مروا من ساعة ما اختفي خالي من غير ولا كلمة، ولا يوجد أحد فِي العائلة لَقَد تُركت لأعول نفسي..

«هو ولد محترم، ولم يترك المدرسة، ولم يسرق أي شيء مني..» طمأنت خالتي.. «علاقته جيدة مع اولادي.. والجيران يحبونه أيضاً، وأبناء الجيران كلهم أصحابه.. أنا سعيدة إنك هنا لرؤيته.. كنت أتساءل متي سيأتي أقاربه لإيجاده.. لا أملك الوسائل لشراء أحذية أو ملابس إضافية له.. ولَكِنِّي سعيدة إنك جئت لرؤيته.. إذا ممكن ان اسأل، عَن أمه ...أين هي؟»

اجابت خالتي: «هي فِي اديس ابابا، ومتزوجة، وعندها أطفال من اب اخر.... زوجها ليس ودودًا ولا طيبا، ولا أعتقد انه يريد ان يعيش ابنها معهم الآن..» وقتها، استوعبت ان عندي ام، «نعم، أنا عندي أم.. أين هِي عَلَى كلّ حال؟» سألت..

تجاهلوني..

«كَيف عرفت عنه الآن؟» سألت السيدة ابيبتش..

قالت: «سمعت عَن وضع عادل من جاش نيجاتو، أحد اقاربي البعيدين، جاء هنا باحثا عَن اخي قبل بضعة أسابيع،» «قال لو حدث له شيئا ومات، فلا يمكننا البكاء أو حَتَّى القول إنه جزء من عائلتنا، حيث لم يقم أحد فِي عائلتنا برعايته... لم يطالب أحد به، بَل ولم يهتم أحدا لوجوده... لو حصله أي شيء مفجع، لن نجرؤ حَتَّى عَلَى الحُزن عليه بما اننا لم نرعاه وهو حي.. ولِهَذَا السبب أنا جئت لأعرف حقيقته..»

ابلغتنا... انها ستعود لأديس ابابا لتستشير زوجها إذا تقدر ان تجعله يعيش معهم..

قالت: «في الغالب سوف أعود لأخذة لبيتي ليعيش معنا..»

قالت السيدة ابيبتش: «رائع... اتمنى يكون زوجك قلبه طيبا ويسمح له بالبقاء معكم.. أنا أحبه، لَكِنَّ لا أستطيع رعايته بالطريقة الصحيحة،

لأنني بأمس الحاجة إِلَى إعالة أطفالي... أنا مُتَأَكِّدة انه يفتقد لامه أيضاً...بأي حال، أين والده؟»

الأمر الغريب فِي الموضوع ان السيدة ابيبتش عمرها ما سألتني عَن وَالِدي لهَذِه اللحظة.. وفي الحالتين لم يكن بي رغبة للتحدث عَن عائلتي..
ابلغتها خالتي انه توفي.. وانه كان من بلد مختلفة، ولهَذَا السبب اسمي غريب..
«عَندَمَا اخذه لأديس ابابا سأفكر فِي تغيير اسمه لأسم اثيوبي..»
ردت السيدة ابيبتش: «لست مندهشة.. كنت فعلا أتساءل قليلاً عَن اسمه، واعرف أيضاً انه يتحدث لغة اخرى..»
كَانَت تشير للغة العربية، ولَكِنَّها لم تكن تعرف أي لغة... كَانَت تراني أحيانا اكتب بَعض الواجبات باللغة العربية آيات قرآنية، ولذَلِك عرفت أني عَلَى علم بلغة اخرى..
اتممت السيدة ابيبتش حديثها بإبلاغ خالتي «نموه سيتوقف بسبب سوء التغذية.. أول ما ابتدأ بالبيات فِي بيتي كان نحيفا...هزيلا جدا، لحم عَلَى عظم.... أحيانا اعطيه عشاء، لاني لم اكن قادرة عَلَى تحمل تكاليف اطعامه يوميا....ولَكِنَّ سأسالك هَل هُو نحيف هكذا ؟»
شرحت خالتي: «هو ابن سبعة ...ولد قبل شهرين من موعد ولادته الطبيعي واضطر والديه للانتظار سنتين حَتَّى يطهروه أي يختنوه، لم يكن حسب ما ظنوا يحتمل جرح الختان ... أنا سمعت انه كَانَت طفلا شبه نحيف لَكِنَّ بجسد قوي... هو حجمه يعتبر صغير بالنسبة لسنه، لَكِنَّ كان المتوقع ان يصبح طويلا مثل والده..»

خالتي شربت القهوة مع السيدة ابيبتش وطلبت مني ان احضر لها «الجاري» وهو وسيلة توصيل عربية يجرها الحصان وذَلِك لأخذها لمحطة الأتوبيس.. أنا كنت سعيد جدا لرؤيتها وتأثرت بانها اشترت لي العيش والفانتا، خرجت مسرعا واحضرت العربة لتأخذه للمحطة..»

***

بعد سنوات، وأنا ألقي نظرة عَلَى مُذَكَّرَاتِي، لاحظت ان بجانب بيع مشروب العرق، يجب أن تكون السيدة أبيبيش قد حصلت أيضاً عَلَى أموال مقابل الخدمات الجنسية..
كان هنَاك مرتين اتذكرهما جاء زبونين معتادين فِي مواعيد غير معتادة.. وعَندَمَا وصلوا طلبت مني ترك الغرفة وقفل الباب عليهم مع السيدة ابيبتش.. وبعد نصف ساعة تقريبا يرحلون..
أَتَذَكَّر ان كان هنَاك ٣ رجال يحصلون عَلَى هَذَا النوع من الخدمة... اثنين منهم سائقي شاحنات وهما يأتيان مرة أو مرتين فِي الشهر كلا عَلَى حدى.... لَقَد قضيت ساعات طويلة العب فوق شاحناتهم، والَّتِي استخدموها لنقل البضائع لعدة مدن ووجهات..
بصراحة لم يكن لدي أدنى فكرة عما كان يحدث وقتها... سنوات بعدها وأنا اقرأ مُذَكَّرَاتِي ربطت الأمور ببَعضها واستنتجت ان السيدة ابيبتش كَانَت توفر خدمات جنسية لهؤلاء الرجال الثلاثة فِي أوقات مختلفة..
كما علمت فِي سنوات لاحقا هَذَا كَيف كان الحال فِي بيوت الدعارة.. منزل السيدة ابيبتش هِي كَانَت العاملة والمقيمة العائل الوحيد، ولَكِنَّ فِي بيوت

الكحول والتخمير، البنات تعمل كمضيفات.. وتذهب للغرفة الخلفية لتمتع الرجال مقابل المال، وكَانَت هِي الطريقة المعتادة للدعارة، لأن البنات لا تستطيع الوقوف فِي الشارع.. كان هَذَا جانباً ثقافياً ضخماً خلال تلك الحقبة..

***

عَندَمَا أعيد النظر لمجريات حياتي خاصة بين سني الثامنة والعاشرة، اجدني متفائلا مفعما بالأمل... كان بداخلي ثَمَّة إحساس قوي ان حدثا جميلا سيحصل، وما أنا فيه ليس سوى عاصفة سيئة وتعدي.. وقتها لم يكن تفكيري نمي، وغرائزي الطبيعية لم تكن أَفضل من غرائز الحيوان... الحيوانات أكثر مرونة من وجه نظرهم.. لذلك، مثل الحيوان، أنا كنت «متفائل وقابل للتكيف»..

وما بين المتفائل والمتشائم سمحت لنفسي بالتكَيف بشكل أَفضل مع بيئتي المتقلّبة..

الفصل التاسع

مرغوب

أقوى غرائزنا الأساسية ليست البقاء عَلَى قيد الحياة، ولكِنَّ البقاء للعائلة.. ومعظمنا سيضحون بأنفسهم مِن اجل بقاء فرد مِن أفراد عائلتهم، ومع ذَلِك نحن نمر بحياتنا الْيَوْمية فِي كثير مِن الأحيان كما لو أننا نأخذ عائلتنا كأمر مسلم به..

.بول بيرشال

بلغ عمري فِي شهر سبتمبر من ١٩٧٢ عشرة سنوات وعادت خالتي امبت لنازريت مِن اديس ابابا... هَذِه المرة لم تقع أي مفاجئات... لحظة تعرفت عَلَيهَا وانها خالتي، اخت أُمّي الصغيرة..
كنت أظن بانها فِي اخر لقاء لنا قالت انها ستسأل زوجها إن كَان يسمح بِأَنّ أعيش معهم فِي اديس ابابا... عَندَمَا عادت لم أكن مُتَأَكِّدا مِن خطتها... هل هِي جاءت لتأخذني معها لأديس ابابا أو جاءت لتعتذر؟ «انا اسفة لن أستطيع ان اخذك معي..» بمجرد دخول بيت السيدة أبيبتش كنت متحمسا جدا لمعرفة قرارهم.. وأخبرتنا أن زوجها وافق عَلَى أن أبقى معهم..
بعد تبادلها والسيدة ابيبتش التحيا والسلام، اطلعتها امبت عَن قرارها التحرك لأديس ابابا قبل نهاية الْيَوْم، لأن عندها طفل فِي البيت رغم أصرار السيدة أبيبتش عَلَى البيات الليلة وتتحرك فِي الصباح الباكر بَعد ان تكون ارتاحت وأكلت لقمة... أنا نمت متحمس جدا اننا سنتحرك ونرحل وليس عندي حقائب احضرّها.. كنت مستعداً للرحيل وبداية فصل جديد مِن حياتي مَع عائلة محترمة..
أكدت خالتي امبت عَلَى قرارها بالرحيل فِي نفس الْيَوْم لأن عندها مسؤوليات اخرى بجانب أولادها شاكرة لابيبتش كلّ ما فعلته وكرم ضيافتها..
ذهبنا سيرا لمحطة القطار الَّتِي تربط بين نازريت واديس ابابا... اشترت تذكرة واحده لنفسها اذ لم يكن هنَاك مِن داعي لشراء تذكرة لي لأنني تحت عمر ال١٢ سنة، وركوبي يُعد مجانا... السكة كَانَت مدتها حوالي ساعة، جلست بجانب النافذة وكنت انظر للشجر وأفكر انه هو الَّذِي يجري ليس القطار الَّذِي يسير مِن خلال الوديان.. مَع أنى ركبت قطارات مِن قبل، الا ن هَذَا

فقط ما اذكره عَن القطارات..

بيتها تقريبا يبعد ٣كم مِن محطة القطار الرئيسية فِي اديس ابابا.. كَان عمري خمس سنين ونصف عَندَمَا رحلت وتركت اديس ابابا وحاليا مرت ٥ سنوات اخرين.. لا اذكر أي مِن المباني.. ممكن لم تتغير المدينة عَلَى الإطلاق أو كنت صغيرا جدا لأَتَذَكُّر كَيف كَان شكلها عَندَمَا كنت أعيش فيها..

بَيْنَما مررنا مِن امام المكاتب والفنادق وشركات خطوط الطيران والمحلات، (لم أستطع مقاومة دهشتي مما ارى ... نازريت مقارنة بأديس ابابا، تعتبر مجرد قرية صغيرة بها الكَثِير مِن المزارع والمواشي... نبقى محظوظين إذا وجدنا سيارة تمر بجانبنا... اضطررنا ان نسير عدة اميال لنرى سيارة عَلَى الطرق الرئيسية.. باستثناء عدد قليل مِن المنازل مثل الَّذِي عشنا به أنا وخالي، معظم المنازل كَانَت عبارة عَن أكواخ مِن الطين..

وصولي إِلَى العاصمة ورؤية مباني المكاتب الحديثة والشقق والطريق المهدة والسيارات، الأشخاص الذين يرتدون بدلات ملأتني بنفس الإثارة وتساءلت هل هَذَا مثل احساس أن طفل ذاهبا إِلَى ديزني لاند أو زيارة مركز علمي أو حديقة حيوان لأول مرة..

بحلول هَذَا الوقت، كنت قَادِراً عَلَى قراءة بَعض كلمات وجمل بالإنجليزية.. قرأت « بناء التواصل الأثيوبي» و«فندق راس» فِي طريقنا... لَقَد كنت مفتونا بالنسخ الصغيرة مِن الطائرات فِي نافذة مكاتب الطيران..

توقفت عدة مرات، كنت أريد ان اطرح بَعض الاستفسارات... وكنت متحمسا جدا، فهم كلّ شيء، ولَكِنَّ خالتي انزعجت مِن اضاعة الوقت، ودفعتني للتحرك أسرع..

«بسرعة ...هيا، لَقَد تأخرنا..»

استمررت فِي النظر عَلَى كلّ شيء، غير مضطرب مِن فكرة أنى حافي القدمين فِي الشارع..

في هذا الوقت، خالتي كَانَت تسكن فِي منطقة تدعى (فلهو) فِي نفس منطقة فندق الشيراتون.. عَندَمَا وصلنا للمنزل كَان هنَاك ٤ أطفال – ولد عنده ٤ سنوات والبنات ٣ سنين وسنتين.. ولاحظت أيضاً شخصين أكبر شوية – ولد وبنت فِي سن المراهقة.. البنت عندها حوالي ١٧ سنة والولد ١٤ سنه ممكن أكبر أو اطول مِن سنة ليس أكبر مني بكثير.. الاثنين كَانوا خدم.. طلبت مني خالتي غسل يدي وقدمي قبل أن تعرّفني عَلَى أولادها... ظل الخادم ينظر الي...اعطاني ماء لأغسل يدي وقدمي...عَندَمَا دخلت المنزل، قالت خالتي، «هَذَا هو ابني الأكبر، غيتاهون، وشقيقاته، ميسريت وأينالم..» وقدمتني للخدم وبعد قالت مشيرة إِلَى الخادم الذكر «ستتولى مهام الصبي مِن رعاية واهتمام، لم تتوارد إِلَى مسامعي فِي سنواتي السابقة كلمة مهام مِن قبل، وكنت سأسال ما هِي مهامه، لَكِنَّه استمر يحدق فِي وجهي فِي صمت وأنا انظر له..

خلال الساعات الأولى مِن المساء، وصل زوجها للمنزل، وكَان عَلَى يديه شحم وكنت بتساؤل ماذا كَان يفعل لتكون يديه متسخين لهَذِه الدرجة.. سلم علي ، وكمل الحديث مَع زوجته ليسألها عَن يومها..
بعد ما عشت بَعض مِن الوقت مَع زوج خالتي، ماميتشا، عرفت انه يشتغل ميكَانيكي سيارات وشريك فِي ورشة...هو وشركاؤه يوفروا خدمات لشاحنات ماركة فيات.. وكَانَت الورشة فِي السابق مملوكة لرجل اعمال إيطالي اسمه

لوزي... عَندَمَا توفي لوزي، ٣ مِن كبار الميكَانيكيين، واحد منهم كَان زوج خالتي، اشتروا الورشة مِن عائلة الرجل الإيطالي.. أثناء هَذَا الوقت، عَلَى المقاييس الأثيوبية، مجرد ان تملك تجارة يعد إنجازا كبيرا بالنسبة لدخل لطبقة فوق متوسطة..

سارع الخادم بإحضار الماء والصابون لرجل المنزل وساعده فِي غسل يديه... فِي هَذِه اللحظة أدركت انه زوج خالتي، أبو الأولاد.. بَعد تغسيل يديه وتنشيفهم، حمل البنات وقبلهم... لاحظت فِي نفس الوقت ان الخادمة تحضر طاولة العشاء لتأكل العائلة سويا..

بَيْنَما تجمعت العائلة لتناول الطعام، كنت متضوراً مِن الجوع، فسحبت كرسي وانضممت إليهم...همست خالتي مسرعة ان غير مسموح لي بالجلوس معهم، وعلي الانتظار حَتَّى ينتهوا مِن الأكل وبعدها اتناول طعامي مَع الخدم... لم يكن هَذَا منطقيا بالنسبة إلي، ولَكِنَّي تراجعت مِن الطاولة..

بعد ما انتهت العائلة مِن الأكل، جلست مَع الخدم لتناول الطعام، وشعرت بخيبة أمل لأنني مجبر عَلَى لأكل مَع الخدم وليس مَع العائلة، لأني توقعت إني فرد مِن العائلة... فقدت شهيتي تماما مَع انه كَان هنَاك الكَثِير مِن الطعام امامي، قررت أن اكل القليل كنوع مِن الاحتجاج..

بعد يومين، طلبت خالتي مِن الخادم تعليمي مهامه الْيَوْمية... كَان الولد يستيقظ يوميا فِي الصباح الباكر لشراء الحليب الطازج المعبأ.. بَعد تقديم الفطار، يذهب لأقرب سوق لشراء ما تحتاجه الخادمة لوجبات الْيَوْم.. وبعد الظهر، يساعد الخادمة فِي جلي وتنظيف الصحون عَلَى الأقل مرة فِي الْيَوْم، وكَان يحضر الفحم المستخدم فِي لغلي القهوة، ويساعد فِي غلي القهوة، وكَان حريصا ان يحضر الجيران لجلسات القهوة..

بعدها بأسبوع أعطت خالتي مبلغا كبيرا مِن المال للخادم وشكرته... وحزم اغراضه ورحل..

مع ان مهاراتي اللغوية لم تكتمل كليا فِي هَذِه المرحلة، الا انني بَدَأت فِي كِتَابَة مُذَكَّرَاتِي... لم ادعوها مذكرات ولا أعرف ما هي، ولَكِنَّ قررت ان اكتب عَن كلّ شيء اراه واتعايشه – وانعكاساتي لما حدث معي فِي مدينة نازريت وكل ما حدث هنَاك..

الهدف مِن كِتَابَة مُذَكَّرَاتِي كَانَت مجرد للشعور أنى اتحدث مَع شخص.. كنت اتخيل إني اتحدث مَع وَالِدي المتوفي أو أُمِّي الَّتِي لا أعرف عنها أي شيء... ظللت أدون أحداث مِن غير أي عواطف أو مشاعر، مَع الحرص عَلَى ان لا يراني أحد ساعة التدوين ... كنت اعلم ان خالتي وزوجها لا يستطيعون قراءة ما اكتبه، ومع ذَلِك كنت حريصا ان لا يرى أحد المذكرات مِن باب الاحتياط..

عَندَمَا كنت اكتب عَن مواقف أو مناسبات محدده كنت استخدم اسماء مستعارة للشخصيات، وغالبا كنت اخلط بين الكلمات العربية والأمهرية حَتَّى لا يعرف أحد عما اكتب..

كِتَابَة مُذَكَّرَاتِي مستمرة حَتَّى هَذَا الْيَوْم.. يناير ٢٠٢٠، عَندَمَا قررت كِتَابَة مُذَكَّرَاتِي، تواصلت مَع أفراد عائلتي فِي اليمن وإثيوبيا لتحديد جميع المجلات والرسائل والصور الخاصة بي وإرسالها إلي.. وبكل صراحة، لم اتخيل للحظه أنى سوف أجد ورقة واحدة منهم.. وكنت لا اصدق عيني، كلّ التدوينات/ السجلات مِن سنة ١٩٧٣، وكل ما كتب فِي ال٤٧ سنه التي فاتت وجدوها وأرسلوها لي عَلَى دفعتين...الدفعة الاولى فِي أول سنة ٢٠٢٠ والدفعة

الثانية فِي يونيو ٢٠٢١ ... فكرة ان خالتي امبت تحتفظ بهم طيلة هَذِه الفترة تعد شهادة حب واحترام لي.. عَندَمَا سألتها ما الَّذِي دفعها للاحتفاظ برسائلي وملاحظاتي، قالت: "كنت أعرف أنك تكتب أشياء ذو قيمة.. كنت أعرف أنك مميز وذكي، وفكرت ان ممكن واحد مِن اولادي ان يتعلم شيئًا منك..» لم تتعلم القراءة والكِتَابَة، ولَكِنَّها تحترم العلم بشدة.. قلت لها:» أنت غرست فِي عزيمة وثبات لأنهي ما بَدَأته.. أنا نتيجة مجهوداتك..»

صورة مِن مُذَكَّرَاتِي والجوابات الَّتي أرسلت لِي فِي يونيو ٢٠٢١

***

قالت لوسي داكوس: « ان المذكرات هِي صوتك الحقيقي..» مذكرات طفولتي تحكي الكَثِير وكل ما كَان يحدث بداخلي فِي هَذِه الأيام.. أثناء غياب الدكتور النفسي، كَانَت مُذَكَّرَاتِي المكَان الوحيد الأمن حيث أستطيع التعامل ومعالجة أيا كَان ترميه الحياة اتجاهي.. فإن.. الكِتَابَة فِي مُذَكَّرَاتِي اعطتني الفرصة لأعبر وأؤكد عَلَى كلّ ما أنا ممتنًا له.. لماذا لا يتم وصف كِتَابَة المذكرات للأطفال الذين يعانون مِن فرط الحركة وقلة الانتباه ADHD

والاكتئاب واضطراب؟ ورقة وقلم وفن الكِتَابَة بدلا مِن وصف الأدوية.. حافظ الاخبار وحارس المعارف (أمين الأخبار، صاحب المعرفة)

لا غنى عَن الكتب فِي حياة الطفل

ماي إلن تشايس

تعلم القراءة هو إشعال النار؛ كلّ مقطع تلفظه هو شرارة

فيكتور هوجو

في هَذِه الأثناء ، كَانَت تبحث خالتي عَن مدرسة ابتدائية لتسجيلي فيها.. أقرب مدرسة لبيتها كَانَت مدرسة خاصة اسمها (إيو باليو).. استطاعت المدرسة ان تقبلني لفصل دراسي فقط، لأن احد الطلبة كَان متغيبا لأسباب مرضية مما افسح لي المجال لاحل محله...عَندَمَا يعود هَذَا الطالب سوف اترك المدرسة ووافقت خالتي عَلَى هَذَا الترتيب..
أثناء هَذَا الوقت، كنت أحاول التعرف واستكشاف المنطقة مِن حولي... لاحظت ان كثيرا مِن الرجال يلصقون اذانهم بجهاز الراديو ويستمعون لتغطية دورة الألعاب الأولمبية الصيفية١٩٧٢ الَّتِي كَانَت مقامه فِي ألمانيا الغربية... عرفت مِن الأهل والجيران أنه مِن المتوقع أن يعود عداء الماراثون الإثيوبي بالميدالية الذهبية للمرة الرابعة عَلَى التوالي..
بَدَأت قراءة الصحف المحلية وقضيت وقتا كبيرا فِي قسم الرياضة... علمت عَن عداء حافي القدميين اسمه أبيبي بيكيلا، الَّذِي أصبح أول أفريقي أسود

يفوز بميدالية ذهبية فِي سباق الماراثون الأولمبي فِي شوارع روما... بلا شك كَان فِي فترة مِن الفترات الأيقونة فِي دورة العاب ١٩٦٠.. تسجيل رقم قياسي عالمي جديد .... وأيضاً حافي القدمين!

كَانَت الصحف تقتبس مِن كلام بيكيلا والَّذِي قالها بمجرد وصوله خط النهاية حافي القدمين: «أردت ان يعرف العالم ان بلدي اثيوبيا فازت دائما بالعزيمة والبسالة..»

«كتبت إحدى الصحف الإيطالية، «أرسلت إيطاليا جيشًا لغزو إثيوبيا، لَكِنَّ إثيوبيا أرسلت حارسًا شخصيًا إمبراطوريًا لغزو روما..»

بقراءاتي الإضافية وبمشاهدة البرامج الوثائقية، قرأت وسمعت ان بوب ريتشاردز يصفها كالتالي:

سي بي اس، وهنا فِي الماراثون هَذَا الشاب حافي القدمين.. أعنى .... كَيف مِن الممكن ان يجري شخص حافي القدمين عَلَى حصي؟ وكل روعة روما، هنا حمام كاراكلا، وهنا طريق أبيا وهنا قوس قسطنطين.. كَان الموقف درأُمِّي جدا لإن الجيش الإيطالي اخذ رمز اثيوبيا، وكَان هنَاك مرئي فِي العلن.. بَدَأت ابكي .... بالنسبة لي كَانَت أكثر لحظة الدراماتيكية رأيتها فِي الألعاب

لم ار بيكيلا اطلاقا... عَندَمَا وصلت الاستاد الرياضي كنت أعرف ان تسوبورايا هو الشَّخص الَّذِي يسبقني.. وهَذَا كَان هدفي، واستغليت فرصة قدومي مِن الخلف واستطعت ان افاجئه ... فِي هَذَا الْيَوْم بصراحة بيكيلا كَان فِي عالم اخر مَع نفسه فِي هَذِه الظروف... هو كسب السباق «أ» وأنا كسبت السباق «ب»..

جون كيلى فاز بالمركز الثالث فِي ماراثون روما الأوليمبي وعبر عَن احترامه وتقديره لقدرة بيكيلا عَلَى الفوز بالسباق، ركضا حافي القدمين عَلَى

الحصى..

لَقَد ركضت تلك الخمسة عشر كيلومترا الأخيرة مرتديا الحذاء، وآهه لم تكن سهلة.. كَان هنَاك حصى، وبَعض منهم حجمهم كبيو... لا أستطيع تخيل صدمة الجري حافي القدمين لخمسة عشر كيلومتر بنفس سرعة ابب، بالأخص... لابد مِن انه كَان انتصارا صعبا للغاية..

بسبب نقص الموارد، كنت اتحرك فِي مدينة نازريت حافي القدمين لمدة ١٣ شهر.. كنت محرجا لكوني حافي القدمين فِي كلّ مكَان أذهب إليه حَتَّى قرأت المقالة فِي الصحيفة عَن ابي بيكيلا..

فكرت: «إذا كَان يستطيع الفوز فِي الأولمبياد حافي القدمين.. رُبَّما لا أحتاج ان أشعر بالخجل بَعد كلّ شيء، مِن الواضح ان هنَاك شيء جميل حول كوني حافي القدمين..»

ومع ذَلِك كنت سعيدًا عَندَمَا اشترت لي خالتي حذاءً بَعد ما انتقلت للعيش معها بأسبوعين، لأن اديس ابابا كَانَت أكثر برودة وتمطر كثيرا.. كَان مِن المستحيل بالنسبة لي ان اسير حافي القدمين للأبد مثلما فعلت فِي نازريت..

ومع ذلك، خالتي كَانَت صارمة أيضاً مَع استخدام الأحذية الَّتِي اشترته لي.. كَان عَلَى ارتدائها فقط وقت الرحلات المدرسية والي السوق، ليس بداخل المنزل بالتأكيد.. وأمرتني بشدة الا ارتديه وقت لعب كرة القدم..

استمرت الصحيفة فِي نشر اخبار عَن إنجازات بيكيلا بانتظام.. بالإضافة انه حقق الرقم القياسي العالمي جريا خافي القدمين، الا ان بيكيلا كَان أول رياضي ليكسب فِي الماراثون الأوليمبي بصورة متتالية ممثلا اثيوبيا فِي الأولمبياد عامي ١٩٦٠ و١٩٦٤.. واخرهم كَان فِي طوكيو، مَع انه كَان يرتدي حذاء فِي هَذَا السباق.. لَقَد جري فِي أولمبياد طوكيو تحت ظروف جوية

شديدة الحرار وعالية الرطوبة.. عدة رياضيين انهاروا أثناء الماراثون، ولَكِنَّ بيكيلا لم ينه السباق فقط، ولَكِنَّ أيضاً سجل رقمًا قياسيًا أولمبيًا جديدًا.. فِي ختام السباق، لم يظهر أي علامات مِن الإرهاق وفي الواقع قام بتمرينه الروتيني بَعد عبوره خط النهاية..

فإن قوته وقدرة تحمله كَانَت مثل بازل هيتلي مِن بريطانيا العظمي، والَّذِي اخذ المركز الثاني فِي طوكيو، ولم يلاحظ ان أبيبي بيكيلا وصل خط النهاية قبله فِي السباق وتفاجئ ان الشريط ليس هنَاك..

لَقَد أصاب بيكيلا فِي عام ١٩٦٨ فِي الماراثون المكسيكي الأوليمبي، ولَكِنَّ مواطنين بلده ربحوا السباق حاصلين عَلَى الميدالية الذهبية الثالثة عَلَى التوالي لبلدهم.. أصيب بيكيلا بجروح خطيرة فِي حادث سيارة فِي سنة ١٩٦٩، نتج عنها شلل وفي النهاية كَان سبب وفاته عام ١٩٧٣، ولَكِنَّه يظل بطلا قوميا ليومنا هذا.. فِي الوقت الَّذِي شعرت فيه الأمة بأكملها بالحيوية بشأن نتيجة الماراثون الأولمبي لعام ١٩٧٢، أنا أصبحت متحمس ومفتون بإنجازاته، وبَدَأت فكرة الركض تثير فضولي..

***

حيث كَانَت تعيش خالتي، كَان هنَاك حوالي عشر عقارات للإيجار لمجمع مسور بالقصدير، وكَان هنَاك ٣ حمامات.. اثنين مِن الحمامات كَانا مستخدمين مِن كلّ المقيمين، والثالث لصاحب العقار فقط.. كَانوا حمامات مثل الَّتِي نشاهدها فِي مخيمات اللاجئين أو فِي الخارج فِي أمريكا وكندا، وتأتي الشاحنات كلّ شهرين لإزالة نفايات البشر..

بما ان معظم الناس بما فيهم خالي وخالتي لا يكونا يجيدون القراءة

والكِتَابَة، كنت أنا الضليع فِي المنطقة الَّذِي يستطيع قراءة التقارير لأقاربي والمقيمين فِي المنطقة.. وهَذَا جعلني أشعر بالفخر والتباهي الشديد.. يتجمع الكَثِيرين حولي فِي مجموعات ليستمعوا للراديو، ولَكِنَّ برامج الراديو كَان لها مواعيد محددة، وكَان صعب عَلَى معظم الناس ترك اشغالهم ليستمعوا لبرامج الراديو فِي الوقت المقرر لها.. وطبعا ناهيك عَن امتلاك الراديو الترانزستور الصغير كَان امتياز ان يملكه أي أحد! فإن الصحيفة كَانَت أكثر شيء مناسب للجميع لمتابعة الأخبار وتطور الأحداث.. وبمجرد أن اكتشف الجميع أنني أستطيع القراءة، تم ترشيحي كمراسل إخباري للمجمع.. كَان عَلَى أن أقرأ لهم التغطية الإخبارية وأعيد قراءتها فِي الأوقات الَّتِي تناسبهم.. كَان دوري يمدني بالقوة.. فكرة وجود الكبار حولي ويستمعون لما اقرأه اعطاني إحساس بالقوة والأهمية – كطفل، أنا كنت قادر عَلَى عمل شيء لا يستطيعون الكبار القيام به.. وعلمت وقتها ان القراءة هِي المفتاح القوي للمعرفة، والمعلومات والفرص.. المداومة الْيَوْمية أصبحت روتين مِن يومي وشعرت بإحساس قوي مِن الإنجاز وتحقيق الذات.. لَقَد انتقلت مِن قراءة الكتب اليهودية والإسلامية المقدسة لقراءة احداث واقعية، والأخبار الْيَوْمية.. كنت انقل للناس معلومات عَن احداث ذات أثر عَلَى حياتهم.. فأنا احمل مفتاح العالم الخارجي لناس اخرين – الكبار – فِي مجتمعي..

كَان ماميتشا، زوج خالتي دائما يحذرني ان لا انسي الصحيفة فِي أي مكَان واني اعيدها له مباشرة فور انتهائي منها، لأنه كَان يقصها لمربعات ويستخدمها فِي الحمام.. فكرة استخدام أوراق الصحيفة كبديل لمناديل الحمام ميزة عَندَمَا كَان لا يملك الناس أي شيء اخر لاستخدامه.. فإن كلا مِن العرب والمسلمين، الرجال والنساء منهم – يستخدمون يدهم اليسرى للمسح بَعد

الحمام، عَلَى عكس المسيحِين الإثيوبيين.. لتلك اللحظة لم ار أي امرأة تأخذ معها أي ورق فِي الحمام، عَلَى العكس كَانوا يأخذون صفيحة مِن الماء، حوالي ٢٥٠ ملل، عَندَمَا يذهبون للحمام مرتين فِي الْيَوْم وكنت اري ذَلِك مَع العرب رجال ونساء وليس الرجال الإثيوبيين..

***

لَقَد ركضت أول ماراثون لي وأنا عمري ٥٢ سنه فِي عام ٢٠١٤، وعَندَمَا بَدَأت ان أخذ الموضوع بجدية كنت دائما أفكر فِي بيكيلا، لأن إنجازاته اعطتني حس مِن الهدف والدافع.. عَندَمَا يقل الناس: «انت بذلت مجهود قوي فِي السباق» ويسألوا، « ما السر وراءه؟» ردي المعتاد كَان،» كنت اتخيل زوجتي السابقة تجري ورايا،» و «واتخيل بناتي فانتظاري عند خط النهاية..» فِي الحقيقة ابيبي بيكيلا كَان مسيطر عَلَى عقلي طول السباق.. واراهنكم ان كلّ واحد كندي بيلعب هوكي فِي الشارع بتظاهر انه وأين جريتسكي أو أي مراهق امريكي نفسه يبقي مايكل جوردان.. وكل برازيلي يركل كرة القدم يفكر انه بيليه، والأطفال فِي الأرجنتين يفكرون فِي مارادونا.. فإن العالم بحاجة الي ناس أكثر مِن هَذَا النوع..

***

رجال النجاح يواجهون المأساة... لَقَد كَانَت إرادة الله أن أفوز بالألعاب الأولمبية، وكَانَت إرادة الله أن ألتقي بحادثتي.. لَقَد قبلت تلك الانتصارات وأنا أتقبل هَذِه المأساة.. يجب أن أقبل كلتا الحالتين كحقائق للحياة وأن أعيش بسعادة..

ابيبي بيكيلدد

الفصل العاشر

رمز الأبوة...بانصير

وجود الآباء شيء أساسي جدا، فهم القدوة وبهم يتم توجيه الاطفال..
دون دور الأب، يَشعُر الأولاد باليتم، وانهم تركوا عَلَى غير هدى فِي لحظة حرجة من نموهم وتطورهم..

بوب فرانسيس

فور انتهاء الْيَوْم الدراسي، بدلاً مِن أن أعود للمنزل، سرت مستكشفا جوانب مختلفة للمنطقة... خلال أسبوعين، وجدت مكتب الشئون الخارجية الإثيوبية ومكتب الاتحاد الإفريقي وميدان (مسكل)، وهي ساحة عامة فِي أديس ابابا حيث يتجمع الناس للمقابلات الاجتماعية أو لتنظيم المظاهرات.. (ملحق ٣)..

بَيْنَما كنت أسير مِن امام المحلات والمكاتب وافتحص الامكنة من حولي حتى لاحظت محلاً لغسيل الملابس والَّذِي يديره أناس يبدون من شكلهم انهم يونانيين أو إيطاليين، كَان محل غسيل الملابس اسمه زينيث..

بعد شهر أو أكثر مِن انضمامي للمدرسة كطالب وفي طريقي المعتاد للبيت، استجمعت شجاعتي ودخلت محل غسيل الملابس..

كَان في المحل رجل طويل القامة ببشرة فاتحة يقف خلف المنضدة.. سلمت عليه باللغة الأمهرية، ورد علي السلام ... لاحظت سريعا ان يتقن عدة لهجات..

سألته: «ماذا تنظف هنا؟»

بدلا مِن الرد عَلَى سؤالي، سألني لماذا أنا هنا..

«أتساءل فقط لا غير..» اجبته وسألته:» هل أنت يوناني؟» بما إني مهووس بالقراءة، فأنا اقرأ أي كتاب اجده فِي طريقي.. بَعضها كَان عَن الحرب الاثيوبية ضد الإيطاليين ولِهَذَا حتى ذَلِك الوقت كنت أظن، أن أي شخص ببشرة فاتحة هو يا إما إيطالي أو يوناني.. موقف مثل ذلك، بانصير لم يرتد الزي العربي، والَّذِي أنا متعود عَلَى رؤيته، ولَكِنَّه كَان يرتدي زياً أوروبيا، ولذَلِك افترضت انه يوناني..

نظر لي سريعا وطلب مني أن أرحل لأنه مشغول... فِي نفس اللحظة رن التليفون الَّذِي عَلَى المنضدة وأجاب... لم أتحرك.... بَعد بضع ثواني، بدأ يتحدث للشخص عَلَى الخط باللغة الفرنسية والعربية.... وهنا زاد فضولي.... أشار لي بيده لمغادرة المحل، فرددت بعدم التحرك..

حالما انتهى مِن المكالمة، أمرني بصوت صارم بالخروج مِن المحل..

ابلغته: «انا تحدث اللغة العربية..»

وقلت كام كلمة: «اهلا» و «كيفك، ايش اخبارك؟» «ايش اسمك؟» «اسم والدي ماجد..»..

بعد هَذَا الايضاَح، جاء مسرعا مِن وراء المنضدة وبدأ يَسأَلُنِي أسئلة كثيرة عني.. بما ان لغتي العربية كَانَت ضعيفة، كنت اجيب باللغة الأمهرية وكام كلمة مِن الأورومو.. وسألني أسئلة أكثر ومن ضمنهم عَن اسم امي..

أخيرا، نظر لي مطولا وقال، «انا كنت أعرف والدك.. كَان صديقي، مِن بلدي..»

اعتقدت انه كَان يمزح معي..

قال: «تعال غدا.. وسوف أريك صور لوالدك..»

كنت حائر ومذهول.. لم أتوقع حدوث شيء كهذا..

«اسمع أنا مشغول حاليا.. هل تستطيع المرور علي غدا بَعد المدرسة..» مكررا وافقت ورحلت..

لم أخبر أحدا أنى وجدت شخصا مِن اقاربي.. مَع أن هو وأنا لسنا أقارب بالدم، ولَكِنّ هذَا الرجل كَان مِن نفس قرية والدي.... صلات الدم مهمة لدي العرب..، ولَكِنَّ العلاقات الهامة أيضاً تستطيع ان تتكون بين

الأفراد اليمنيين الحضرمي مَع الوقت مبنية عَلَى الثقة.. لَقَد كَان يعرف عائلة وَالِدي وأصدقاء اخرين لأبي فبالتالي هو لذَلِك كَان أقرب ما يمكن أن تكون عليه أي صلة قرابة..

لم أنم طوال الليل، ظلت أفكر فِي الرجل الَّذِي قابلته.. لم أكن مُتَأَكِّد إذا كَان يخبرني الحقيقة أو أخبرني انه يعرف وَالِدي لمجرد ان يقنعني بالخروج مِن مكَان عمله، بما أنى كنت ولد مزعج بس أنا فعلا كَان عندي فضول وودت المعرفة أكثر..

الْيَوْم التالي، احمد بانصير اعطاني صوره بها ٤ اشخاص.. مَع أنى ذاكرتي كَانَت شبه متلاشية، الا انه كَانَت أول مره وأنا عندي ١٠ سنوات قادر ان اري صورة لوالدي.. وسألت بانصير مِن هم الأولاد والرجل الواقف بجانبهم..

«هؤلاء الأولاد هم اخواتك، حسين واختك فوزية.. وهَذَا الرجل الواقف بجانب والدك هو محاسب هندي (علي خليل)، كَان يعمل لدي والدك كمدير المكتب..»

أكمل بانصير حديثه، ولَكِنِّي سرحت فِي عالمي الخاص.. أردت ان اتحدث للصورة واتحاور مَع الرجال والأطفال فِي الصورة..

كَان يعلم بانصير أني غير مستمع له، فوضع يده عَلَى كتفي ليعيدني مِن ارض الأحلام..

«انت تشبه اخوك.. بالأخص منطقة الفم، وَلَكِنَّك أقصر وارفع بكثير..»

«سألت: «اين يعيشون الآن؟»

«اخر مره سمعت عَن اخوك كَان فِي عدن يعمل لشركة شحن بريطانية كبيرة، ولَكِنَّ سمعت أيضاً ان حسين انتقل إِلَى المملكة العربية السعودية..

أعرف بان اختك فوزية تعيش فِي حضرموت مَع زوجة والدك مريم..»
لَقَد كنت منبهر بفكرة ان عندي أفراد عائلة فِي مكَان اخر وبَدَأت احلم واتخيل مقابلتهم فِي يوم ما..

وَالِدي مَع حسين وفوزية والمحاسب الهندي (علي خليل)، اديس ابابا، اثيوبيا فِي ١٩٥٥

رجل نبيل (متحضر)

يبلغ طول بانصير حوالي ١٨٣ سم.. كَان رجلا صاحب مظهر انيق، يرتدي البدل وربطات العنق، والساعة الرولكس.. كَان حذاءه مثالي فِي لمعانه وأكنه لسا جديد.. عمره ما رفع صوته وكَان سلوكه لطيف.. فهو يستمع بتمعن، لدرجة كنت اشك أحيانا ان عنده مشاكل فِي السمع.. عَندَمَا كَان يتمشّى حولين مكتبة كَان يضع يديه الاثنين خلف ظهره.. عَندَمَا يعطيه الزبائن الملابس للتنظيف الجاف، فكَان يريهم الاحترام فِي ابهي صوره،

الابتسامة والمعاملة الطيبة لخدمتهم.. كلّ زبائنه كَانوا مِن الطبقة الغنية وصاحبة النفوذ، وحتى عَندَمَا كَان الخدم والسائقين يحضرون الملابس لم تتغير معاملته تماما.. بانصير كَان يعامل كلّ الناس بنفس الطريقة غني أو فقير.. وأنا غير متعود عَلَى هَذِه التعاملات.. فكرة التحدث والسلامات مَع الطبقات الفقيرة ليس شيئا يفعله اغلبية الاثيوبيين فِي هَذِه الأيام..

زانيث، المحل، بيلمع، يا إما العمال ينظفوه بالليل أو فِي الصباح الباكر قبل مواعيد فتح المغسلة.. كنت استمتع بروائح مواد التنظيف الكيماوية.. يعد أول مرة اتعرض فيها لِهَذَا النوع مِن المحلات المنظمة وكَيف توضع الملابس النظيفة عَلَى الرفوف.. أردت ان أعرف إذا يواجه العمال أي صعوبات فِي معرفة مالك الملابس الَّذِي مضي عَلَيهَا أشهر.. اسأل نفسي دوما، كَيف يعرفون مكَان الملابس؟ وكَيف يستطيعون ايجادها بِهَذِه السرعة؟

أثناء رحلتي فِي ٢٠١٠، كنت حريصا عَلَى زيارة زانيث مجددا.. ..الأبواب كَانَت صدئه وتقشر الدهان مِن عَلَى الحوائط... مازالت رائحة الكيماويات موجودة، ولَكِنَّ مِن الواضح ان الواح المكواة والغسالات استهلكوا مَع مر الزمن... لا هروب مِن البلى والهلك،

وتساءلت: كَيف تمكنوا مِن الحفاظ عليها؟..

الأبواب الجرارة أصبح وزنهم خفيف حيث كَانوا يضعون الملابس الملونة والمنضدة الَّتِي كنت أقف خلفها مهترئة وبالية.. تم تقسيم جزء مِن الردهة\ المدخل كمساحة مكتب لابنته الوحيدة فوزية الَّذِي صادف ان يكون اسمها عَلَى اسم واحدة مِن اخواتي اللائي يعشن فِي اليمن.. بغض النظر عَلَى الحالة الَّتِي أصبحت عَلَيهَا المغسلة، أنا كنت متحمس لزيارة ورؤية المكَان مجددا وأَتَذَكَّر كلّ أيام الصبا... دمعت عيناي وافتكرت اين كَان يقف بانصير

ويحكي لي قصص عَن والدي.. وندمان انه لم يعيش طويلا ليري ما أصبحت علية.. وأهم شيء إني حزنت بشدة عَن تفويت الفرصة وعدم سؤالي أسئلة أكثر عنه وعن والدي، لأنني الآن شخص بالغ وأب بمنظور مختلف تمامًا..

من أنا؟

محاولا أن أنام هَذِه الليلة، بَدَأت أفكر بصورة أكبر عَن والدي... أجبرت نفسي عَلَى تذكر صور له، والتفكير فيه والاستغراق فِي الذكريات... ذكرياتي كَانَت مشوشة قليلا، ولَكِنِّي بَدَأت اذكر بَعضا منهم عَلَى قدر استطاعتي..

أثناء الأوقات الصعبة فِي نازريت وبعد الانتقال للعيش مَع خالتي، كنت اسأل نفسي دائما، اين أمي؟ كَيف ممكن ان تكون حياتي فِي وسط اهلي والعيش معهم؟ إيجاد هَذَا الرجل صاحب المغسلة كَان همي.... كدت اسقط أثناء استكشافي طريقي الجديد... استكشاف وَالِدي الَّذِي بالكاد أعرفه، واحتمالية معرفة كَيف كَان هَذَا الرجل.. استكشاف هويتي.. متسائلا إذا عندي اخوات مِن ناحية وَالِدي وهكذا، عندي كام اخ أو اخت؟

عَلَى السرير بفكر واحاول أَتَذَكُّر كَيف كَان مظهره، ومشيته وصوته وطريقة كلامه.. بشرته البنية وجسده الضخم وكرشة.. اهم حاجه فِي كلّ هَذَا انه كَان مشعر جدا.. نعم، كَان أصلع، ولَكِنَّ اسنانه بيضاء.. كَانَت اسنانه مثالية، كَان يتحدث بصوت مرتفع وعصبي شوية – ومخيف شويتين..

كل الناس تعرف ان عندي اهل، عَلَى الأقل واحد منهم، فِي حالَّتِي ولا واحد منهم.. كنت مشتت وأعاني، متسائلا كَيف ستكون ردة فعلي إذا وجدت عائلتي.. خالي بنزونه، كَان بلا منفعة، لأنه كَان قاسياً وتركني بمفردي دون

أن يخبر أحد.. لَقَد كنت حريص ان اشتكيه لأي أحد مِن جانب وَالِدي مِن العيلة، إذا عندهم الاستعداد لسماعي.. وخالتي عاملتي كخادم عندها أكثر مِن كوني ابن اختها..

هل مِن الممكن ان يكون اهل ابي بنفس قساوة اهل امي؟ كًان لدي أفكار واسئلة كثيرة تتسارع فِي عقلي طوال الليل..

***

صباح الْيَوْم التالي، لم أستطيع الاستيقاظ مبكرا لإحضار اللبن لأني بقيت ساهرا للساعات الأولي مِن النهار.. عَندَمَا سكبت الخادمة ماء مثلج عَلَى رأسي قفزت مسرعا مِن السرير وركضت لأحضر اللبن.. وبعدها ذهبت للمدرسة مرهقا جدا.. لم اسمع أو افهم ذرة شيء حدث فِي الفصل فِي هَذَا الْيَوْم.. كلّ ما كًان يشغل بالي هو مقابلة هَذَا الرجل المشوق مجددا.. لم أكن أعرف حَتَّى اسمه، لَكِنَّ ه يحمل مفتاح تعلمي المزيد عَن والدي.. انتهي الْيَوْم الدراسي عَلَى ١:٣٠ ظهرا وإذا بي اطير مسرعا الي المغسلة..

الرجل كًان هنَاك وابتسم لي بمجرد دخولي.. وكًانَت أسنانه ذهبية اللون، عمري ما شفت بني ادم عنده اسنان ذهبيه.. فتح باب المنضدة وسمح لي بالدخول.. طلب مني الجلوس عَلَى إحدى الكراسي وبدأ يحكي لي عَن ابي.. اهم ما فِي الموضوع انه كًان مهتم بمعرفة كَيف قضيت الخمس سنوات التي مضت مُنذ وفاة والدي.. يعني قلت له حاجات مختصرة بدون الخوض فِي أي تفاصيل..

ولد فِي هَذَا الْيَوْم مسعاي لإيجاد اقاربي باليمن وإصرار عَلَى ترك اثيوبيا والبحث عَن حياة أفضل... الرجل قال لي اسمة أحمد بانصير..

بعد يومين مِن مقابلتنا، اخذني لمقابلة رجل حضرمي يدعى سليم باجريش وأيضاً ابنه أبوبكر.. لَقَد هاجر مِن حضرموت وعاش فِي مدينة الشحر الَّتِي ابي منها.. أبو بكر ابنه الوحيد، كَان يعرف ابن ابي، اخي الكبير حسين، لأنهم ذهبوا لنفس المدرسة سويا فِي اديس ابابا..

اللقاء الأكثر تشويقا والذي لن انساه ما حييت مَع بجريش، وهو شخص افريقي الشكل، اسود اللون، يمني حضرمي... كَان صوته عاليا طوال الوقت ومزاجيًا.. بدخولي مكتب بجريش، ويحتوي على مكَان لتجهيز البن، لم يكن يعرف مِن أنا ولماذا أنا هنَاك.... تحدث باجريش وبانصير قليلا بشكل جانبي.... بَعد نص ساعة مِن الزيارة بدأ باجريش يشرب شيشة..

باجريش نظر لي بسرعة والتفت نحو بانصير وسأله

: من هذا ؟ بانصير ضحك قبل ان يرد وقال، «هَذِه صدفة شيقة حدثت مِن يومين.. صادفته فِي المغسلة عندي.. هَذَا عادل، ابن ماجد..»

باجريش أخرج رأس الشيشة مِن فمه وقال: «ماجد حقنا؟ لقيته فين؟» رد محركا رأسه بالإيجاب..

باجريش نظر لي مجددا وبدأ فجأة يصرخ فيا.. «اطلع بره مكتبي يا ابن إبليس! اطلع بره! أنت ابن الوضيع!»

صوته كاد ان يدفعني للتقيؤ، وخرجت وأنا أجري مِن مكتبة، لقد تعرضت للاهانة!..

ابتسم بانصير وطلب مني انتظاره فِي السَّيَّارَة... تعرف لماذا باجريش صرخ في وجهي على هذا النحو الغاضب؟..استغربت من ابتسامة بانصير، فبدلا من ان يهدي من روعي ويخفف من حجم الاهانة التي تعرضت لها الا انه يبتسم..

بَيْنَما كنت جالسا فِي سيارة بانصير منتظرا عودته، بَدأت أتساءل إذا كلّ العرب يتصرفون على هذا النحو...وسارحا فِي «ماذا قد يكون فعل وَالِدي لإغضاب الرجل لهَذِه الدرجة؟»

في تلك الأثناء تساءلت: إذا باجريش شخصا طبيعيا...

بَعد نصف ساعة أو اكثر، ارسل واحد مِن العاملين فِي المكتب لإحضاري اليه.... كنت مرعوبا لعودتي للمكتب، ولَكِنَّي سمعت الكلام... رجعت وجلست بجانب بانصير..

لم ينظر باجريش لي اطلاقا واستمر فِي الكلام مَع بانصير..

بعد الانتهاء مِن الحديث، وقفنا أنا وبانصير بهدف مغادرة المحل... فِي نفس اللحظة طلب مني باجريش زيارته مِن وقت لأخر، لم أجيبه.... كنت خائفا منه وهو شعر بذلك.. ...في النهاية قال بجريش: «كن قويا.. لا يوجد ما تخاف منه..»

غادرنا المكتب، ونحن فِي طريق العودة لمكتب بانصير، سألته لما كَان باجريش غضبان مني... ضحك مجددا وقال سوف يخبرك يوما ما..

شعرت بالأمان مَع بانصير، فهو احاطني برعايته واتضح لي ان رجل يستحق الوثوق به ...كَان يبذل مجهودا ليعرفني عَلَى وَالِدي، وكَيف أصبح رجلا عربيا... بَدَأت اكتشف مِن أَنا؟ ومن أين جئت؟.. وان لدي عائلة... أناس لم يكونوا مِن أفراد اسرتي، ولَكِنَّ مِن موطن وَالِدي...أناس أستطيع الاعتماد عليهم..

***

عَندَمَا بلغت الخامسة عشر من عمري أخبرني بانصير بالخلاف الَّذِي بين باجريش ووالدي، ففيما يبدو انه عَندَمَا كَانَت مريم زوجة ابي

فِي اثيوبيا وكَانَت تريد العودة إلى حضرموت، رفض والدي، فتوجهت دون اعلامه لباجريش بهدف الحصول على المساعدة فِي ترتيب السفر لها.. كون باجريش شخص طيب، ساعدها للعودة لليمن مَع ابنتها..

عَندَمَا عاد وَالِدي مِن رحلة العمل، كَانَت زوجته قد رحلت مِن البلد.. بمجرد ما علم متى وكَيف رحلت؟، غضب بشده وواجه بجريش.. بَيْنَما هدأ الأمر وبعد عدة أشهر، كَان هنَاك قطار بضائع به حمولة مِن البن حوّل مساره الى جيبوتي، ما ادى الى خروج شحنة القهوة عن مسارها وبالتالي خسارة باجريش لأمواله واستثماراته.. وإفلاسه تماما.. ذهب لأبي ليقترض منه مبلغ مِن المال ليبدأ مشروع القهوة مجددا، ولَكِنَّ والدي لم ينس ما فعله باجريش من مساعدة مريم لتترك والدي.. فِي المقابل، قال لباجريش انه سوف يقرضه المال بشرطين، أول شرط يحلق له منطقة العانة وثاني شرط أنا يقضي ليلة مَع زوجته..
لم يقبل باجريش أي مِن الشروط ولم يتكلموا مَع بَعض مِنذ ذلك الوقت..
عَلَى الرغم مِن خلافه مَع والدي، باجريش صرف نظر عَن غضبه وَالِدي واستمر فِي مساعدتي مالياً واخلاقياً الى ان غادرت اثيوبيا ذهابا لليمن... فعل ذَلِك لأنه انسان شريف ولأن هَذَا ما يفعله اليمنين-الحضرميين.. فعل ذَلِك لأنه يعرف أنى أحتاج للمساعدة ولأني يمني حضرمي..

***

عَندَمَا كنت صبيا... أول الكتب الَّتِي قرأتها كَانَت للكاتبة أنا فرانك... قرأت جملة واحدة فقط والَّتِي لا تفارقني لِهَذَا الْيَوْم: « عمر ما كَان

بني ادم فقيرا بالعطاء..» عَندَمَا بانصير وباجريش مدوا يد المساعدة لي، لم يفكروا في كونهم السبب وراء حياتي الراضية.. فِي الواقع، انهم لم يعيشوا طويلا ليشهدوا وجهي الناضج المبتسم.. مِن الممكن أنى لا أَتذَكُّر كلّ شيء عَن هاذين الرجلين – وبالتأكيد نسيت معظم ما قالوه لي، ولَكِنَّ سوف أَتَذَكُّر دوما كلّ تدخلاتهم فِي حياتي، خاصة أوقات حاجتي

الفصل الحادي عشر

لست سوى طفل عادي

التعليم التقليدي يعلّمك كَيف تقف، ولكِنَّ لترى قوس قزح عليك ان تخرج وتسير عدة خطوات بمفردك..

اميت راي

رجل أعمال

جيران لخالتي، خاصة ممن لم يكن لهم أولاد أو يعجزون عن تحمّل تكاليف الخدم سألوا خالتي إذا كان بإمكاني القيام بقضاء بَعض الحاجات وتنفيذ بعض المهام لهم؟... خالتي وافقت معطية إياي الضوء الأخضر... وبموافقتها كنت اقوم بمساعدتهم في بعض المهام وقضاء حاجياتهم ...أحيانا كَانَت مكافأتي بعضا من المال وأحيانا حبات من الخبز المخبوز في البيت.
في مرة من المرات جاءت احدى السيدات وطلبت إذن خالتي فِي ان تأخذني لقضاء حاجة لها تتطلب ان أذهب معها أولا إلى موقع قضاء الحاجة تلك حتى اتعرّف عليه لكوني لا أعرف الموقع... عمتا خالتي وافقتا ولم يكن لدي أي خيار عَلَى أي حال..
سرنا أنا وتلك السيدة زهاء خمسة كيلو متر للوصول لوجهتنا، والذي هو عبارة عن منزل دخلنا المنزل، وفيه حدثت السيدة رجل المنزل عَلَى عدة مشاكل لسيدات اخريات...من مثل مشاكل ادمان ازواجهن للخمور، وذكرت إن احداها لا تحمل وقلقة من ان يتركها زوجها ويتزوج عليها بامرأة اخرى..
أتذكر جيداً أني قرأت فِي أحد المناهج المدرسية أن الناس يذهبون لقسيس الكاثوليكي للاعتراف، ففهمت مغزى هَذِه الزيارة....على أي حال... استمع الرجل بتمعن للمشاكل وبَيْنَما يسمع بدأ يكتب فِي ورقة.. انحنيت لأري ماذا كان يكتب.. كان شكلها لغة عربية، ولَكِنَّ لم تكن عربية أو امهرية.. كَانَت شخبطه.. كلمات متداخلة أشهد بمثلها من قبل..كلمات تشبه تلك الملاحظات المختصرة والتي يكتبها السكرتير على ورقة صغيرة وعلى عجل منتصف الستينيات والسبعينيات من القرن المنصرم..

كَانَت رائحة البخور تملئ منزله فيما الشموع تتوزع بكثرة في انحاء المنزل ، أما ملابسه فقد كَانَت مختلفة... لا هي ملابس عربية ولا اثيوبية...منحتني رائحة البخور إحساسا بالهدوء والتركيز.... جلس بنفس طريقة جلوس العرب، ولَكِنَّ ليس مثلهم بالضبط، هو ليس عربي.. ولَكِنَّ وضعية جلوسه كَانَت خاصة بالتأمل..

بعد كِتَابَة الملاحظات بالحبر الأسود والأحمر الَّذِي كان يغمس رأس الحبر فِي زجاجة بها نوعين مختلفين من الحبر... قام بطي الورقة بطريقة غريبة، حيث لا يستطيع جاري فتحها وقراتها.. فعليا هو عمل شكل مربع عَن طريق تكوير الورقة..

السيدة أعطته خمسين سنت لكل ورقة... ونصحها ان تعطي لكل سيدة حدثته عن مشكلتها واحدة من الأوراق، وقال لها ان عَلَى كلّ امرأة ان تأخذ أدويتها... كان عَلَى كلّ ورقة تعليمات مختلفة حلول تتناسب لكل مشكلة ... مثلا ...احدى السيدات عَلَيهَا ارتداء شال طيلة الوقت والشال قطعة ملابس كشميرية بسيطة، تُلبس بشكل فضفاض فوق الكتفين والجزء العلوي من الجسم والذراعين، وأحياناً فوق الرأس، واخرى تضع الورقة فِي كوب من الماء مرتين، واخرى الثالثة ان تلف الورقة حول كتفها....

بَعد تكرار الإرشادات لكل سيدة وعلاجها غادرنا منزل الرجل..

عَندَمَا عدت للمنزل، سألتني خالتي كَيف كان المشوار.. قلت لها تمام، ووصفت لها المكان والرجل..

حالما انتهيت من كلامي قالت»هو مشعوذ.. مشعوذ يعني رجل يمارس السحر،»..

سألتها: «ما يكون هذا المشعوذ؟»

قالت: «شخص، وبالأخص النساء مؤمنات إن عنده قوى سحرية..»
لم تكن تملك زمام القدرة المعرفية على القول بان الشعوذة فرع من فروع السحر الذي يستند على جلب القوى وطلب مساعدتها لفائدة أو لضرر الناس...
عَندَمَا أصررت عَلَى معرفة ماذا تقصد، قالت، «هو شخص محتال، ولَكِنَّ نحن نؤمن انه يمارس السحر لتحقيق اهداف خيرية وليس للشر..» ظللت أفكر كَيف يمتلك الرجل هَذَا النوع من السحر القوي... لم يكن هذا من ضمن ما درسته فِي المدرسة أو فِي الكتب المقدسة... فضولي كان في اعلى درجاته... كنت فِي انتظار عَلَى أحر من الجمر للزيارات القادمة..
زيارتين لبيت الساحر وألهمتني بِأَنّ أكون رجل أعمال... لم يمر وقت طويل، وبدأ الناس اعطاني رسائل لأوصلها للرجل، فبدلا من ان اقضي الوقت في السير لمنزله، كنت اتخذ مكانا معزولا واكتب مثلما يكتب الرجل المشعوذ ....ملاحظات بالأمهرية والعربية وكما يفعل بالضبط اطوي الورقة وابيعها للجيران الذين يخبروني بمشاكلهم... كل من كان مريضا شفي بدون ان يعلم بانني من اقف خلف توفير العلاج..كم كنت فطنا وذكيا بفعلي هذا..الذين لم يجدوا أي حلول لمشاكلهم أو تتكرر المشكلة بالنسبة لهم، ظلوا يعطوني فلوس لأوصلها للرجل.... وطبعا لم أفعل... استمررت فيما افعله واحتفظت بالأموال لنفسي..
بعد سنة، واحدة من الجيران قابلت الساحر بالصدفة فِي السوق وعرفت منه أنى لم اذهب اليه من زمن.. وتم تنفيذ عقاب صارم بحقي ...ضرب بالحزام وتعذيب بالبهار البربري.. تم لفي فِي غطاء وقلبي رأسا عَلَى عقب وسيدتين يحملوني بَيْنَما كَانَت خالتي تسخن البهار عَلَى الفحم وتتركني

استنشق ...كَانَت تجربة مريرة بالنسبة لي كصبي صغير..
بعد هَذَا النوع من العقاب قمت بحل شركتي عَلَى طول.. !
***

كولد صغير كنت أعرف الفرق بين نظام التقويم الهجرى (إسلامى) والإثيوبي..

بعد وصولي لأديس ابابا بعشرة أيام، وافق الـ ١١ من سبتمبر، رأس السنة الأثيوبية....في تلك الأثناء كلّ الأغاني الأثيوبية الجديدة يتم طرحها فِي السوق وأشهر الفوق الموسيقية كَانَت من الشرطة، الحرس الامبراطوري ....مغني مشهور اسمه تيلاهون جيسيسي غنى اخر اغانيه يوم ١١ سبتمبر ١٩٧٢.... كان صوته جميلا..

ماميتشا كان منبهرا، بَعد انتهاء الأغنية، قال «كان زمان الوضع بقى أفضل لو الأورومو يتوقفون عن الانجاب من بَعد تيلاهون..» وقتها لم افهم المعنى المقصود من تعليقه، ولليوم بَعد ٥٠ سنة، سألت نفسي، هل ما كان يقوله بدافع الاعجاب أو كان يلمح الى أمر ما ؟ هل ممكن ان يقول ان البرازيليين لن يقدروا على انجاب مبدع بحجم اللاعب الشهير بيليه؟ هل ممكن ان يقول الأمريكان ان بَعد تقاعد مايكل جوردان، لا يوجد داعي لمشاهدة مباريات كرة السلة؟ ولا مره كنت مُتَأَكِّدا ...هَل كان يقصد تجريح الاورومو أو مدحهم ؟ هل كَانَت نيته قول ان هَذِه القبيلة لا تملك ما يكفي لإنتاج غير مغني واحد؟

علمت لاحقاً أن البعض يعتبر قبيلة أو قومية الأورومو أدنى مرتبة

من بقية القبائل.. ...ذكرني تعلقيه بتعليقات خالي المهينة تجاهي والأعراق الأخرى فِي اثيوبيا، عَندَمَا كان يهينني بتعليقات مثل، «كنت أتمنى لو ان أمك انجبت كلبا،» أو «يا ريتك كنت مت..» «بدل ما انجبتك، كان أحسن لها احتفظت بالمشيمة..» أدركت متأخرا، متسائلا إذا زوج خالتي عنده نفس المشاعر اتجاهي، لأني جزئيا عربي، ممكن لِهَذَا السبب جعلوني خادما عندهم!

بعد انتهاء رأس السنة بفترة قصيرة، اخذتني خالتي لمدرستي والَّتِي كَانَت مجاورة للقصر الإمبراطوري... لَقَد بُنيت المدرسة خصيصا للأولاد الذين يخدمون فِي القصر... كلّ الطلبة كان عندهم أحذية ويرتدون ملابس مهندمة، ولَكِنَّ عدد الطلبة فِي الصف الواحد كان اقل من عدد الطلبة في مدرستي السابقة فِي نازريت، حيث كان بها فصول كثيرة تقع في مجمع ضخم، فيما مدرسة نازريت تقع في ملعب كرة قدم حول ارض للزراعة ولا يتوفر بها ملعب كرة يد.. هنَاك حضرت الصف الثاني والثالث مع طلبة أكبر من عمري بكثير وبَعض من زملائي فِي الصف الثالث كان عندهم ١٦ سنة بَيْنَما أنا ٧ سنوات.. أما فِي مدرستي الجديدة كلنا فِي الصف من نفس العمر، كلنا فِي الصف الرابع..

المدرسة الابتدائي الَّذِي درست بها من الصف الخامس حتى الصف الثامن ... مع الاسف لا تتوفر صورة لمدرسة ايو بيليو، لأن مجمع المدرسة الابتدائية أصبح جزءًا من القصر كما المستشفى الذي ولدت فيه.. اديس ابابا، اثيوبيا فِي عام ٢٠١٠م

خلال هَذِه الأيام، كان ينتقل أطفال من مناطق ريفية بعيدة لمناطق تكون المدارس فيها متوفرة.. كان يعد التعليم المفتاح والجانب الأكثر أهمية فِي الحياة، وكله كان متعطشا لتعلم القراءة والكِتَابَة.. انه ليس بخطأ شخصي، ولَكِنَّ أكثر الأطفال من المناطق الريفية لم يتم تعليمهم أبداً فِي القرى، وهكذا عَندَمَا غمرت أسرهم المدن وطالب أطفالهم بالتسجيل، لم يكن لدى النظام المدرسي خيار سوى قبول هؤلاء الأطفال، لَكِنَّ ، لأنهم كانوا متأخرين جدا فِي التعليم، اضطروا الى وضعهم في مراحل تعليمية أصغر منهم بكثير، لأنهم بكل بساطة لم يكونوا يملكون ما يكفي من الموارد أو الفرص من حيث أتوا..

عَندَمَا تم تسجيلي فِي مدرسة نازريت، كان فِي امتحان للدخول وبناء عَلَى درجاتي، وضعت مباشرة فِي الصف الثاني.. ولذَلِك كان من المفترض ان أكون فِي الصف الخامس على عمر الـ ١٠ سنوات بما أني تخطيت صف بالكامل.. وللأسف، لَقَد خسرت هَذِه السنة في الوقت الَّذِي قضيته فِي الشارع فِي نازريت، وكنت غير قادر على حضور المدرسة لسنة كاملة..

بعد فصل دراسي كامل فِي ايو بيليو مدرسة جوبيلي /اليوبيل الابتدائية،

الصبي الَّذِي كان متغيبا بسبب حالته المرضية لم يعود ليأخذ مكانه وبهَذَا استطعت ان أكمل دراستي..

***

واصلت فِي أداء مهامي المنزلية والَّتِي لم أحب القيام بها.. وشعرت ان السبب الوحيد الَّذِي احضرتني خالتي لأجله هو لأساعدها فِي مهام المنزل وتربية أولادها.. كلّ مسؤولياتي كَانَت بدون مقابل مع ان الخدم الأخرين كان يعطى لهم أجر، ساعتها بَدَأت أشعر بالاستياء..

هنَاك أوقات كنت أشعر ان حالي بالشوارع أَفضل من أن أعيش معها فِي المنزل... نعم في بيتها الكثير من الطعام والملابس وتتيسر الدراسة، ولَكِنِّي لست سعيدا..

عَندَمَا عشت مع خالي بَعد وفاة ابي، كنت ابلل الفراش، ولَكِنِّي توقفت عَندَمَا كنت أعيش وحدي فِي الشارع وأنام فِي منزل السيدة أبيبيش..

خالي كان أكثر شخص مؤذي عرفته فِي حياتي.. كان عنده كره دفين للعرب.. من اللحظة الَّذِي تكفل فيها بتربيتي وهو كان غير طيب معي.. لم يمر يوما بدون ان يؤذيني سواء باذي لفظي أ غيره دون أي سبب.. لم أكن ولدا سيئا أو مشاغب... فعلا لم أرتكب أي خطأ عَندَمَا انتقلت للعيش معه وفي سن الخمس سنوات ونصف.. فالواقع، كنت تائها وخجولا ومرعوبا عَندَمَا ذهبت لبيته.. فإن الانتقال لبيته كَانَت أول مواجهه لي لفكرة الانفصال وكنت أتساءل دائما لما هو دائما غضبان بلا أي سبب.. كلما كبرت فِي السن، بَدَأت فِي تبرير معاملته لي بقولي: «وَالِدي كان أجنبي، وعربي، وغير مسيحي..» كنت معتقدا ان كرهه سببه العرق والسلالة.. وأيضاً فكرت ان ممكن يكون غضبان من ابي لجعل اخته حامل وصب إحساس الغضب والعار علي.. لم

أصل لأي إجابة واضحة أو مريحة حَتَّى الان..

أثناء رحلتي عام ٢٠١٠، عَندَمَا سألت أُمِّي عَن خالي، قالت: وافته المنية قبل عدة سنوات، ومن غير ما أفكر قلت، «أحسن..» طبعا، لم يكن لديها أي فكرة عما كان يحدث لي معه في نازريت، وكَانَت مندهشة من رد فعلي غير المتوقع والغريبة على شخصيتي... كلّ الأطراف الذين استغلوا وفاة وَالِدي لأي سبب مادي كان، توفوا كلهم بعدها بفترة قصيرة، فكَانَت الفكرة مريحة بالنسبة لي انهم لم يبقوا مطولا ليستمتعوا بالحياة الَّتِي سرقوها مني ومن ابي..

الأن، فِي بيت خالتي انبيت بَدَأت ابلل السرير مجددا.. كشخص بالغ الأن عرفت انها علامة من علامات الصدمات النفسية.. ومن الطبيعي ان ردة فعل جسمي لعدم إحساس بالأمان بالعيش مع الشَّخص المؤذي مثل خالي، والان ان حياتي تعيسة فِي بيت خالتي، وان الموضوع يبدأ من جديد لم يكن مفاجئ..

طبعا بللت السرير، اغضب فعلي هذا خالتي.. وكَانَت تصرخ ...جعلتني أشعر أن العيب يكمن فيّ..

لم احترم مامتشا وكرهت خالتي امبت لجعلي عبدا لها... أنا ابن اختها، ولا افهم لماذا تعاملني كخادم عندها، بدلا من معاملتي كفرد من أفراد العائلة... بكل بساطه كنت غير قادرا على فهم لماذا ولأجل ماذا يحدث لي ما يحدث...؟

كنوع من التمرد، بَدَأت أهمل مهامي اليومية واتجاهل توقعاتها مني مما جعل الصراع بيننا يشتد.. وأحيانا كَانَت تصرخ وتهددني..

العقوبات الجسدية والاهانة للأطفال كَانَت منتشرة بصورة كبيرة فِي اثيوبيا والَّتِي لها تاريخ طويل وعميق الجذور وقبول اجتماعي واسع النطاق.. ولم

تختلف خالتي عنهم.. أيا كان الَّذِي طبقته علي، فعلت مثله مع أولادها.. هَذَا كلّ ما كَانَت تعرفة..

خلال طفولتي، اعتبر معظم البالغين فِي إثيوبيا العقوبة الجسدية وسيلة مقبولة لتأديب الأطفال، وبَيْنَما كانوا ضد العقوبات الجسيمة والمفرطة الَّتِي أدت إِلَى إصابات جسدية، كانوا متشككين فِي المحظورات الرسمية وكانوا أيضاً يقاومون التدخل الخارجي.. عَلَى الرغم من أن معظم المعلمين وموظفي المدرسة قبلوا من حيث المبدأ الإلغاء التام للعقاب البدني فِي المدارس، فقد جادلوا ضد وقف هَذَا النوع من التأديب، لأن البديل المعقول لتأديب الأطفال لم يكن موجودًا بعد.. لذلك، أقروا بِأَنّ الأشكال الضرورية من العقاب البدني تُستخدم بانتظام فِي المدارس والمنازل..

كوفي عنان، الأمين العام السابق للأمم المتحدة، قال، "إن التسامح والحوار بين الثقافات واحترام التنوع تعد أمور أساسية أكثر من أي وقت مضى فِي عالم أصبحت فيه الشعوب مترابطة أكثر فأكثر".. عالم تزداد فيه الترابط بين الشعوب وهَذَا صحيح عَلَى الصعيدين السياسي والوطني، ولَكِنَّ ماذا عَن المستوى الشَّخصي؟ ما هِي الأسباب الفيزيائية الأساسية للبشر فِي اختيار ما يقبلون وما يرفضون؟ بالنسبة للبشر، هل من الفطرية كره الأصوات، ونظرات الوجوه، والأفعال، والأنماط، أم أننا تعلمنا أن نصدق بطريقة معينة؟ لماذا، كطفل تحت سن العاشرة، أصبحت حساس جدا حول الإهانات العنصرية الَّتِي كنت أتلقاها من خالي، ولماذا أثروا عَلَي بعمق؟

الفصل الثاني عشر
مذكرات

«لا تماطل وإلا سُتترك بين القيام بشيء ما، وبين أن تكون لا شيء..»
«يمكن للمرء أن يكون له ساقين، لَكِنَّ هَذَا لا يعني أنه يمكن له أن يتسلق شجرتين فِي نفس الوقت..»

امثلة اثيوبية

٩ يناير ١٩٧٣

مقالة

فِي التاريخ المذكور أعلاه، وتحديدا فِي ساعات متأخرة من ظهيرة ذلك اليوم، فِي الحديقة القريبة من المنزل، بَيْنَما كنا نلعب لعبة « ٦ كوركس- لعبة الكريكت» لعبة للأطفال، وقع حادث غير متوقع لجيتاهون ابن خالتي..

هَذَا حادث ليس فقط تصادم، ولَكِنَّه أيضاً مرعب ومخيف لكل العائلة!

...قرر جيتاهون فِي هَذَا اليوم أن لا يأكل وجبته ويترك كتب المدرسة بالبيت ويخرج للعب مع أصدقائه..

أثناء اللعب، كان يجري مسرعا وبطريقة متهورة...تعثر فِي جذع شجرة.. بمجرد ارتطامه بهَذَا الجذع نتيجة سرعته وتأثير اصطدام قدمه بالجذع طار حوالي ٣ متر فِي الهواء قبل ان يقع عَلَى الأرض.. والنتيجة كَانَت تشوهه وجهه لدرجة فوق التخيل..

بعد اللعب، عَندَمَا عاد إلى المنزل، تورم وجهه بشدة ولم نعد قادرين رؤية ملامحه... اخواته كلهم ميزيريت وبنيام واينالم والعائلة كلها ارتعبوا من ملامحه تلك ...جروا من حوله هاربين منه ...لم يستطيعوا تحمل المنظر المشوه..

بالأخص ميزيريت كان مرعوبا جدا وظل يصرخ بصوت عالٍ جدا طول الأمسية.. عَندَمَا سألتها عَن سبب البكاء وهي خائفة من ايه، ردها كان ان اخوها « شكله كالوحش، وانه سيأكلها وهي عَلَى قيد الحياة..»

المقالة بقلم أليمايهو

١٠ ابريل ١٩٧٣

مذكرات

يوماً ما حوالي الساعة ٧:٣٠ مساء، كان يوم الأربعاء ليلا، طلب من أليمايهو احضار فرع من شجرة الكافور، والَّتِي كَانَت تستخدم فِي علاج نزلات البرد.. ويستخدم عَلَى الأولاد الصغار أيضاً مثل الحزام للعقاب.. حاليا، أليمايهو فتح باب الفناء ليتجه لأقرب حديقة كافور، واستمر فِي السير فِي الحديقة لحوالي ٧٥ متر بعيدا عَن المنزل... فِي نفس الوقت الَّذِي رأت فيه القطة السنجاب، بَيْنَما ينظر لنوع الشجرة المطلوبة، وكان شيء سهل جدا، ولَكِنَّ وقعت عينه عَلَى شجرة تشعر انها وجدت فقط لجمالها فهي طويلة ومؤنقة ومعتنى بها جيدًا..

انبهر أليمايهو بمظهرها وقرر بدون تفكير ان تسلقها، وحصل حادث غير متوقع، وهو نازل لا اراديا وجد نفسه يقع عَلَى الأرض بشدة ورأسه كَانَت بتلف بيه..

لم يكن يعلم أين هو أو أين يجري... بَعد الحادث، بقي نائما لعدة أيام للتعافي ممنوعا من التجول فِي المنطقة..

ابريل ١٤، ١٩٧٣

السبت ١٤ ابريل، ١٩٧٣

قبل عيد الفصح بيوم فِي اثيوبيا.. وقع أمر مثير للاهتمام، فالساعة ١٠:١٥ بالليل، بَعد عمل طويل فِي المطبخ، حيث والدتنا والخادمات كانت في صخب ظهرت ميسيرات ... ابنه خالتي للدور الرئيسي بالمنزل..
بالجزء العلوي بالمنزل كان هنَاك ثلاث اشخاص: ٥٠ جتاهون و٥١ خالي خالى وانا.. كنا نشاهد التلفاز، بَيْنَما خالي كان يأخذ قيلولته..
ميسيرات دخلت الغرفة وجلست وبَدَأت تسأل، «ايها الاولاد هل تحتاجون لاي خدمة؟» طلب منها جيتاهون تعطيه ملابسا ليردتيها ، لأنه يشعر بالبرد..... رفضت... بعدها التفت ألي وطلب مني ان أمرها..... استجبت لطلبه وأمرتها ... وافقت.. تركت الغرفة مسرعة، وأغلقت الباب خلفها.. لم تعد بأي ملابس ليرتديها جيتاهون، هِي لم تعود أبداً..
بعدها بفترة طويلة، عادت لنفس الغرفة وصرخت لتوقظ خالى من نومه.. ابلغته ان والدتها أرسلتها لأنهم يريدون المساعدة بشدة ويحتاجونه لكي يُلقي نظره عَلَيهَا وبعدها رحلت مسرعة..
قفز خالي من نومه أكنه رجل إطفاء وبدأ يستكشف المنطقة.. لم يجد أي شيء.. ذهب للمطبخ، حيث كان السيدات متجمعين، ليسأل عَن المشكلة.. قالت امنا انها ولا سمعت أي صريخ ولا أرسلت ميسيرات..
٥٠ كان عمري انذاك ١١ سنة، جيتاهون ٥ سنوات وميسيرات حوالي ٤ سنين فيما عمر خالي 51 عاما..,

خالي اختفى عام ١٩٧٠ بدون أي مقدمات أو تحذيرات ومجددا بنفس الطريقة ظهر عند بيت خالتي فِي شم النسيم سنة ١٩٧٣.. ومجددا فِي سنة ١٩٧٦.. لماذا؟ لانى بلا مأوي ومفلس.. كان يبذر كلّ ما يملك.. سنة

١٩٧٣، اقام لأسبوعين أو ثلاثة، وبَيْنَما كان يجهز للرحيل، أراد ان يأخذني معه ولمن خالتي منعته تماما، قالت له انه لا يستطيع لمسي... فكرة انها تقف له وتعصيه فِي الثقافة الأثيوبية كان شيئا جريئا للغاية.. وأنا كنت غاضبا على طريقة معاملته لي، فكنت مستمتعا بالطريقة الَّتِي تزعجه بها ميسيرات وأشجعها لتفعل المزيد..

بنفس الطريقة المعتادة، نادت والدتنا عَلَى ميسيرات لتسألها ايه سبب القصة الَّتِي اخترعتها.. ولَكِنَّ ميسيرات اختفت ولم نستطيع ان نجدها فِي أي مكان.. ولم تجيب لأي من نداءاتنا.. بدأنا كلنا بالبحث عنها ولم نتمكن من العثور عليها..

جتاهون

بغض النظر عَن عدم سعادته بوضع معيشتي مع خالتي، الا ان أنا كنت ممتنًا لجانب واحد من حياتي.. جتاهون، ابن خالتي الكبير، أصبحنا أصدقاء مقربين.. فِي الواقع، هو كان بمثابة اخ لي.. مع ان عندي ٤ اخوان غير أشقاء من جانب والدتي، ولَكِنَّ بن خالتي كان الأخ الذي بحق وحقيقة.. كان أصغر مني بست سنوات وتبعني فِي كلّ مكان.. كنا نلعب الغميضة، وكنت اساعده فِي واجباته.. وظللنا قريبين من بعض لعدة سنوات... هو الَّذِي كان يحضر لي الطعام عَندَمَا كنت محتجزًا كسجين سياسي بين عامي ١٩٧٦ و١٩٧٧.. عمري ما كنت بالنسبة له قريب أو ابن خاله، بَل أكثر كأخ.. ونحن أطفال، سرق مُذَكَّرَاتِي وقرأها.. لم أكن أعرف وقتها، ولَكِنَّه قام باخبارى بعدها.. من الواضح ان وأنا محبوس لأسباب سياسية، بحث بين

اغراضي ووجد المذكرات.. لَقَد ارتبطنا ببَعض أكثر بَعد قبوله لأنه كان الشَّخص الوحيد القادر عَلَى فهم ما شعرت به فِي هَذَا الوقت.. فِي الواقع أبلغني انه لم يستطع التوقف عَن البكاء بَيْنَما كان يقرأ عَن طفولتي.. لم يكن يعلم مدي الألآم والمعاناة الَّذِي تحملتها الي هَذِه اللحظة.. توفي جيتاهون فِي عمر صغير فِي لندن تاركا ولدين ١٠ و٧سنوات.. بشعر بالحُزن انه لم يعيش طويلا ليقرأ قصة حياتي بَعد ان تركت اثيوبيا.. لا اندم عَلَى ذرة شيء فِي حياتي الا وفاته..

استقريت فِي العيش فِي بيت خالتي، واتسعت دائرة أصدقائي، وبَدَأت أكون طالب معروف وبلعب فِي فريق كرة القدم.. واستغلني بَعض أصدقائي فِي مساعدتهم فِي وأجبتهم..

من الواضح كطفل بلا مأوي فِي شوارع اثيوبيا فِي السبعينيات، لم أستطع الانضمام الي فريق أو نادي لكرة القدم زي الأطفال فِي كندا وامريكا يعملون هذه اليومين.. حَتَّى بَعد الانتقال لأديس ابابا للعيش مع خالتي، كان اخري لعب الكورة ودي مع اصحابي فِي الشارع لحد ما قدرت ان أجد طريق فِي فريق الكرة فِي المدرسة.. أنا وولاد الجيران عملنا فرق كرة قدم وتنافسنا مع بَعض فِي الشارع، بالضبط بنفس طريقة تشكيل فرق الهوكي بين الجيران فِي كندا.. كان عندنا نص قانون نتبعه.. (لم يلعب البنات الكرة فِي هَذَا الوقت..) مازالت كرة القدم تحتل جزءً كبيرا من حياتي..

قوانين صارمة غير مكتوبة لدوري كرة القدم فِي الشارع الإثيوبي الرسمي للغاية والمنظم تنظيما جيدا

(هَذِه القوانين عالمية فِي كلّ البلاد، وفي كلّ قارة – ماعدا كندا والولايات المتحدة – تستطيع ان ترى تجمع الأولاد فِي الشوارع واللعب وفقا لهَذِه

القوانين)

١- الشَّخص الَّذِي معه الكرة هو من يملي القوانين..

٢- لنواجها – كلنا فقراء فلا نستطيع امتلاك كرة قدم فِي حالة جيدة، فنستخدم ما هو متوفرا إطارات السيارات، والبسط، والقمامة، وكل ما يمكن أن نجده فِي القمامة أو فِي الشارع.. إذا عندك اختيارات عديدة، اختار الأكثر..

٣- نفس الشيء مع الأهداف.. استعمل ما يأتي لتفكيرك: علامات عَلَى الحائط، أو فروع شجر، أو طوب، أو قطع من القمامة..

٤- إذا لا يملك أحدا كرة، الشَّخص الَّذِي يستطيع ان يجد أو يحضر ما يمكن استعماله ككرة يصبح هو المالك وله الحق فِي وضع القوانين..

٥- حاول دائما ان تثير جدلا حول القواعد.. كن حريص الا تغضب مالك الكرة (انظر قانون رقم #١)

٦- إذا اغضبت مالك الكرة، غالبا انتهت اللعبة.. هو قراره عمتا.. متوقفا علي حسب مدي غضبه..

٧- لا حذاء.. فِي الغالب لا أحد يملك احذيه، ولَكِنَّ إذا تملك واحد، ارتدائه للعب الكرة غير مسموح.. إذا ارتديت حذائك للعب، أنت عارف عواقبها فِي المنزل....

٨- أحسن لاعب هو من يختار الفرق..

٩- واسوأ لاعب هو حارس المرمي..

١٠- لا يوجد حد أدنى أو أقصى لعدد اللاعبين فِي الفريق.. فقط حاول ان يكون الفريقين متساويين فِي العدد..

١١- لا يوجد حكم.. هو مجرد ازعاج، وبلا فائدة، وشخص زيادة واخد

مساحة!

١٢- لا يوجد هنا تسلل.. فقط اركض بأسرع ما فِي وسعك بمجرد ان يكون معك الكرة..

١٣- حارس المرمي لا يرتدي قفازات.. القفازات لنوادي المحترفين أو الأطفال الأغنياء.. أو أطفال فِي بلاد باردة..

١٤- أصغر ولد هو من يحضر الماء لبقية اللاعبين..

١٥- غير مسموح للفتيات!

١٦- إذا طارت الكرة فوق الحائط، يحضرها أصغر لاعب.. فتأكد أنك لا تركل الكرة فوق السور فِي نفس الوقت الَّذِي يحضر به الماء..

١٧- إذا حصل ان الكرة دمرت أي ملكية خاصة للجيران أو سيارة، لا يعرف أحدا أبداً من قام بركلها.. ابدا.. ما يحدث فِي دوري كرة القدم الإثيوبي فِي الشوارع يبقى فِي دوري كرة القدم الإثيوبي..

١٨- تصدي أو مواجهه..

١٩- ليحصل اللاعب عَلَى ضربة جزا، يجب ان يكون هنَاك دم أو عظم مكسور.. إذا لا يحتاج المصاب للذهاب الي المشفى، فان إصابة مجرد تمثيل..

٢٠- إذا كان جرس المدرسة عَلَى وشك الرنين، فإن «الهدف التالي يفوز» بغض النظر عَن النتيجة..

لَقَد شاهدت أطفال أخريين يلعبون كرة القدم بالمدرسة.. طبعا عارف لن يرضي أحد ان يكون هو حارس المرمي بسبب انخفاض مكَانَتها، فعرضت ان أكون أنا حارس المرمي لأنضم للفريق.. بَعد عدة أسابيع، لم أحتاج الانتظار عَلَى الجانب للانضمام للفريق، وبدأ الأطفال يسألوني ان احرس المرمي.. وبالتدريج بَدَأت أحصل عَلَى وقت أكبر للعب، وبَدَأت بإقناعهم ببَعض

المناورات.. أحيانا كنت اتبادل الأماكن بين حارس المرمي والدفاع ورأس حربة.. وأصبحت عضو قيم ومتنوع للفريق، العب فِي المكان والوقت الَّذِي يحتاجوني فيه..

ونفس الأطفال بدأوا يتعرفون عليّ بالصف.. أنا كنت الشَّخص الَّذِي يجاوب عَلَى اغلب الأسئلة الصعبة أو أحصل علي اعلي الدرجات فِي الاختبارات والامتحانات الوزارية.. بَعضا من المتنمرين حاولي ان يرهبوني ويهددوني جسديا إذا لم اعطيهم الفرصة للغش مني أو اساعدهم فِي واجباتهم.. فالأغلب معظم الأثيوبيين أطول من اليمنيين.. يمكن بسبب دمائي اليمنية، ولَكِنَّ أيضاً فكرة إني ولدت شهرين بدري، وسوء التغذية، وظروف العيش الصعبة بين عمر خمس لعشر سنوات.. طول عمري حجمي صغير، عَندَمَا كنت طفلا كانوا يعطوني سن أصغر من سني بثلاث سنوات عما حولي..

منذ أن كان لدي دائمًا نفسية صحية وتقدير قوي لذاتي، لم أشعر أبداً بقصر أو دونية.. ومع ذلك، لم يراني الآخرون بنفس الطريقة الَّتِي نظرت بها إِلَى نفسي..

علي سبيل المثال، كان يضعني معلم اللياقة البدينة دائما فِي المقدمة..

عَندَمَا سألته، «لماذا تضعني فِي أول الصف؟»

أجاب، «إذا لم اضعك هنا امامي، لن أكون قادرا عَلَى رؤيتك!» بما إني كنت نشيط جدا واتحرك باستمرار، ضحك كلّ الأطفال..

لم يستطع المتنمرون ان يقربوا مني ويضربوني ابدا، ولَكِنَّ كنت اتفاوض بالأموال، أو الحصول عَلَى مركز فِي فريق كرة القدم، أو جزء من وجباتهم الخفيفة.. لم اسمح لهم أبداً بالغش مني، ولَكِنِّي ساعدتهم فِي انهاء واجباتهم، حيث لن يعلم أحد أنني قمت بذلك..

كنت أحب مساعدة الفتيات لأنني كنت بحب أسلوب تعاملهم وتواصلهم معي.. يبدأن بمدح مهاراتي وقدراتي، اشبعوا غروري، ويسألوا كَيف أصبحت متفوقا فِي الدراسة.. دوما يمدحوني علي فوزي فِي مسابقات الركض للأولاد فِي ١٠٠ و ٢٠٠ متر.. قبلما يخطر عَلَى بالي إذا بهم يسحبون كراسة التدريبات ويسألوني كَيف يحلون المسائل الحسابية أو يسألوا عَلَى اجوبتي لأي سؤال أكاديمي، ووجدته شبه مستحيل ان ارفض طلباتهم.. كانوا كرماء، يشاركون معي وجباتهم الني يحضروها من بيتهم المحترم.. الفتيات لم يطلبوا مني أي شيء مثل الأولاد..

ولَكِنَّ كان هنَاك بنت واحدة لم ترض/تشبع غروري.. عَندَمَا كان يغيب أحدا من المدرسين، لم يكن هنَاك مدرس بديل، فكان الحل ان أَفضل طالب يراقب الصف ويصبح هو معلم اليوم.. يوما ما كان صفنا بلا معلم وبما إني االدحيح وكنت فخور بقدراتي الأكاديمية، تطوعت لأكون معلم اليوم.. واحدة من زميلاتي والَّتِي كَانَت أكبر مني بسنتين أو ثلاثة، تركت الصف.. لإن كان ضميري يقظ جدا فِي الدراسة وأردت ان يحسنوا الجميع صنعهم، تبَعتها للخارج ووجدتها جالسة مع ولد تحت شجرة..

«لماذا تفوتين الصف؟» سألتها، عَندَمَا لحقتها تحت الشجرة..

«أنت من تظني نفسك ؟» اجابت، «وماذا ستفعل؟»

من الواضح انها لم تقدرني نفس التقدير مثل بقية الطلبة..

«يجب ان تعودي للصف؟» أمرتها..

ولا فارق معها – هَذَا الصبي الصغير يأمرها ...يظن نفسه معلمها.. وقفت، ودفعتني، وكان واضح جدا انها تريد ان تتشاجر.. بالضبط مثل الملاكم اخذت موقعي – تمركزت مكاني وحميت وجهي، واثنيت قبضاتي، واثنيت

ذراعي كأنني محمد علي بجلالة قدرة.. ولا فرق معها وضعية الملاكم.. فردت ذراعها امامها بعدما كان جانبها، سحبته وراها ولفته، طرحتني عَلَى الأرض من ضربة واحدة.. شعرت بالأرض تلف بي أو ان كان فيه زلزال، والصبي الَّذِي كان معها يقهقه من الضحك..

قمت وقفت، نفضت الغبار من عَلَى ملابسي، وعدت بكل صمت الي مبني المدرسة.. غالبا كلّ زملائي رأوا ما حدث من النافذة.. بَعد ذَلِك الموقف، عمري ما جرؤت ان اطلب من أي طالب ان يمكث فِي الصف..

عَندَمَا يقع الولد فِي الحب

اول فتاة وقعت فِي حبها كان اسمها مانيلا كارميلو.. لا يوجد أي شيء مميز غير انه حبي الأول.. عَندَمَا أفكر فِي مشاعري اتجاهها، أجد ان الشيء الوحيد الَّذِي لفت انتباهي هو مظهرها – كان شكلها إيطالي.. كَانَت ٧٥٪ إيطالية، فواحدة من جدتها كَانَت اثيوبية.. غالبا شعرت انها من الممكن ان تبادلني نفس الشعور بما ان اهالينا مخلطين.. وممكن أيضاً تخيلت انها ممكن ان تكون مرت بنفس تحدياتي ومآسي.. لم أكن أعرف أنى وقعت فِي الحب واستوعبتها بعدها بفترة فحياتي.. فالواقع فرحت جدا عَندَمَا استوعبت أنى وقعت فِي الحب، لأني لم اتخيل انه ممكن ان يحدث بَعد الصعوبات الَّتِي واجهتها فِي طفولتي..

عَندَمَا تقع فِي الحب، لا يخطر شيء اخر عَلَى بالك.. كنت ارى وجهها فِي كلّ مكان، فِي السحب أو القمر.. فِي المدرسة فعلت كلّ ما باستطاعتي لتلاحظني.. لم أكن أظن أنى وسيم اوي لتلاحظني، فتركيزي كله كان عَلَى انجازاتي: لعب الرياضة، تحقيق درجات اعلي عَن بقية الطلبة، والمحافظة علي دائرة

اجتماعية متوازنة، لمجرد انها تأخذ بالها مني.. ان محبة شخص تجعلك تتفوق بدون الاعتراف بوجوده، الرغبة فِي لفت الانتباه واهتمام الشَّخص الأخر هو القوة الدافعة لمحاولة حثه عَلَى الانتباه هَذِه كَانَت حالتي.. ولا اعتقد انها كان تبادلني نفس الشعور..

أنا إنسان جديد

عَندَمَا كنت احضر المدرسة الابتدائية القريبة من قصر جوبيلي، اشترت خالتي قطعة من ارض وبَدَأت بناء منزل عَلَيهَا حوالي ١٢ كم جنوب المدينة.. وبَدَأت تقضي وقت أكبر مع زوجها، يشرفون عَلَى أمور المنزل لينتقلوا اليه بمجرد ان يتم اكتماله..

سبتمبر ١٩٧٣، كان عندي ١١ سنة، نقلت خالتي وزوجها للمنزل الجديد.. كان فِي منتصف الفصل الدراسي، ولم تجد خالتي مدرسة بالقرب من المنزل الجديد.. والمسافة بينها وبين مدرستي كَانَت ١٢ كم.. فوافقت ان أكمل حضور فِي نفس المدرسة الا ان تسجلني فِي مدرسة جديدة.. بغض النظر عَن المسافة، لَقَد كنت سعيد ببقاءي فِي نفس المدرسة لإني أستطيع ان أزور بانصير فِي نهاية اليوم الدراسي..

لاحقا، بالمدرسة الجديدة الَّتِي وجدتها بالقرب من المنزل، هيكل النظام التعليمي كان مقسم الي ثلاث مستويات ٤-٤-٤ (أربع سنوات لكلا من التعليم الابتدائي والاعدادي والثانوي).. قيدت فِي المدرسة الإعدادية الجديدة بشهادة ابن جارنا.. كان هنَاك سببين لهَذِه الشهادة.. أولا، لا أريد ان ادعي عادل لأن كان دائما هنَاك تساؤلات يجب اجابتها بسبب اسمي.. بما انه اسم غير اثيوبي كان يتسبب اسمي بلفت انتباه لم أكن بحاجة اليه.. بالنسبة لعائلة امهرية مسيحية، كان اسمي محرم /من المحرمات..

بالتسجيل فِي مدرسة جديدة حيث لا يعرفني أحد اعطاني بداية جديدة، ومع تغيير الاسم سمح لي بالتسجيل بسهولة فِي المدرسة..

المواد الَّتِي كَانَت تقدمها المدرسة عبارة عَن الأمهرية واللغة الإنجليزية والعلوم والفنون والجغرافيا والتاريخ والرياضيات والموسيقي والحرف اليدوية والرياضة البدنية.. فِي الصف الثالث والرابع، كَانَت تستخدم اللغة الإنجليزية لشرح العلوم،

والجغرافيا والتاريخ والرياضيات.. فِي الصف الخامس والسادس، كلّ المواد تدرس باللغة الإنجليزية ماعدا الأمهرية..

كان اسم ابن الجيران اليمايهو بلاينه.. بالصدفة اسمي الأوسط الَّذِي اعطته لي أُمِّي كان اليمايهو ويعني «رأيت العالم»، مثلما شهدت الرفاهية والسعادة.. كان لكل طالب شهادة مدرسية بنهاية السنة الدراسية، وابن الجيران اخذ شهادته من السنة السابقة وتمكن بطريقة ما من تغيير لقب العائلة الى بيزونه.. اسمة يكتب بالأمهرية: (اليمايهو) (بلاينه).. محاولة تغير الرموز الأمهرية قليلا سمحت ان يقرأ الاسم عَلَى الشهادة كالتالي (بيزونه) بدلا من (بلاينه).. وبالصدفة بيزونه هو اسم خالي (الَّذِي عاملني بقسوة)، فالتغير فِي الشهادة جعلني ابن خالي جعلني نتيجة علاقة اخوات (أُمِّي واخوها).. لم يفرق معي، طول ما وجدت طريقة للذهاب للمدرسة.. لم تكن خالتي على علم بهَذِه الخطة، كَانَت استحالة توافق عليه تماما.. ولَكِنَّها عرفت لاحقا عَلَى اية حال عَندَمَا جاء تقرير المدرسة وكان اسمي عليه وطبعا اضطرت لشرح السبب.. لم تكن سعيدة، بالخص أنى لم يأخذ أحد اذنها، ولَكِنَّ الَّذِي عوض الموقف أنى كنت قادر ان احضر المدرسة واني دوما أحصل عَلَى درجات جيدة..

أحببت جدا فكرة بداية مدرسة جديدة وباسم جديد، لأني لم أريد ان يتم مناداتي بعادل أو أي اسم اخر يوضح للناس ان ابي أجنبي ومن جدود عربية.. أردت بداية جديدة.. ولا أريد ان أكون محرج من تراث والدي.. حسيت ان تغيير الاسم حررني.. بسبب طريقة خالي الأثيوبي الَّذِي تعامل وتحدث بها معي عرفت كَيف كان يَشعُر الأمهرة اتجاه العرب..

العيب الوحيد من تسجيلي فِي المدرسة الجديدة هو انني بعيد عَن بانصير.. واضطررت لإيجاد طرق واعذار لمقابلته دون علم خالتي.. وطبعا كان عَلَى سير ١٢كم لرؤيته ومتمنيا ان يعطيني مال لأخذ مواصلة عامة للرجوع لمنزل خالتي.. بما انه كان خيط التواصل الوحيد لأبي، لذَلِك كنت ابذل أقصى ما فِي وسعي لرؤيته..

الأمر الأكثر أهمية ليس «ما أنت»، لمن «من أنت»

داشين ستوكس

منذ وصولي لأمريكا الشمالية، مازال هنَاك جانب من الحياة الغربية يحيرني.... بالنسبة لي هِي مربكة، ولَكِنَّ جعلتني أتساءل إذا كان هنَاك تناقض فِي الحضارة – أيا كان كندا أو أمريكا..، بَيْنَما هم مجتمعات متحضرة، فهم فِي حالة ركود.. كلاهما من بين عام ١٩٨٤ و٢٠٢٠، لَقَد دربت كرة قدم لأكثر من ألف ولد وبنت (بما فيهم بناتي).. كلّ الفرق تم تنسيقها عَن طريق الأهالي ونوع من أنواع رابطات الاتحادات أنا حزين عَلَى هؤلاء الأطفال حرموا من فرصة تكوين فرقهم الخاصة: اختيار اللاعبين، يقرروا بينهم وبين بَعض مواقع اللاعبين وينظموا الموضوع بالكامل.. هَذَا النوع من الفرص كان السبب فِي تطوير صفاتي القيادية خلال طفولتي.. بناء الفرق وبناء المشاريع

الجماعية كان الأَفضل عَندَمَا نتجمع بطريقه عشوائية.. لا يحتاج الأطفال حكم ليستمتعوا باللعب، ويعرفوا يضبطوا الدنيا بمفردهم.. أنا ادعو ذَلِك إدارة الصراع.. حيثما لعبت وأنا طفل فِي الشوارع وملاعب كرة القدم، كله الناس تعرف القوانين وكل لاعب كان هو الحكم، فلماذا لا ندع الأطفال يكونون أطفالًا؟ أقدر أيضاً ان أقول انه سنتجنب أي اعتداء جنسي من المدربين و/او شخص بالغ يفترس أولئك الذين يمارسون الرياضة المنظمة.. لا تفهمي خطاء ، الاحداث المنظمة عامل أساسي لوضع هيكل وقانون ونظام لمعظم ما نفعله.. ولَكِنَّ المبالغة فِي التخطيط للأطفال يؤدي بالأطفال الى عجزهم عن التفكير والاعتماد عَلَى أنفسهم.. نقوم بتحويلها إِلَى منتجات تخرج من خطوط التجميع إِلَى حد ما..

الفصل الثالث عشر

الآم متزايدة

محاولة التأقلم والانتماء ليسا نفس الشيء فِي الواقع، لان التأقلم هو من أكبر العوائق للإحساس بالانتماء... التأقلم هو عبارة عَن تقييم الموقف وان تصبح من تريد ليتم قبولك.. والانتماء، من ناحية اخرى، عدم الاحتياج إلى التغيير من أنفسنا، ولكِنَّ علينا ان نكون انفسنا ...عَلى طبيعتنا...

برينيه براون

بمجرد ما استوعبت أن عندي تاريخ وأب جيد وأقارب بالخارج، بدأ يتغير اسلوبي تجاه خالتي وعائلتها.... جلست معها ذات مرة وكاشفتها بعدم رغبتي في شراء الحليب أو احضار الفحم لتحضير القهوة أو عمل أي من مهام المنزل..

لم تكن تعرف ما هو سبب التغيير المفاجئ،...نظرت لي نظرة شك وسألت، «أنت أكيد تمزح؟»

«قلت: «لا،» «انا غير مهتم بِأَنّ اكون خادما... أنا ابن اختك، ولست شخصا وجدتيه فِي الشارع..»

«من اين اتيت بهَذِا الكلام، وكَيف تجرؤ عَلَى التحدث ألي ؟!» وهي تصرخ..

قلت «لا يفرق..» «لا أريد ان ألبي أي من حاجيات البيت وخاصة احضار الحليب وذلك من غداً صباحاً..»

وقتها، سحبت الحزام من بنطلون زوجها وضربتني به...لم ابك، ولم اقاوم، ولَكِنَّي مشيت، لم أعود للبيت منذ ذلك اليوم..

ذهبت سيرا لمكان يدعى جراج الشرطة، وهو مكان محلي لتصليح وصيانة سيارات الشرطة.. والد احد من الأولاد الَّذِي أعرفهم يعمل هنَاك، وحسن يعمل فِي مجال تلميع الأحذية.. تمكنت من الوصول للجراج قبل الساعة السادسة مساء، وسألت والد صاحبي إذا أستطيع التكلم مع حسن..

والده أبلغني، «هو مازال فِي شغلة، أذهب وأبحث عنه..»

كملت طريقي فِي مناطق العمل باحثا عَن حسن... كان مسلم ومن مجموعه عرقية تدعي جوراجى.. الجوراجى من الحبشة (يتحدثون اللغة الشامية) ويعيشون بأثيوبيا... الجوراج عادة يسكنون المناطق الخصيبة، وشبة جبلية فِي وسط اثيوبيا، حوالي ١٢٥كم جنوب غرب اديس ابابا، عَلَى الحدود مع

نهر اواش فِي الشمال، نهر الجايب وتابع الي نهر الأومو، الي جنوب غرب، وبحيرة زواي فِي الشرق..

انتظرت حَتَّى انتهى حسن من عمله-للعلم هو كان عضوا فِي مجموعة جوراج العرقية، ولغته الأمهرية كَانَت ضعيفة- وتحدثت معه عَن وضعي..

سألني، «ماذا ستفعل؟»

«خالتي لا تعاملني جيدا، تحسبني خادم، وإني مكرّس لخدمتها، واليوم ضربتني.. ولا أفكر فِي العودة للبيت..»

أعاد السؤال، «ماذا ستفعل؟»

اجبت، «انا محتاج ان اعمل معك، ألمع أحذية مثلك كلّ يوم بَعد الظهر..»

قال، «سيكون صعبا عليك، لأنك لا تعرف كيفية عملها..»

اكدت له، «سأحاول... أنت لا تتحدث الأمهرية بطلاقة عَلَى عكسي، سأفيدك بأحضار زبائن اكثر بحكم اجادتي للامهرية، وبهكذا نعمل مع بَعض...فيد واستفيد..»

سكت لوهلة، يفكر فِي عرضي، أخيرا قال، «أتركني أفكر فِي الموضوع..»

«لن أعود للمنزل، هل من الممكن أن أنام في بيتك الليلة..»

«قال، «صعب..» «لأن عندنا غرفة واحده، أنا وابي ننام فِي محل صغير مساحته لا تتعدى المترين... بصراحة ليس هنَاك مكان..»

سألته ان كان قادرا على تقديم أي مساعدة لي ؟»

عارضا، «أستطيع ان اعطيك ملائة سرير وتنام هنَاك..»

اشار باتجاه نظام مجاري خرساني جديد يقع في الناحية الأخرى من الطريق ...من محل والده..

اقتراحه كان مقبولا بالنسبة لي..

قلت، «موافق» «انت ادخل وأنا سوف اغطيك بصناديق الكارتون.. وغطي نفسك بالبطانية وملائة السرير وأقضي الليلة هنا... سوف أمر عليك صباحا قبل المدرسة..»

اعطاني صندوقا لتلميع الأحذية كان بحوزته من قبل، واتفقنا عَلَى العمل سويا وتقسيم الربح..

مشينا معا عائدين لمحل ابيه من الخلف من الطريق ومن الناحية الأخرى من كشك صغير جدا – نظام الصرف الحي الجديد الَّذِي كلمني عنه من قبل.. اعطاني الملائة والصندوق من محل والده وأنا قفزت في الحفرة..

هو وضع الغطاء عَلَى دائرة خرسانية وقال لي، «تصبح على خير، نلتقي غدا..»

من أصعب ما وقع لي تلك الليلة اني عجزت عن النوم...كنت ممدا وأسمع اصوات العابرين خاصة المخمورين الخارجين من البارات اما في الصباح فكنت استمع لاصوات السيارات ... لا اتذكر متى استطعت النوم

استيقظت على صوت منادي يناديني باسمي....ظننته حسن وصدق ظني... تحركت معه... عانيت بعض الشيء من صعبات في المشي والتحرك من على الخرسانة..

قال «لا نستطيع ترك الملائة والصندوق هنا على الخرسانة... يجب ان نأخذها لوالدي.. نتركها فِي المحل ثم نذهب للمدرسة،» واشار الى الناحية الأخرى حيث محل والده..

العودة إلى الشارع

معظم الوقت أنت تهرب من الصوت الصغير الَّذِي بداخل رأسك،

من لا شيء
عادل بن هرهرة

الصوت الَّذِي يطلب منك ان تبقى مكانك، وان كلّ توقعاتك ستكون أفضل..
روبيرت دينسديل، صانع اللعب

بعد قضاء ليلة متعبة ومزعجة بسبب النوم بالقرب من نظام المجاري الخرساني، كنت مرهقا...أسبوع عصيب علي... المشاجرة مع خالتي، والبحث عَن بانصير ونومي مجددا فِي الشارع... عندما تركت الملائة والصندوق فِي محل أبو حسن، جررت نفسي للمدرسة وحسن برفقتي..

لماذا لم انقطع عَن الدراسة؟ اعتقد انه المكان الوحيد الَّذِي شعرت فيه بأهميتي.. المدرسة هِي المكان الوحيد الَّذِي أستطيع ان اكون أَفضل ممن حولي.. – أَفضل بكثير من اغلب الطلبة، اكاديميا..

لاحقا فِي هَذَا اليوم، بَعد المدرسة، عدنا أنا وحسن لمحل والدة، وبَدَأت التدرب على العمل كملمع أحذية....زودني حسن بالقليل من حاجيات تلميع الاحذية...لم أدر لما كان يعطيني كمية قليلة من الملمعّ

خطرت ببالي فكرة اثر موقفه هذا انه ربما ظن باني سأهرب بكمية الملمع وهو للعلم بالنسبة له يعد شيئا ثمينا ...فان هربت فهو لن يعده خسارة.... في الحقيقة لم انتوي سرقته... لقد كنت أحبه جدا، وممتنا لمواقفه الطيبة معي ...مقدرا مساندته لي..

بَعد الظهر، وأثناء تدربي على كيفية تلميع الاحذية فكرت بان علي الاسراع في التعلم ...وبالفعل

بعد ساعة تقريبا، شعرت بإني جاهز... لكم كنت متحمسا قلت لنفسي «أنا متحمس وجاهز لاستقبال أول زبون..»

انتظرنا، ولَكِنَّ لم يظهر أحد.. بَيْنَما كنا منتظرين الزبون التالي ونحن فِي صندوق تلميع الأحذية ، بدأ يَسأَلُنِي أسئلة عَن اسمي..

« هل أنت مسلم؟»

أجبته» أنا عربي»..

قال، « هم كلّ العرب مسلمين..»

اجبت «لا أعرف، سمعت وَالِدي يحتفل بالكريسماس،»..

سألني «انت مُتَأَكِّد؟»..

«آه، هَذَا ما قيل لي..»

اضفت «أنا قرأت ودرست القرآن مدة عامين «

بعدها، سألني عَن أمي..

«لا أعرف اين أمي.. ولن أعرف..» لماذا قلت له ذلك؟ بعمري ما فكرت أو قلقلت بشأن أمي... غالبا زوجة والدي ملأت الفراغ أيام ما كان وَالِدي حياَ... بما إنني لا اتذكر أي وقائع أو احداث عَن امي فلم يكن فضوليا فِي التفكير أو السؤال عنها..

في تلك اللحظات ترجل عدد من رجال الشرطة من موتوسيكلاتهم ونادوا «ليسترو!» أي ملمع الحذاء..

لم افقه أي لغة يتحدث رجال الشرطة... كَانَت جديدة علي... أجاب حسن على ندائهم وركض اليهم فركضت بدوري... بَدَأت بالتحدث وعرضت خصم قرش واحد لتلميع الحذاء... ظل حسن صامتا.... وجلست لأبدأ عملية تلميع حذاء الرجل، لَكِنَّ لم ألحظ كم أنا غشيم.... لاحظ الشرطي اني لست متمكنا في تلميع الاحذية وتقريبا لا املك ادنى فكرة عما افعله..!

«لا عجب في كون سعرك رخيصا!» متذمرا..

سحب حذاءه وقال لي اغرب عني... واتجه لحسن..

طلبي من ولد ان يلمع حذائي في ٢٠١٢ والتقطت هَذِهِ ال صورة..

***

اليوم التالي، قربت من حانة (بار) الَّذِي كنت اسمع منه أصوات السكارى فِي أول ليلة من نومي فِي الشارع – وسألت المالك اذا أستطيع تقضية الليلة هنَاك... سألني عَن السبب وعَن مكان اهلي.. ابلغته انهم توفوا.. ..وافق، ولَكِنَّ بشروط..

«ما هِي الشروط ؟» سألته..

«عَلَى نص الليل، بَعد رحيل كلّ الزبائن، تقوم باعادة الكراسي الى اماكنها وتنظف الأرضية»

ووافقت..لمدة أربعة اسابيع..كان روتيني عبارة عَن الاستيقاظ والذهاب الى المدرسة والمع احذية بَعد المدرسة واذهب للبار اشاهد التلفاز مع مجموعة من الكبار اغلبهم من السكارى ... أنظف المكان وانام بمجرد رحيل الزبائن.. كل يوم يمضي كنت اعيشه دون التفكير في اليوم التالي...لقد كان كل ما يحدث لي مكررا ... ...بعد عدة ايام سمح لي بانصير بقضاء وقت النوم في

المغسلة خاصته، وكلفني بأخذ اوردرات، واستخراج الفواتير، وايضا بإدارة الصندوق...لقد كنت حرفيا امينا لصندوق المغسلة... فِي نهاية اليوم يعطيني بير أو اثنتين (العملة الاثيوبية) مما كان يعني اني لا أحتاج ان أعمل كملمع احذية لفترة طويلة.... بدلا منها كنت اقضي وقتي بالجلوس بقرب...وبعد اقوم بإعادة الكراسي في البار الى اماكنها وانظف ارضية البار وانام..

اتذكر باني بعد نصف قرن من تلك الوقائع وتحديدا بعد نشر النسخة الانجليزية من هذه المذكرات ان توصلت الى تلك العائلة ..بالطبع كان الأب والام قد ماتا.. لقد التقيت بأبنائهم واحفادهم وقد اوردتها بنصها في الفصل الثاني عشر

عودة .. لم أخبر بانصير إني هربت من البيت أو باني غارق في المشاكل مع خالتي... كنت استمتع بوقتي فقط فِي «زانيث» واستمع لقصص عن والدي... كان يضحك كلما تذكر تفاصيل عَنه ... عدما ضغطت عليه ليعطيني تفاصيل اكثر كان رده تأجيل الحكي الى حين اكبر ...على الأقل تبلغ الـ ١٨ من العمر... توقعت ان فيها مواضيع ناس كبار وبالغين، فصرفت نظر..

فهمت لاحقا بان بانصير اذا بادلني بابتسامة فهو يشير الى رغبته في التحدث عن والدي لكنه يتراجع ...لكم رغبت في معرفة الكثير عن والدي... صارت رغبتي في المعرفة فضولا، ولكن بانصير لم يكن ليشبع فضولي سوى بالقول « حين تبلغ الثامنة عشر من عمرك سأحك لي»..

توصلت من خلال نتف الكلمات التي كان يقولها بانصير بان وَالِدي كان لعوبا متنمرا صاحب شخصية قيادية..

ومن خلال تلك النتائج بَدَأت في صنع صورة أكثر دقة لوالدي، وكنت اسأل بانصير باستمرار، «هل كان والدي هكذا؟» «هل ممكن ان يقبل أو يرفض

والدي هذا؟»، أو «ماذا قال والدي عَن هَذَا أو ذاك؟» غالبا لأملئ الفراغات الَّتِي بعقلي... اجمع احجية مع اخرى لاتوصل الى نتائج ... غالبا، كنت اسأل اذا بانصير كان يقول الحقيقة ام لا؟، أحيانا ومن باب الاستوثاق كنت اكرر سؤاله نفس الأسئلة بهدف التأكد من صحة القصة..

بانصير كان دوما سعيدا بالإجابة عَلَى اسئلتي... عمره ما زهق من الإجابة عَلَى استفساراتي، أو سألني لماذا اوجه له كلّ هَذِه الأسئلة..

كنت على علم بالتفاصيل الَّتِي حذفها عن عادات وَالِدي السيئة، بما انه كان حريصا عَلَى حذف مواضيع الكبار مثل التكلم عَن انه كان زيرا للنساء أو شربه الخمور...

حين تقدمت في العمر بدأ بانصير بمشاركتي الحقيقة الكاملة عن والدي، اعماله ...حسناته ...اخطائه، واحدة واحدة.. بغض النظر عَن اخطاءه ، كان بانصير يحترمه ومعجبا به وخاصة بحزمه..

عَندَمَا كان يملك الوقت كان يقود بنا ويأخذني لعائلات حضرمية ويعرفني عليهم.. غالبا نذهب لمحلاتهم أو مكاتبهم وأحيانا لحضور المناسبات كالتعازي ... ترتب عَلَى هَذِه الزيارات، ان اتعرفت على عائلات من مثل عائلات باوبيض وابن ساليم وباموهم وبازارا وباهارون، أكثر – هؤلاء الناس يصبحون مع الوقت ذو تأثير ملحوظ وناصحين بالنسبة لي..

أغرب جزء فِي الموضوع غير أبو بكر ابن باجريش وعوض (عوض لاعب كرة قدم سابق للفريق الوطني الإثيوبي)، بالكاد التقيت أو اختلطت مع أي من الأطفال فِي هَذِه العائلات..

لماذا؟ هَذَا سؤال لست قادرا عَلَى اجابته.. يجب ان اعترف، فِي اليمن، معظم المولدين الأخرين ظلوا يسألونني، «كَيف لم نراك أبداً فِي اديس ابابا أو عَلَى

دراية بك؟» بكل بساطه لم يكن عندي أي اجابه فِي ذَلِك الوقت..
اليوم، وبعد التفكير فِي هَذَا الموضوع، فإن الأساس المنطقي الوحيد الَّذِي استطعت التوصل إليه هو.... رُبَّما العار... تعد خطيئة ان تولد خارج نطاق الزواج فِي الإسلام... أيضاً كان عندي ما يكفي من المشاكل لشرح من أنا ومن هي أمي للأطفال الأثيوبيين... غالبا عمرهم ما اهتموا أو سألوا، ولَكِنِّي كنت أشعر بالخجل من اهانات خالي.. وكنت خجلاً من كوني عربيا... مجرد التفكير فِي إني لقيط، واعتبر غير مقبول لجميع الأطراف.... فرُبَّما التجنب كان أفضل علاج..

***

زارت خالتي المدرسة لتعرف ماذا يحدث لي بما انها لم تراني لعدة أسابيع.. ..المدير نظر في أيام حضوري واكد لها ان لا يوجد أي أيام غياب فِي سجلاتي... كَانَت خالتي منذهله تتساءل اين كنت اقضي الليل أو كَيف كنت أطعم نفسي... راقبتني، وتمكنت مني عند بوابة المدرسة وأنا فِي طريقي للخروج.. سحبتني من اذني وظلت تشد وتلف فيها وتصرخ فِي الى ان خضعت لها..
صرخت متسائلة «أين كنت كلّ هَذَا الوقت؟»
مرت أربعة أسابيع منذ هروبي... حاولت ان أفلت منها، ولَكِنَّها كَانَت حريصة على السيطرة علي...جرجرتني من اذني الى المنزل..
بمجرد وصولنا المنزل، حذرتني بصرامة عما فعلت والعواقب إذا هربت مجددا... كَانَت فِي شدة الغضب إني هربت، وانها كَانَت خجلانة من عملي كملمع احذية... يدير زوجها عملا ناجحا وعملي كملمع احذية كان مهينا بالنسبة لها ولزوجها.... تصرفاتي احرجتها وجعلتها تبدو للمجتمع وكأنها

مهملة لي ولا تدعمني بشكل كاف..
طلبت مني الجلوس ولأول مره دار بيننا حديث صريح ... استمعت لشكواي عَن معاملتها لي، وبالتدريج بَدَأت نظرتها تتحول من نظرة غضب الى نظرة اهتمام...
استطعت ان أعرف انها ضعيفة من نبرة صوتها، وبَدَأت توضح لي سبب تكليفها إياي بالمهام المنزلية وانه كان شرط زوجها لأعيش معهم... بموافقتها عَلَى هَذَا الاتفاق استطاعت توفير مأوي لي فِي منزلها... كان ذَلِك منطقيا وهدّئ من غضبي..
أكدت لي «ليس لدي موارد لأدعمك، ووالدتك ليست فِي وضع يسمح لها ان تساعدني، ولا نعرف كيفية التواصل مع اهلك فِي اليمن، والطريقة الوحيدة الَّتِي استطعت احضارك بها من نازريت كان بوعدي لزوجي إنك ستساعد فِي مهام المنزل..»
أكدت انه لم يكن لديها أي خيار اخر للتفاوض مع زوجها فِي الشروط المطلوبة لأن هدفها ابعادي عَن الشوارع والمحافظة علي..
لَقَد اتضحت لي الصورة كاملة ...المرأة ليست طوق نجاة.. ..لقد ارادت ان تشرح لي كلّ ما مرت به لتبقيني بعيدا عَن الشوارع..
سألتني، «انت تفهم ما قلته لك ؟»
قلت، «نعم، لَكِنَّ ....»
«لَكِنَّ ماذا؟» أصرت انها تعرف..
اخبرتها، «انا أكثر سعادة فِي الشارع عَن وجودي هنا فِي منزلك..»
ردت على ما قلت بالبكاء...كانت الدموع تنهمر من عينيها بغزارة..
«اشرح لي.. لماذا؟» ارادت ان تعرف السبب.. « أنا اطعمك، واشتريت لك

احذية وملابس، وسجلتك بالمدرسة.. معظم الأطفال مع أهلهم بصعوبة يحصلون عَلَى وجبتين فِي اليوم..

قلت لها، «انا شعرت إني انتقلت من مرحلة النجاة لمرحلة العبودية... أنت لا تعامليني كفرد من العائلة، بَل كخادم عندك..»

احنت رأسها ونظرت للأرض.. ...ظللنا صامتين عدة دقائق..

قالت «إذا اختيارك ان ترحل وتعيش فِي الشارع، فهو قرارك انت... ما فعلته لاجلك وما اود فعله هو كل ما في استطاعتي لحمايتك..» وتركت الغرفة..

ومنذ ذلك الوقت لم اهرب أبداً..

الناحية العرقية...

رغم إني ثقافتي عن حقوق المرأة محدودة، لَكِنَّ كان واضحا ان نفوذ المرأة فِي اثيوبيا يكاد يكون منعدما...لقد استوعبت بان أمي لم تكن قادرة عَلَى اصطحابي للعيش معها بسبب عدم رغبة زوجها فِي تحمل مسؤوليتي.... واستوعبت ان خالتي في سعيها لانقاذي من الشارع أجبرت على التنازل لترتيب معيشتي معها..

انه عالم يحكمه الرجال!

انتهت محادثتنا لتصبح نقطة تحول لنا، وأصبح زوجها اطيب وأكرم ونكن لبَعض الاحترام.. ووصلنا لاتفاق ان من هَذِه اللحظة، سوف اساعد ابنائهم فِي تأدية واجباتهم المدرسة، بالمقابل يتجاهل مهامي المنزلية.. ..في الحقيقة كان راضيا وفخورا بكل انجازاتي الدراسية..

اكتشفت مع مرور الوقت ان له روحاً طيبه، أفضل بكثير من خالي... عمره ما اهانني من الناحية العرقية.

الفصل الرابع عشر

الدين من منظور طفل

عالم الدين ليس عالما منطقيا، لهَذَا يحبه الأطفال.. إنه عالم من الخيال المثالي، مشابه جدًا لقصص الأطفال أو القصص الخيالية..

ياهودا أميتشاي

بمجرد أن اتممت قراءة الكتب الثلاث المقدسة ... القرآن الكريم والعهد القديم (التوراة) والعهد الجديد (الانجيل المقدس) عدة مرات قبل بلوغي سن الـ١٤ سنة، ايقنت ان أسس اليهودية والمسيحية والإسلام لا تختلف عَن بَعضها، بوضوح، ربنا لا يحتاج لوسيط بينه وبين عبده، الوسيط الوحيد هو الدين، بالإضافة، فِي عمر صغير، لاحظت عدة عيوب شخصية وتناقضات فِي مدرسي التربية الدينية الذين اضطررت للتعامل معهم، ولَكِنَّ بغض النظر إني وجدت ان كلّ النصوص الدينية مملة بوجه عام، الا انني استمتعت بالقصص الفردية الموجودة بالكتب وتقبلتها.. وأيضاً احترمت كلّ القيم الأساسية فِي الكتب التعليمية..

القرآن الكريم مكتوب باللغة العربية ويكتب من اليمين لليسار.. مع إني كنت قادراً على عد الأرقام وكِتَابَة جمل بسيطة باللغة العربية بمجرد وصولي للصف الرابع والخامس، الا ان فهم القرآن كان صراعا اخر.. كان مطلوبا منا ان نحفظ أجزاء، ولَكِنَّ كان معنا المعلم ليوضح لنا المعاني وشرح المفردات والعبارات إذا أردنا مساعدة.. فهو يتوقع منا ان نحفظ القرآن كاملا ونتلوه دون ان نفهمه..

التوراة كتبت بالحروف الأمهرية، ولَكِنَّ ليست باللغة الأمهرية، بَل باللغة الجيزية... أنا بالكاد افهم كلمة أو اثنين فِي كلّ جملة.. وأخيرا توضحت لي الرؤية، وفهمت السبب وراء طريقة جدعون المجنونة وهوسه بتدريسي اللغة الجيزية.. واكتشفت ان هو الشَّخص الخبير والمخضرم فِي النهاية!

مرة اخري لأني لا افهم الجيزية اضطر المعلم الى تفسير القصص وشريعة موسى وكل الرسل..

العهد الجديد كان مكتوبا باللغة الأمهرية، وكان فهمه أسهل وأيسر، ربما

بسبب بلوغي الثالثة عشر من العمر ما ترتبه عليه زيادة قدرتي على الفهم والاستيعاب..

عَندَمَا بَدَأت بحضور مدرسة يوم الأحد فِي مدرسة إيفانجيكل الانجيل – كنيسة برشوس سيد (البذور الثمينة) الدولية – مع صديقي ماتياس.. كان ولا بد ان أنعش معلوماتي عن التوراة مجددا فِي أوائل عشرينياتي، عَندَمَا كنت اسكن مع عائلة مورمونية فِي الولايات المتحدة.. كتاب المورمون والَّذِي بدأ فِي شمال أمريكا ٥٦، كان غالبا اجدد كتاب ديني درسته فِي حياتي..

كان أفراد أسرتي من جانبي أُمِّي وأبي ملتزمين بدياناتهم وأصروا عَلَى أن نسختهم من الكتاب المقدس هِي الأكثر قدسية وأكثر نقاءً.. ولَكِنَّ بغض النظر من كوني من أصول مسيحية، ليس هنَاك أحد من ناحية أُمِّي من العائلة حاول تعليمي المسيحية.. غالبا معظمهم لا يقرأون الكتاب المقدس لأميتهم..

لا ارى وما زلت أي فرق فِي الكتب المقدسة كلها الَّتِي درستها، لانهم كلهم متفقين على الحث عَلَى الحب والاحترام والطيبة ومساندة بَعضنا لبَعض.. وأيضاً لم يعجبني طريقة التعنيف فِي التدريس أو طريقة التعامل مع الطفل والنظم المطلوبة لاتباع طقوس محددة..

٥٦حياتي فِي الولايات المتحدة فِي الجزء الثالث من سلسلة الكتاب

على سبيل المثال، حكي لي مدرس اللغة العربية مره، ان سيدنا محمد عليه أَفضل الصلاة والسلام كان يجلس طفل فِي حجره والطفل تبول، وإذا بالأب محرج ووبخه بشدة.. لَكِنَّ سيدنا محمد صلي الله عليه وسلم وقف الأب ونصحه قائلا، «انها ليست بمشكلة كبيرة.. الملابس تغسل.. ولَكِنَّ احذر كَيف تتعامل مع الطفل.. كَيف له ان يستعيد احترامه لذاته بَعد ان

تعاملت معه هكذا؟» كمراهق شعرت ان نهج/اسلوب سيدنا محمد عليه الصلاة والسلام منطقي أكثر واجاباته ادمية أكثر من العقوبات البدنية الَّتِي تحملتها لِهَذِه المرحلة..

سيدنا محمد عليه الصلاة والسلام اظهر الحب لأطفال الديانات الأخرى، مثلما زار ابن جاره اليهودي عَندَمَا كان مريض..

الأهل أو الوصي مسؤولين عَن تعليم أولادهم طبقا للشريعة الإسلامية كالتالي:

معلومات أساسية عَن العقيدة والعبادة..

معلومات أساسية عَن القيم والصفات الأخلاقية النبيلة..

معلومات عما ينبغي توخي الحذر بشأنه فِي العلاقات مع الأشخاص الآخرين..

التعليم المهني..

الممارسة الفعلية لتلك التعاليم كَانَت مختلفة تماما مع الناس من حولي عَندَمَا كنت أكبر.. فالكل يعمل باستخدام الترهيب والشعور بالذنب لتخويف الأطفال والسيطرة عليهم، وكثيرا ما يكون العقاب بالضرب.. فكرة إنك تكون مجبرا عَلَى الاستيقاظ الساعة الخامسة صباحا لصلاة الفجر، كَانَت من أسوأ ذكريات طفولتي.. لم افهم أبداً لم علي الطفل الاستيقاظ مبكرا جدا للصلاة.. ما نوع الذنب الَّذِي اقترفته لكي التزم بِهَذَا النوع من العقاب؟ كنت فعلا أريد النوم!

وبعدها فكرة صيام شهر رمضان.. كان مقاومتي/رفضي للصيام لعدة أسباب.. بغض النظر عَن المسألة المطروحة، عمر ما كَانَت استجابتي جيدة للانضباط والإجبار.. اتصرف أَفضل إذا اقتنعت بالفكرة أو المفهوم – لو بعتيلي الفكرة أكثر من التلاعب بي أو اجباري.. (من الممكن ان يستمتع

دكتور نفساني بتشخيصي.. إذا طلب مني عمل شيء سأفعل عكسه لمجرد إني شخص عنيد!)
أيضاً من عمر ثمان لعشرة، بالعافية اكل وجبة فِي اليوم.. عادة بسبب ظروفي ممكن يمر عَلَى أيام كثيرة بدون طعام.. حَتَّى إذا اكلت مرة باليوم، ما ادعوها وجبة هِي مجرد قطعة من الرغيف ، أو لو أنا محظوظ أو سريع كفاية يبقي رغيف عيش كامل وحفنة بطاطس يا إما سرقتها أو اعطتها لي السيدة ابيبتش.. كنت أعرف جيداً معنى الجوع وشعوره.. كنت اعلم جيداً من تجربتي الشَّخصية ان لا املك شيء.. ولِهَذَا لم أحتاج للصيام لأثبت ايماني لأي أحد.. لَقَد أجبرت عَلَى الصيام لظروفي الشَّخصية ومن المحتمل ان يستمر الوضع الا ان تتحسن ظروفي.. استنتجت، ان يجب الصيام عَلَى الأغنياء والذين يملكون اكل فائض.. – هم الذين لا يملكون المعرفة أو الاحساس الكافي لعدم امتلاك أي شيء.. مع إني احترمت مبادئ الصيام، بكل بساطه لم ار انها يجب ان تنطبق علي..
الصيام هو ركن من أركان الإسلام الخمس، والغرض منه هو تذكير المسلمين بالفقراء والمحتاجين والتأكيد علي حمد وشكر الله علي النعم.. الشَّخص البالغ فرض عليه صيام رمضان.. الأشخاص الوحيدين المعفيين من الصيام هم كبار السن، أو الأشخاص غير القادرين صحيا، أو عقليا، أو السيدة الحامل، أو الأم المرضعة أو عَلَى طريق سفر.. والأطفال أيضاً معفيين قبل سن البلوغ.. ولَكِنَّ ، لَقَد طلب مني الصيام مبكرا جدا من عمر ثمان سنوات، وأنا كنت رافض.. شعرت..» إني أصلا فقير ولا أحتاج ان يذكرني أحد بكم أنا فقير..»
عَلَى الرغم من كلّ المواعظ والحجج المقنعة الَّتِي قيلت لي، أنا لم اقبل تماما

هذين الشرطيين: صلاة الفجر والصيام.. من لحظة ما ولدت وأنا تقريبا جاي الدنيا غلط، شعرت إني غير صالح أو غير مستعد اني ابقى مسلما جيدا..يتميز بالالتزام.. تماما مثل عيب الولادة! ..ربما لانني ابن ابي!!.

من الناحية الأخرى، اعجبت وقدرت بشدة كرم الدين الإسلامي.. بالتحديد، الزكاة وتعني ان يعطي المسلم بكل سعادة وصدر رحب الناس الأقل حظا فِي الدنيا.. أروع شيء فِي الزكاة ان الشَّخص المتلقي لا يعرف من اين أتت له الصدقة/ الإحسان، لإنها تأتي من مجهول أو فاعل خير.. مع ان فِي هَذِه الفترة من الوقت لم أكن أعرف التعصب أو التمييز، فإن المسلمين لا يفرقوا بين ألوان البشرة، ولا العرق ولا السن ولا النوع، الخ لتكون عوامل مشاركة فِي نظرتك للإنسان عَلَى انه اعلي أو اقل.. كلنا متساويين فِي الإسلام.. أنا أَتَذَكُّر وأقدر بشدة المال الَّذِي تلقيته بعيد الفطر.. بالطبع، لا نعرف من اين اتي المال، ولَكِنَّي كنت مُتَأَكِّد ان مصدره من باجريش وباوبيد عَن طريق بانصير.. اجماليا، لَقَد شعرت ان جوانب الأديان كلها مبنية عَلَى الذنب والتخويف.. والتركيز عَلَى الطقوس وما هو ممنوع.. لَقَد أردت فقط قراءة قصص عَن المعجزات.. غالبية العائلات فِي اثيوبيا يعلقون عَلَى الحائط صورة السيدة مريم العذراء مع ابنها المسيح/يسوع.. الصورة توضح سيدة بيضاء اللون، مع طفل أشقر (احمر).. كلّ مرة ادخل فيها كنيسة مسيحية ارثوذكسية، أجد الحوائط كلها مرسوم عَلَيها كلّ الأشكال ومن ضمنهم رسمة العشاء الأخير.. مجددا، كلّ الناس الذين فِي الصور لون بشرتهم بيضاء.. لدرجة إني شعرت ان المسيحية عبارة عَن نتاج ناس بيضاء البشرة وموجهه للناس البيضاء بشرتهم.. لم أشعر بأي تواصل مع الديانة المسيحية..

لَقَد قبلت بَعض القصص بشك، لأنى شعرت انهم قصص قديمة، وممتعين

وكان الدرس المستفاد جيد، ولَكِنَّ عَلَى الرغم من أنه لم يكن لدي المبررات أو الأسباب الَّتِي تدعوني إِلَى التراجع ضد بقية التعاليم، لهَذَا لم أكن جزءا منهم.. أنا انجذبت أكثر نحو الأعياد الدينية بدلا من النظريات الدينية الَّتِي درست من الكتب.. والإجازات الإثيوبية كَانَت مليئة بالألوان والمرح..

الاجازات الأثيوبية

أَفضل الإجازات بالنسبة لي كَانَت رأس السنة الأثيوبية (١١ سبتمبر- Enkutatash)، الكريسماس الإثيوبي (٧ يناير- Genna)، شم النسيم (مايو- Fasika)، العثور علي الصليب الحقيقي (٢٦ و٢٧ سبتمبر- Meskel) وعيد الغطاس الأثيوبي (١٩ و ٢٠ يناير- Timket) على قمة القائمة كان رأس السنة الإثيوبية - Enkutatash!

انكوتاتاش تعني «هدية من المجوهرات..» طبقا للأسطورة، عادت ملكة سبأ بهدية من المجوهرات بَعد زيارتها الشهيرة للملك سليمان فِي القدس من حوالي ٣٠٠٠ سنة.. عودتها بهذة الهدية صادف انه فِي نفس احتفالات رأس السنة فِي سبتمبر، ومن هنا جاء الإسم..

انكوتاتاش هو عَندَمَا يكون هنَاك مجموعة من البنات الصغار يؤدون اغنية اسمها «ابيبايهوش- Abebayehosh..» فهم يحملون، يعطون ورود زاهية صفراء اللون، وهي تنمو فقط ما بين شهر سبتمبر ونوفمبر، للناس فِي الأحياء.. كتعبير عَن التقدير، تعطي العائلات مال للبنات أو خبز والَّذِي يحضر خصيصا فِي الأعياد.. والأولاد عادة يحضرون ويوزعون رسومات للورود..

يعد شهر سبتمبر اخر موسم فِي الشتاء فِي اثيوبيا.. هو الوقت المشمس من السنة والجو جميل، وتتفتح الأزهار، هو كلّ ما يشير الي بداية

سنة جديدة.. كلما كان الجو مشمس كان يمثل سعادة أكبر، وأيام مشرقة بعيدا عَن المطر والضباب.. ولهذا، الورود تعد رمز الربيع والنمو وجزء كبير من الاحتفالات..

لم أكن مهتم تماما فِي اني ألف حولين الحارة لكي اوزع ورد، ولا كان مسموح لي ابدا، عَلَى أية حال.. ولَكِنَّ كنت أحصل عَلَى المال من رسومات طبق الأصل من الورود الَّتِي يوزعوها.. عَلَى الرغم من أنني لم أعتقد أن لدي أي موهبة فنية، إلا ان الولاد والبنات فِي الحارة فكروا ان عندي المقدرة والمجهود، واعطوني جزء من الأموال الَّتِي جمعوها..

ثاني أَفضل عيد هو الكريسماس (Genna)، فِي ٧ يناير وهو يوم بَعد عيد ميلادي.. أنا ولدت عشية الكريسماس! وفعليا شهرين بدري عَن ميعادي، اعتقد أني كنت أرغب أشارك ميلادي مع سيدنا عيسى/المسيح!

ثالث عيد، عيد الغيطاس (Timket) ١٩ يناير أو فِي السنة الكبيسة، ٢٠ يناير) وهم بَعد أسبوعين فقط من الشهر.. هو عيد مسيحي أرثوذكسي بمناسبة معمودية السيد المسيح فِي نهر الأردن، ويستمر الاحتفال لثلاث أيام.. فِي هَذَا اليوم، نماذج خشبية من سفينة العهد تؤخذ من الكِنَّ ائس وملفوفة بالحرير.. وينطلق موكب إِلَى النهر أو الحمام العام، حيث يحمل كبير قساوسة كلّ كنيسة عَلَى رأسه نسخا من الأقراص الَّتِي كتبت عَلَيهَا الوصايا العشر وقدمها الله لموسى عَلَى جبل سيناء...

لكم هي الحياة حاملة للمفاجئات..!!

الفصل الخامس عشر

القراءة والكِتَابَة هما ديانتي

عَندَمَا جاء المبشرون لإفريقيا حاملين الإنجيل، وكنا حينها نملك الأرض.. قالوا: «هيا نصلي..» أغلقنا اعيننا.. وعَندَمَا فتحناهم كان معنا، نحن الإنجيل وهم يملكون الأرض..

ديزموند توتو

تساؤلات عن المسيحية

عندما كنت في الـ١٢ من عمري، ليس بعيدا جدا عَن بيت خالتي، أُفتحت مدرسة وكنيسة انجيلية للكتاب المقدس.. وكَانَت الكَنِيسة توظّف الأطفال، وبعد تقريبا ٥٠ سنة استطعت معرفة من هو مؤسس هَذِه الكَنِيسة.. ..اسمها برشوس سييد إنترناشيونال (البذور الثمينة الدولية) ومركزها فِي المملكة المتحدة..

ماتياس، زميلي منذ المرحلة الابتدائية، وصديقي من أيام الطفولة، قررنا ان نبدأ خدمات يوم الأحد.. كان من الواضح انه حضر عدة مرات قبل ما قررت أنا الذهاب، وكان قد رحل آخذا معه مستلزمات المدرسة... أخبرني انهم سيعطونني كراسة صغيرة وقلم رصاص أو قلم جاف.. وأحيانا تي شيرتات أو بنطلونات جينز..

بسبب انتشار ظاهرة العنصرية والتمييز فِي اثيوبيا خاصة بين العرب، لم أريد ان يعرف ماتياس وهو اثيوبي اني نصف عربي، ولَكِنّي ارتأيت انها فكرة حسنة ان أحصل على مستلزمات مدرسية مجانا، وساعتها احتفظ بالمال الَّذِي ستعطيه لي خالتي لشرائهم واستخدمه الفلوس فِي المواصلات للذهاب إلى بانصير، والَّذِي كان ٢٥كم من بيت خالتي... كنت في حاجة ماسة لأخذ الاتوبيس لبعد المسافة..

لَقَد حضرت مدرسة الكَنِيسة الانجيلية للكتاب المقدس – برشوي سيد إنترناشيونال – مع ماتياس لمدة ٩ أشهر، وجمعت ما يكفي من مستلزمات المدرسة لأخر سنة لي فِي المدرسة.. أنا حَتَّى كان معي كفاية لدرجة إني بَدَأت ابيعهم لأطفال فقراء كثيرين..

تمتع معلمي الكَنِيسة بشرة بيضاء، ولَكِنِّي لم اعلم من أي بلده أوروبية قدموا.. كنت منبهرا بمهاراتهم فِي اللغة الأمهرية، بالمقابل أسئلة شغلت بالي من تلك الاسئلة، لماذا هؤلاء الناس البيض موجودين بأثيوبيا لتعليم المسيحية؟ تعد اثيوبيا من أقدم الشعوب عَلَى الأرض، تملك حروفها الأبجدية الخاصة، ولغتها وتقويمها، وكان شعبا مستقلا.. درست ان اثيوبيا بلد مسيحية مُنذ ٢٠٠٠ عام، ولِهَذَا لم افهم لماذا الأوروبيين المبشرين فِي اثيوبيا لتعليم المسيحية.. لماذا يضعون الناس البيض المجهود لتعليمنا شيء عرفناه لقرون؟

ماتياس

مؤخرا تواصلت مع ماتياس والَّذِي حاليا يعيش فِي الولايات المتحدة، للتحدث عَن أيام طفولتنا، والكَنِيسة وامور ذات صلة وكتب قائلا:
«كيفك عادل»
أتمنى ان كلّ امورك جيدة ومتعايش كما نحن بحالة جيدة فِي وضع الوباء الحالي! أنا معجب جدا بفكرة محاولتك كِتابَة كتاب عَن نفسك، وانه سيكون مرجع تاريخي غني لأي من عاش زماننا..
دعني أشارك بتذكرتك ببَعض من ذكرياتنا:
نعم بالتأكيد كنا مقربين جدا عَندَمَا كنا فِي المدرسة الابتدائية ايو باليو، بالأخص وقت الغداء.. أنا اذكر لست مُتَأَكِّدا إذا ستتذكر ام لا، كان هنَاك اخين، كَانَت والدتهما تعمل فِي «بيت منجيست» القصر الإمبراطوري واحضرت بَعض من الغداء الَّذِي كنا نتشاجر للحصول عَلَى قضمه منه..

وأَتَذَكُّر أيضاً الوقت الَّذِي قضيناه ونحن نلعب كرة القدم.. والأوقات الَّتِي قضيناها ونحن نلعب بالبلي، بصراحة اه فعلا أنا كنت اقضي وقت طويل اجمع البلي..

بالتأكيد كان هنَاك أوقات نحضر فيها مدرسة دراسات الكَنِيَّسة الخمسينية يوم الأحد، نذهب للدراسات الإنجيلية..، وفي بَعض الأحيان نذهب لمنزل السيد ماكلين، (تقريبا هَذَا كان اسمه) حى ٤٦، مجرد الناحية الأخرى من مدرسة (نيتسانت شورا).. لا اذكر بالضبط أي حركة كانوا فيها ماعدا انها كَانَت الخمسينية.. وبعدها كبرنا عَلَى حضور مدرسة الأحد وبدأنا طريق جديد من النضج والوعي..

أَتَذَكُّر أيضاً أنك كنت متورطاً كثيراً فِي الأفكار الثورية (EPRP الحزب الثوري للشعب الإثيوبي) سجنت أنت وآخرين عدة مرات.. كنت أنا الشاب الوحيد الذي فِي وسط اصحابنا الَّذِي ترك بمفردة ولم يسجن تماما.. أنا مدين لك لأنك كنت معلمي، علمتني كلمات مثل الماركسية-اللينينية والتحدث علنا.. بتشجيعك، تمكنت من تقديم محاضرتي الأولى للماركسية اللينينية واستمع لها مجموعة من الحضور.

وبدأنا لعب كرة لفريق الكيبيلا.. وعلى ما اذكر أنت كنت اكثرنا مرونة واقوي فِي هَذِه الجزئية الَّتِي جعلتك مناسب كحارس مرمي.. اعتقد أنت فاكر الوقت الَّذِي قضيناه مع جاشي مولوجيتا (صديق اخر) الركض فِي الصباح الباكر قبل شروق الشمس وقبل تمرين الكرة أيضاً.. ده كان احلي وقت قضيناه مع كيبيلا بنلعب كرة.. بعدها بقليل سمعنا إنك رحلت لليمن..

بعدها عَلَى طول، جاءتني منحة الى دولة كوبا.. وسافرت إليها لتحصيل تعليم اعلى.. لحسن الحظ، استطعت الانضمام الى كلية الهندسة باختياري لأتخصص فِي الاتصالات.. عَلَى عمر ٢٣، كنت أول فرد من عائلتي من بين ١٠ اخوان ولاد وبنات، بالإضافة لي، لأتخرج بدرجة الماجستير فِي هندسة الاتصالات السلكية واللاسلكية عام ١٩٨٥.. بمجرد ما استقريت فِي اثيو-تيليكوم، بَدَأت البحث عنك، صديقي حبيبي من الطفولة والَّذِي هو موجود بالولايات المتحدة، كما أبلغني أحد من أفراد عائلتي.. استطعت ان تحديد مكانك من خلال المكالمات الدولية والَّتِي كَانَت متوفرة لي كعضو فِي اثيو-تيليكوم العالمية كمهندس تحويل.. بقينا على تواصل لبَعض من الوقت وبعدها فقدنا الاتصال قبل فترة التدريب الَّتِي جئت من اجلها USTTI (معهد الولايات المتحدة للتدريب عَلَى الاتصالات السلكية واللاسلكية).. وصاحبتي كَانَت تعيش فِي الولايات المتحدة.. حصلت عَلَى الرعاية من رب عملي، كوالكوم، وبالتالي كنت قادرا عَلَى البقاء فِي الولايات المتحدة.. لاحقا، استقرينا فِي سان ديجو وبدأنا عائلتنا المكونة من ٤ أفراد.. طفلين يدعو روث ماتياس وأمانويل ماتياس.. كما هِي عاداتنا اخذ الاسم الأول ويصبح اسم العائلة.. درست ابنتي الفنون الإذاعية والإلكترونية لوسائط الإعلام فِي SFSU جامعة ولاية سان فرانسيسكو وتخرجت السنة الماضية.. اخوها الأصغر سيتخرج من الهندسة الميكانيكية فِي الصيف ٢٠٢١.. وسيسافر لكونيتيكت للعمل كمهندس فِي قسم الجراحة فِي ميدترونيك وهي وظيفة امنها هو لنفسه أثناء فترة تدريبة السنة الماضية.. ابنتي حاليا تعمل كمحررة فيديو مستقلة من المنزل..

وهذه كَانَت نبذه موجزه عَن حياتي..

شكرا، ماتياس أ..

صديق اخر مؤثر

بعد حوالي ٨ أو ١٠ أشهر، كان عندي ما يكفي من المحادثات والدراسات الدينية، وتوقفت عَن الذهاب للكِنِّيسة.. لأسباب غريبة، كَانَت نظرتي للدين انه حكاية خيالية مبالغ فيها.. بحب القراءة، وعَندَمَا كنت طفلا، كنت اقرأ كتاب واحد فِي الأسبوع.. بَعضا من الروايات الَّتِي قرأتها كَانَت مثيرة للإعجاب مثل الإنجيل والقُرْآن.. الاختلاف كان ان الكتب الدينية وقصصها فرضت علي..

أليمايهو، الولد جارنا الَّذِي زور شهادة دخولي للمدرسة الثانوية، عرفني أيضاً على نادي للقراءة كان ينتمي اليه والَّذِي انضمت اليه بكل حماسه..

كان والد اليماهيو عضو متقاعد من الحرس الامبراطوري الاثيوبي (شرفاء الحرس/ حارس شريف ٦٤Kebur Zabagna)..

المعروف أيضاً باسم الشعبة الأولي، خدمت هَذِه الوحدة لأغراض مزدوجة والمتمثلة فِي توفير الأمن لإمبراطور اثيوبيا وكونها فرقة مشاه النخبة.. ومع ذَلِك لم تكن جزءا من الهيكل التنظيمي للجيش الاثيوبي..

عمر ما كلمة لا وقفت والد صديقي.. وقيل إنه كان أَفضل قناص فِي فرقته وأحد أَفضل القناصين فِي البلد.. كان جنديا حسن المظهر وخدم فِي الحرب الكورية وكان بارعا فِي استخدام الأسلحة.. وفي الأيام الأخيرة من خدمته خدم فِي قسم التخزين العسكري، حيث كان معروف انه صديق والد منغستو هيلا مريام، القائد الشيوعي الَّذِي حكم اثيوبيا بين ١٩٧٧ و١٩٩١..

كَانَت توقعات والد اليماهيو له كبيرة فِي كلا من اللياقة وأكاديميا.. ولذَلِك

اليماهيو يحتاج ان يكون متفوق فِي كلّ شيء، وكان تحت نظام قاسي.. فِي المقابل، اليماهيو حاول فرض هَذِهِ التوقعات علي وعلى أخيه الصغير.. احتجنا ان نكون من أوائل الفصل، ونأخذ المركز الأول فِي أي مسابقة رياضية أو مناقشات جدلية، ويكون عندنا وعي كافي بالشؤون الدولية عَن زملائنا فِي الفصل.. من ممكن ان نخسر جولة بينج بونج، ولَكِنَّ ليس ضد أي أحد اخر.. لعبنا الكرة الطائرة وكرة السلة بغض النظر عَن اطوالنا.. عمره ما اهتم بطولي.. وشرحه فِي كرة القدم..

لم نملك مسدسات، ولَكِنَّ استخدمنا النبل لقتل الطيور وممارسة النشان ناحية الهدف.. مع الوقت، لم يكن قتل الطيور هدفنا.. ولَكِنَّ التقليل من عدد الأحجار الَّذِي استخدمناه للوصول لهدفنا..

كان يردد: «النبل ممكن ان تكون ممتعه جدا وأيضاً طريقة رائعة للتمرين عَلَى مهارة الرماية بالرمح،»

تعلمنا كيفية استخدام النبلة بالطريقة الصحيحة من غير التسبب فِي أي اضرار أو جروح.. واعتبرنا النبلة سلاح واستخدمناه دائما بحرص..

نسق اليماهيو فِي مرحلة ما مسابقة أولمبياد مصغرة فِي مجمع سكنا، وكات تتضمن الركض والقفز والملاكمة ....الخ.. إذا خسرنا أنا واخوه فِي سباق محلي أو حققنا اقل من ٩٥٪ مجموع متوسط المواد الدراسية، كان حريص اننا ندفع الثمن.. وتراوح الثمن بين تعليقات وقحة وسخرية من رجولتنا وأحيانا أي إيذاء جسدى .. وإذا رأي ركلة فِي فيلم كان يمارسها علينا.. وكان جزءا لا يتجزأ من اجباري عَلَى توسيع اهتماماتي إِلَى ما وراء ما هو أكاديمي لتشمل الألعاب الرياضية، أيضاً..

٦٤الحرس الامبراطوري الاثيوبي كان من نخبة الكتائب فِي وقتها.. وتم حلها

عَندَمَا أصبحت البلد شيوعية

كان عنده أيضاً مهارات قيادية، والَّتِي كَانَت تعطينا ثقة بالنفس، لم يهتم أبداً من هو الخصم، هو كان مؤمنا اننا نستطيع الفوز..

اليماهيو قال دائما، «هنَاك حيوانات كبيرة جدا بالغابة – حيوانات أكبر من الأسد – ولَكِنَّ ملك الغابة يبقي الأسد، ليس الفيل أو الزرافة..»

كان يدفعني ويحثني عَلَى القراءة أكثر وأكثر.. كان منبهر بكل ما له علاقة بالكهرباء للهبوط عَلَى القمر.. عملنا سويا فِي كلّ مشاريع مادة العلوم بالمدرسة، وفوقنا/تخطينا توقعات ما طلبة المعلمين.. هو فرض علينا قراءة ٥٠٠ كلمة فِي الدقيقة ونلخص كتاب كامل فِي صفحة واحدة..

بسبب تجاربي فِي مرحلة طفولتي المبكرة، وظروفي غير السعيدة، وافتقاري لأي عاطفة من أي شخص، جذبني هَذَا النوع من التوقعات والمطالب.. فغمست نفسي فِي الكتب بلا توقف..

من أول المراهقة الي نصفها، كنت قد قرأت كتب عَن الحرب العالمية الثانية وهتلر وموسوليني وغاندي وكينيدي وتشرشيل ورومل وج..مونتجمري وسقراط وأرسطو وعدد من الشَّخصيات التاريخية والأحداث.. ظننت ان القراءة والاستشهاد بالكتب الدينية كان أكثر شيء ممل يمكن عمله، لأن القيمة لم تتساوي معي، ولَكِنِّي كنت شغوف بالتاريخ والفلسفة..

كَانَت الكِتَابَة طريقتي فِي التعبير عَن توتري واحباطي وغضبي اتجاه الحياة واقاربي وعدم الانتماء ، واستمررت فِي كِتَابَة مُذَكَّرَاتِي..

عَلَى الجريدة لنعرف ان الايمان الديني ممكن ان يسبب الأذى.. ولَكِنَّ إذا تقول ان الدين سيء لك اكنك بتقول، « المخدرات مضرة لك،» من غير التفرقة ما بين الكوكايين والأدوية المنقذة للحياة.. بشكل عام، تبدو ان

المشاركة الدينية جيدة وتساعد صحتك ولها دور فِي سعادتك.. سوء فهم هَذِه البيانات يؤدي بالاتجاه نحو العلمانية فِي أمريكا ويشكل أزمة صحية عامة..

عَندَمَا كان عندي ١٤ سنة، سألت نفسي، « لماذا جاء المبشرون الي اثيوبيا؟» قالوا انهم سيعلمون الاثيوبيين القراءة والكِتَابَة وأثناء هَذِه العملية، رُبَّما ممكن ان نفهم كلمات ربنا..

لَكِنَّ من تعاليم جدعون، تعلمت ان اليهودية موجودة من عدة الاف السنين من قبل.. شرحه للجيزية والنص الأثيوبي، والَّذِي غالبا تطور من نص اللغة السبئية.. أقدم النقوش/الكتابات فِي النصوص الجيزية تعود للقرن الخامس قبل الميلاد.. وطبقا لكلام باشراحيل، مدرس بالمدرسة الإسلامية، كان الإسلام دائما فِي الصورة خلال ١٤٠٠ سنة.. بناء عَلَى قراءاتي، جاءت المسيحية للأثيوبيين بعد سبع سنوات بَعد ميلاد المسيح، وبقت لأكثر من ٢٠٠٠ عام فِي البلد.. لم يكن الاثيوبيين والمنحدرين من افريقيا الشرقية وثنيين أبداً..

هل لتدفق المبشرين علاقة بتجارة الرقيق مقترنة بالرأسمالية المفترسة الي تبحث عَن موارد للنوايا الجشعة؟

.

الفصل السادس عشر

الثورة الأثيوبية عام ١٩٧٤

قبل كلّ شيء..حاول أن تشعر بعمق الظلم الَّذِي يُرتكب ضد أي شخص فِي أي جزء فِي العالم.. شعورك العميق هذا لهو من أجمل الصفات للشخص الثوري..

تشي جيفارا

التغيير مهم! ولَكِنَّ ، التغيير الجذري، مهما كان لفرد أو لمجتمع بالكامل، فيستطيع أحيانا ان ينتج عنه نتائج غير مقصودة أو مرغوبة.. بالنظر إلى فهمي المحدود لتاريخ اثيوبيا ونسيجه الاجتماعي وتكوينه العرقي المتنوع وبالنظر إلى الماضي أود أن أقول ان الإصلاح كان ضرورياً.. فالقاعدة القديمة والاستبدادية والملكية كَانَت تحتاج إِلَى تعديل من أجل إعادة تنظيم المجتمع والتسلسل الهرمي، فضلاً عَن معالجة العديد من الأسئلة، فيما يتصل بالمناطق والعقيدة والمجموعات العرقية.. بغض النظر عَن الحاجة الشديدة للتغيير والعنف والدراما السياسية الراديكالية فِي السبعينيات كَانَت بدون مبرر..

في مراهقتي المبكرة، قرأت كلّ الكتب الثورية الَّتِي كَانَت متوفرة لي وتعلمت العقائد، المستوردة أساسا من الخارج، والَّتِي تخيل الشباب فِي هَذَا الوقت انها مخرجهم من اوضاعهم الصعبة ومنفذهم الوحيد للخروج من الفقر.. وكَانَت نتائج الاضطرابات السياسية فِي إثيوبيا آنذاك هِي الهجرة الجماعية، وهجرة الكفاءات، وعمليات القتل الَّتِي لا تحصى، وعمليات الاختطاف، الأمر الَّذِي ترك الأرض فِي خراب مالي هائل وانقسام عرقي إِلَى حد ما.. فِي رأيي، دفعت الثورة البلد إِلَى الوراء فِي أضعف حالاتها فِي تاريخها.. برأي الشَّخصي، الثورة عززت هويتي، وجعلتني أتواصل مع جانب وَالِدي التراثي، ودفعتني فِي نهاية المطاف إِلَى مغادرة اثيوبيا فِي سن صغير.. وبدون مثل هَذِه الأحداث الَّتِي لم يسبق لها مثيل، فإن معظم الأطفال المولودين فِي إثيوبيا والذين لهم أصول يمنية ما كانوا ليعتبروا او ليحلموا بأنهم سيغادرون مكان ولادتهم..

الحركة الطلابية

عَندَمَا بَدَأت الثورة الإثيوبية والحركات المتعلقة بها فِي سنة ١٩٧٤، كنت قد انهيت الصف السادس وأنا الأول على فصلي بنسبة ٩٦٪ فِي الامتحانات الوزارية.. كنت أنا ممثل الفصل اعقد دورات تعليمية عَندَمَا لا يأتي المعلمين الي المدرسة.. وصاحبت الكَثِير من الأولاد فِي المنطقة ولعبت فِي نادي كرة القدم المحلي وكنت فِي نادي القراءة.. أخيرا شعرت انني ولد طبيعي..

تعرفت على بَعض من الشباب الأكبر مني سنا من خلال نادي الكتاب.. مثلا عَندَمَا كنت ١٤ سنة، كان عندي أصحاب فِي أول ومنتصف العشرينيات.. لم اكن مهتما بفارق العمر، لأن نوع التواصل بهم كان عَلَى المستوى الثقافي.. كنت متحمسا للتعلم، اقرأ أفضل، وأقدم تحليل مرضي، وهكذا سني الصغير وحجم جسدي الصغير لم يؤثر.. كنت فخورا ان أكون عَلَى نفس المستوي الفكري من الشباب البالغين.. من الناحية الأخرى، كان أعضاء الحركة الاشتراكية الشبابية مبهورين للعثور عَلَى صبي صغير عَلَى دراية بمعظم المواضيع الَّتِي كان أقرانه/زمايله غير قادرين عَلَى التحدث عنها.. كانوا ينادوني ب «تشو تشي»، معناها «الطفل»..

كَانَت البلد تمر بصدمة.. بَيْنَما كان يحاول الكبار فهم ما يحدث، كان الشباب متحمسين للتغيرات فِي الأفق.. كَانَت خالتي تملك تليفزيون ابيض واسود ماركة ناشونال.. كان يتجمع الجيران عند خالتي وزوجها فِي المنزل ملتصقين بالشاشة ليشاهدوا أخبار الانتفاضات والمظاهرات.. كان وقت عصيب ومؤلم ومحير، ولَكِنَّي انجذبت لمعرفة المزيد عنه واستمريت

فِي قراءة الجرائد وكل ما اجده فِي طريقي، من ضمنهم كتب كثيرة عَن تاريخ اثيوبيا.. مع إن عندي مجرد ١٢ سنة الا ان عرفت ان ما كان يحدث مختلف وضخم..

محاولة الانقلاب الاثيوبية عام ١٩٦٠

لم أكن قد ولدت عَندَمَا كان هنَاك محاولة الانقلاب الاثيوبي فِي ١٩٦٠، ولَكِنَّها مازالت حاضرة فِي عقول البالغين، وكنت أسمع دائما عنها.. الأجيال الأكبر كانوا يقارنوا الماضي بالحركة الحالية..

محاولة الانقلاب كَانَت فِي ١٣ديسمبر ١٩٦٠

كان يقودهم جيرمام نواي والعميد منجيستو نواي، قائد كابور زابانجنا (حارس شخصي امبراطوري)، سعي الي الإطاحة بالإمبراطور سيلاسي أثناء زيارة للولاية فِي البرازيل لتنصيب حكومة تقدمية.. أعلنوا قادة الحركة بداية حكومة جديدة تحت حكم الابن الكبير لهيل سيلاسي، اسفاو وسن ولي العهد ومن شأن ذَلِك أن يعالج المشاكل الاقتصادية والاجتماعية العديدة الَّتِي تواجهها إثيوبيا.. وحصل المجلس عَلَى السيطرة عَلَى معظم العاصمة أديس أبابا، وأخذ العديد من الوزراء وغيرهم من الأشخاص المهمين رهائن.. وبعد نجاحها المبدئي، سارعت غالبية الجيش والشعب إِلَى التحالف ضد الانقلاب، وبحلول 17 ديسمبر، استعاد الموالون السيطرة عَلَى أديس أبابا.. وقتل ما لا يقل عَن ٣٠٠ شخص خلال الانقلاب، بمن فيهم معظم المتآمرين..

لو كان هَذَا الانقلاب ناجحاً، لما كَانَت هنَاك حاجة للثورة المتطرفة فِي

من لا شيء
عادل بن هرهرة

السبعينات.. وكان من شأن الإصلاح أن يتم تدريجيا.. ولَكِنَّ الانقلاب فشل ونتيجة لذلك، تصاعدت التوترات عَلَى مر السنين حَتَّى انفجرت إِلَى الثورة.. من الواضح انه مُنذ الانقلاب ولم يحرز أي تقدم يذكر مُنذ أربعة عشر عاما من الجهود المبذولة لإصلاح البلد رغم كلّ المحاولات الَّتِي بذلها الملك.. وانضم المدنيون وشرائح كبيرة من الجيش والشرطة إِلَى المطالب بزيادة الأجور.. واندلعت احتجاجات فِي الشوارع بسبب عدم كفاية الأغذية وحصص المياه والتغييرات فِي أسعار الوقود وخفض أجور موظفي الحكومة وخفض الدعم المالي للتعليم..

في حِين شكل مجلس إداري عسكري مؤقت وبدأ فِي تكليف عقوبة الإعدام لارتكاب جرائم سياسية ضدها، قام بَعض الطلاب وأعضاء اتحاد العمال بالاحتجاج عَلَى الحكومة الإثيوبية وإسقاطها.. فِي ٢٨ نوفمبر ١٩٧٤، وأُعدم اثنان من رؤساء الوزراء السابقين وأكثر من خمسين سجينا سياسيا آخرين.. ذَلِك اليوم أصبح يعرف باسم السبت الدموي.. قبل نهاية العام مباشرة، فِي ٢٥ ديسمبر١٩٧٤، أصدرت الحكومة العسكرية الجديدة إعلان الاشتراكية الإثيوبية..

في ١٩٧٥، كان عندي ١٣ سنة، تم تجنيد الشباب الأكبر سنا ليصبحوا أعضاء فِي الحزب الثوري الشعبي الإثيوبي (EPRP)، وهو جماعة ماركسية لينينية.. هؤلاء هم الشباب الذين كانوا جزء من نادي الكتاب الَّذِي كنت فيه ولعبت معهم كرة القدم.. ونظرا لارتباطي بهم وشراهتي للقراءة عَن التاريخ والثقافة، حثتهم عَلَى مواصلة مشاطرتي الكتب المتعلقة بالاشتراكية..

كارل ماركس والاشتراكية

أثناء ١٩٧٥، عَندَمَا أغلقت المدارس أكثر مما فتحت، وجهت طاقتي كلها لقراءة كلّ كتاب له علاقة بالاشتراكية.. كان الأولاد الكبار منبهرين بالسرعة الَّذِي أستطيع انهاء الكتب الماركسية فيها وقدرتي عَلَى اتاحة بَعض التحليل لهم..

اول كتاب قرأته كان اسمه مادية جدلية بقلم هنري لفبفر، وهو يلخص المادية الجدلية – عَلَى انه نهج فلسفي من كتابات كارل ماركس وفريدريك انجلز.. وبعد ذَلِك قرأت كتاب رأس المال وبيان الحزب الشيوعي بفلم انجل وماركس..

أثناء إحدى المحادثات مع الشباب الذين يكبروني عَلَى الأقل ١٥ سنة، هنَاك حاجة واحدة اكيده. انني لم أستطع ان اربط ما قرأته أو فكرت فيه أو فهمته بالأحداث الَّتِي تجري فِي اثيوبيا.. أحد الشباب كان يجاهر بالحديث عَن حقوق العاملين.. وفي ذَلِك الوقت، كان ٩٠٪ من الإثيوبيين يعملون كمزارعين مقابل أجور ضئيلة.. بَعض أعضاء نادي الكتاب تحدثوا أيضاً عَن كَيف أن الموظفين العسكريين كانوا يتقاضون أجورا أقل.. ببساطة لم يكن لدي الكَثِير من المعرفة أو الوعي بِهَذِه القضايا المتعلقة بالعمالة، لَكِنِّي كنت منغمسا وسط وبين هؤلاء المفكرين النخبة الذين اقضي وقتي معهم.. لم أكن عضوا في الحزب الَّذِي كانوا منتسبين اليه.. كنت شخصا موثوقا فيه وكلي فضول، مثل دحيح، طفل يتبع لنادي الكتاب لا يسبب أي اذى او ضرر لأي أحد.. باختصار، لم أستطع المقاومة..

عَلَى الرغم من أنني أدركت فيما بَعد أنهم كانوا أعضاء فِي الحزب الثوري

الشعبي الإثيوبي EPRP السري بَيْنَما لم أكن، لم يكسروا نمط مشاركة الكتب معي.. التغيير الوحيد الَّذِي رأيته هو أنني كنت أحصل عَلَى المزيد والمزيد من الكتب المتروكة حول مواضيع مثل الثورة الكوبية والصين وروسيا.... إلخ..

قبل نهاية ١٩٧٥، كنت قد قرأت أكثر من ثلاثين كتابا.. كنت أقرأ هَذِه الكتب بنفس الطريقة الَّتِي أقرأ بها الكتب المدرسية والكتب المقدسة، وأَتَذَكَّر الحقائق وغيرها من المعلومات، لَكِنَّني لم أكن فِي وضع يسمح لي بربط هَذِه الكتب بالثورة الَّتِي تحدث فِي بلدي.. كما لاحظت أن هؤلاء الشباب الثوريين كانوا يطلبون مني كثيرا أن أشاركهم فهمي للكتب وآرائي.. لَقَد فوجئوا عَندَمَا أدركوا كَيف استطعت أن أنقل لهم ما قرأته وتذكرته..

بمرور الوقت، كبرت وأنا أحب وأقدر الشَّخصيات الَّتِي وجدتها فِي الكتب.. لَقَد أبديت تقديراً قوياً لتشي غيفارا.. ويليه الشَّخص الآخر الَّذِي كنت مفتون به ليون تروتسكي.. لم يكن لدي الكَثِير من الاحترام لجوزيف ستالين، بسبب نهجه الوحشي وكم الناس الَّذِي قتلهم.. تأثرت بتروتسكي ولَكِنَّ شعرت ان ستالين كان أقل منطقية وأيضاً مماثلة للحكومة العسكرية الإثيوبية..

مشاعري الكريهه تجاه ستالين وما يعاكسها/يخالفها تماما فِي تقديري لتروتسكي ولدا من كِتَابَة أعمال فيكتور سيرج.. رُبَّما سيرج، فِي رؤيته وكتاباته، كان الشَّخص الأكثر تأثيرا علي، مما أثار رؤيتي حول كَيف رأيت الميكانيكا الداخلية للثورات والتناقضات الجماهيرية..

مع انتهاء العام ١٩٧٥، الشباب الثوريين من نادي الكتاب بدأوا اعطائي نسخ من الدعاية (نشرات الأخبار وكتيبات ونشرات قصيرة....

الخ).. والَّتِي توزعها EPRP.. واحدة من الأوراق الَّتِي قرأتها كَانَت تدعو لنهاية الحكم العسكري، والاحترام غير المقيد للحقوق الديمقراطية، وتشكيل حكومة تمثيلية، ووقف قمع المعارضين.. بَدَأت ان اربط الأمور ببَعضها بَعد قراءة هَذَا النوع من الأدب.. ولَكِنَّ لم تكن الأمور واضحة بَعد بالنسبة لي بشأن حجم ما يجري فِي بلدي وآثار الحركات أو الكتابات الَّتِي يجري كتابتها وتوزيعها..

الإرهاب الأحمر: القتل والحبس

بعد ظهر أحد الأيام، طلب مني رجلان من نادي الكتاب وأشقائهما المشاركة فِي مظاهرة مدنية ضد الحكومة العسكرية الحاكمة.. وبكل سذاجة وافقت عَلَى الانضمام إليهم..

سارت مجموعة منا عَلَى الأقل سبع كيلومترات من نقطة البداية.. الى الجزء الذي لم اصل اليه في المدينة، وكنت قلقا ألا أعرف طريق العودة إذا انفصلت عَن أصدقائي.. أعطاني أصدقائي كومة من الكتيبات الثورية لتسليمها إِلَى الناس الذين كانوا يقفون عَلَى الجوانب فِي الشوارع والمحلات التجارية..

وتم توجيهي لتوزيع المنشورات عَلَى السائقين والمشاة فِي الشارع.. وهَذَا اخذ تقريبا ٤٠ دقيقة قبل ما بَدَأت اسمع طلقات الرصاص.. فاجأه بدأ كلّ من حولي فِي الجري لإنقاذ حياته.. استمر ضرب النار، واستمر الصريخ الَّذِي يخرم الأذان.. ركضت.. لم يكن عندي أدنى فكرة بأي اتجاه أنا ذاهب.. استمريت فِي الركض لحوالي ٤٠ دقيقة لحد ما تعبت ولجأت لمنزل قديم للاختباء.. ظننت انه عمليات تدريبي لسباق الماراثون!.. ظللت مختبئا فِي

المنزل المهجور لحوالي ٢٠ دقيقة عَندَمَا تم القبض علي وضربي ورمي علي ظهر الشاحنة..
بَيْنَما كنت متقرفصا فِي الشاحنة مع مجموعة من الطلاب الثوريين والذين كانوا يكبرونني بعدة سنوات. كان هنَاك فتاة تجلس عَلَى رأسي.. طلبت منها ان تتحرك قليلا حَتَّى أتمكن من رفع رأسي والتنفس بشكل طبيعي.. عدلت نفسها ولاحظت ان هنَاك دماء تغطي رأسي ووجهي..
بَدَأت البنت فورا بالصراخ، « اووووو انها دورتي الشهرية!»
لم يكن عندي أدنى فكرة عما تتحدث، لأن لم يكلمني أحدا أبداً عَن الدورة الشهرية للبنات..
كنت محتارا ...ما هِي العلاقة ما بين جلوسها عَلَى وجهي والدماء الَّتِي عَلَى رأسي ووجهي..
عَندَمَا وضعت يدي عَلَى رأسي، شعرت بتورم وقطع فِي جمجمتي/رأسي.. وكَانَت يدي مليئة بالدماء.. البنت رأت القطع عَلَى رأسي صاحت عاليا، « يا ربي.. هم فتحولك راسك!»
كَانَت مرعوبة أكثر مني.. خلعت المعطف/الجاكت الَّذِي ترتديه ولفته حولين رأسي لتوقف النزيف.. كنا مجموعه من ٥٠ طالب وتم اقتيادنا حوالي ساعة لمكان بعيد فِي البلد.. لم يكن لدي أدنى فكرة إلى اين نحن ذاهبين أو بأي اتجاه انطلقنا من المدينة..
طُلب منا القفز من السَّيَّارَة، وبدأ المسؤولين فِي العد ليتم عدنا.. واحد من الضباط ازاح بعنف المعطف الَّذِي كان عَلَى رأسي.. وقتها كان النزيف قد توقف.. ولَكِنِّي كنت اعاني من صداع شديد واحساس بالدوران..
بمجرد الانتهاء من عدنا وتسجيله، تم توجيهنا للغرف.. غرفتي كان رقمها ٧

فِي منطقة الحراسة القصوى فِي المُعْتَقَل السياسي المركزي.. بعدين عرفت ان اسم المُعْتَقَل مايكلاوي ٦٨.. لعدة أيام، لم أعرف اين أنا ولماذا أنا هنَاك.. وكان قلقي الرئيسي عَندَمَا وصلت هو أنني لن أتمكن من العودة إِلَى المنزل قبل الساعة السادسة مساء وهو حظر التجول الَّذِي وضعته لي خالتي.. لم أكن أعرف حَتَّى كَيف ابلغها ما كنت أفعل وأين انتهى بي الأمر ذَلِك المساء.. تبين، شرح لخالتي ما كنت افعله كان أقل مخاوفي لعدة أشهر..

تم حلق رأسي بالسجن، ولَكِنَّ بعيدا عَن مكان الجرح.. وطلبت بأدب من الضابط إذا من الممكن ان اري مكان الجرح.. فرفع مرآه ناحيته لأراه.. كان هنَاك عَلَى الأقل قطع طوله ٣سم فِي رأسي، ولَكِنَّ الحمد لله كان بدأ ان يلتئم.. إلي هَذَا اليوم مازال أثر الجرح موجود كتذكره لأول مرة سجنت فيها لكوني ثوري، ومازال يأتيني صداع بسبب هَذَا الجرح..

غرفة رقم ٧ كَانَت بالكاد ٤ متر٢، وكان هنَاك حوالي ٣٠ فرد بالغرفة.. كلهم يكبروني سنا – ١٨ سنة فيما فوق.. كَانَت المجموعة عبارة عَن خريجين ثانوية عامة، طلبة جامعه وعدد من الموظفين الاحترافيين.. بَدَأت اتساءل إذا اتمسك أي حد من منطقتي..

بسبب سني، وجسمي الصغير، تقريبا كلّ الموجودين كان ينظرون لي نظرات غريبة، متسائلين لماذا أنا هنَاك.. كان عندي ١٤ سنة، ولَكِنَّ شكلي يدى ١٠ سنين..

كان من غير المسموح للمساجين ترك غرفهم.. نمنا عكس بَعض، كأننا فِي علبة سردين.. كَانَت كلّ الغرف فِي المنشأة نفس الحجم، ولَكِنَّ يتم توزيع المعتقلين على حسب الجرائم الَّتِي ارتكبوها.. كان البَعض هنَاك لمحاولتهم تغيير الحكومة أو تنظيم إضرابات عمالية، والبَعض الآخر اعتقل

بسبب استدعائه النشط للأعضاء فِي الحزب السياسي المعارض، والبَعض الآخر حاول قتل أعضاء الحزب الحاكم.. ما زال آخرون، مثلي، يتظاهرون ببساطة ضد الحكومة القائمة.. خلال الوقت الَّذِي عشت فيه فِي الولايات المتحدة وحاولت فيه شرح ثقافتي وتاريخي الشَّخصي للأمريكان، كان الشيء الوحيد الَّذِي عجز أغلب الأميركيين عَن فهمه هو السبب وراء تعرض الناس فِي بلدان أخرى للاعتقال أو حَتَّى القتل بسبب اعتناقهم وجهة نظر سياسية مختلفة..

هَذَا هو الفهم الأساسي للديمقراطية.. « فِي المجتمع الغربي، نقول «هَذِهِ هِيَ الدمقراطية»: القدرة عَلَى التعبير عَن ارائك من غير ما تقتل.. بكل بساطة أنت تختلف مع الشَّخص بوجهة النظر وتتركه وتكمل حياتك.. إن العقد الاجتماعي والسياسي فِي الغرب يعني، إذا اختلف رئيس الولايات المتحدة ورئيس وزراء كندا أو بريطانيا عَلَى سبيل المثال، فإنهم يجلسون ويتحدثون.. وفي نهاية المطاف، عَلَى الرغم من أنهم قد يغادرون الاجتماع بَعد أن «يوافقوا عَلَى عدم الاتفاق»، فإنهم يصافحون ويستمرون، فِي المقابل

٦٨ هَذَا سجن معروف جدا فِي اثيوبيا، وتم غلقة مؤخرا وحول الي متحف وطني..

يترك الاجتماع يريدون أو يخططون لقتل بَعضهم البَعض.. ولَكِنَّ فِي الشرق، ولا يهم أي بلد تتحدث عنه، كلما اختلفت مع شخص ما، فأنت العدو، وبسبب تاريخ الصراع القبلي والعرقي، فإن قتل العدو هو رد الفعل الطبيعي عَلَى الخلافات الأيديولوجية.. وهَذَا رأي مفرط فِي التبسيط، ولَكِنَّ باختصار، هَذَا هو الفرق الأساسي بين عقلية الغرب وعقلية الشرق.. ولَكِنَّ ما الَّذِي يحدث الآن فِي الغرب، وخاصة فِي الولايات المتحدة، مع تزايد أعداد

أعمال الشغب والقتل بسبب الاختلافات الإيديولوجية والتوترات العرقية؟ هل يبتعد الغرب عَن توقع أن الناس يمكن أن يختلفوا دون النظر إِلَى بَعضهم البَعض عَلَى أنهم العدو؟ وبالنظر إِلَى بَعض الأحداث البارزة فِي السنوات الأخيرة، ليس من المفاجئ أن يبدأ المثقفون وحتى المواطنون فِي طرح هَذَا السؤال.. هل أصبح الغرب أكثر تطرفا؟ وعند النظر إِلَى كلّ من اليسار واليمين، يمكن القول إننا نواجه التقلص المحتمل للديمقراطية..
هل البندول يتأرجح من طرف لآخر؟
ستُطلعنا الأيام بإجابة ذلك السؤال!.

الفصل السابع عشر
الشروق مجددا.. يوم مرغوب فيه

الأسئلة الَّتِي تحدد قدر المتهم.. مستواه الاجتماعي وما هِي أصوله الاجتماعية وتعليمه ومهنته.. هَذَا هو معنى الإرهاب الأحمر..

مارتن لاتسس

كانت الغرفة رقم ٧ حيث كنت معتقلا فيها أقرب للحمامات ومنشأة الاستحمام .. بذلت أقصى ما فِي وسعي لأحصل عَلَى كرسي بالقرب من مدخل الغرفة.. الجلوس بجانب الباب كَانَت مهمة شبه مستحيلة، لأنها كَانَت من أكثر المواقع المرغوبة.. عَندَمَا تجلس هنَاك، تستطيع الحصول عَلَى هواء منعش وترى السماء.. فأنت مميز ومرموق إنك تعمل أو تجلس فِي ضوء الشمس.. كنا نرى السماء فقط فِي طريقنا للحمام، لحوالي دقيقتين، بالكاد مرتين فِي اليوم..

أيضاً، أي شخص جالس بالقرب من الباب يستطيع ان يري بقية المعتقلين، الذين يمرون للذهاب إلى الحمام، والعديد منا أراد ان يعرف إذا هنَاك أصدقاء أو جيران مسجونين معنا.. يوما ما عَندَمَا تمكنت من الجلوس هنَاك، لاحظت عَلَى واحد من الشباب الَّذِي أعرفهم.. اسمه كان برهان.. كان معتقلا في غرفة اخرى، ورأيته فِي هَذَا اليوم فقط وهو فِي طريقة متوجهاً إلى الحمام.. فِي يوم اخر.. رأيت الفتاة الَّتِي ربطت رأسي بالمعطف كي توقف النزيف.. اشارت الى معرفتها بي بابتسامة جعلتني أشعر اني ما زلت حيا ومعافا..

فِي المُعْتَقَل فقط يمكن للانسان ان يرى جانب اخر من الإنسَانَية.. نعم، الظروف كَانَت بشعة، وعشنا فِي خوف مستمر واحساس بالريبة من مستقبلنا، ولَكِن هذَا الخوف وهذا اللاستقرار، والظروف البشعة الَّتِي اضطر الجميع تحملها، وحدت المعتقلين .. كَانَت أمسيات الجمعة اكثرهم رعبا، التعليمات صارمة ..يقدم العشاء في وقت مبكر و بمجرد تقديم وجبة العشاء، نسمع عربية شرطة تركن بالخارج عند البوابة تاركة موتورها شغالا.. كان الحراس ينادون عَلَى المعتقلين كلا باسمه ..وبمجرد استماع

المعتقل لاسمه يتم جره الى حبس انفرادي، يأخذوه ليقابل فرق الموت.. أول جمعتين، كنت مشغولا باستيعاب ما كان يحدث، والعملية الَّتِي كَانَت تكتشف، والتأثير عَلَى زملائي السجناء.. المثير للسخرية، انني كطفل كنت ارتعب وأنا بمفردي فِي الشوارع.. عما كنت خائفا وأنا فِي المُعْتَقَل السياسي.. أولاً، كنت صغيرا جدا لأستوعب تماما ما كان يحدث بالمُعْتَقَل ، وأنني لم أرتكب أي انتهاكات سياسية كبيرة ولم أظن انه سيتم قتلي..

كمعتقلين كنا نعلم انه ومع وقت العشاء بَعض من المعتقلين سيتم اخذهم وقتلهم، لذلك كنا دائما مرتابين، كنا ندعم بَعضنا البَعض، متسائلين من سيأتي عليه الدور فِي هَذِه المذبحة.. فِي المُعْتَقَل كلّ واحد فينا يعاني من نفس المصاعب، وكلنا متساويين بغض النظر عَن مكَانَتنا فِي العالم الخارجي..

هنَاك نوع من الألفة ونوع من الترابط الَّذِي يحدث فِي المُعْتَقَل والَّذِي لا يحدث تحت أي ظروف اخري.. كلّ المعتقلين يتشاركون بالتساوي فِي مهام غسيل الأطباق وتنظيف الأرض.. فيما عدا الحاجة للقيام بالأعمال المنزلية، كان لدينا وقت فراغ.. ولإبقاء أنفسنا مشغولين كنا نبدد الوقت في التسلي ، قام المعتقلين بترتيب أنشطة مختلفة خلال اليوم.. فِي الصباح، بَعد استراحة الحمام، تناولنا الإفطار.. وبمجرد تقديم وجبة الإفطار، عقد المعتقلين جلسات ترفيهية أعقبتها مناقشات سياسية مكثفة - سَواء كَانَت فلسفية أو تتعلق بالشؤون الراهنة للبلد.. أبقينا أنفسنا مشغولين بروي القصص والمناقشات السياسية والتدبير المنزلي والغناء والصفير والدراما، إلخ..

ووجد المحتجزون أيضاً طرقا لصنع لوحة الشطرنج وقطع ألعاب.. تم تحضير لوحة الشطرنج عَن طريق الرسم عَلَى الأرضية، وما يصل إِلَى ثلاثين

قطعة كلّ من عدادات الأسود والأبيض للعب.. قطع اللعبة كَانَت مصنوعة من ورق المرحاض، الشاي الخفيف، والقهوة الداكنة.. وشكل المحتجزون القطع بتلوين الورقة بالشاي والقهوة لجعلهما لونين مختلفين (الشاي للأبيض والقهوة للأسود) وإضافة السكر عَندَمَا كَانَت الورقة لا تزال رطبة.. بمجرد جفاف الورقة، يجعلها السكر صلبة..

عَندَمَا كنت فِي نازريت وبلعب جيبيتا.. كنت دائما أفكر ان يجب ان يكون هنَاك لعبة اخرى أنا متمكن منها.. وأنا بالسجن، شاهدت بتمعن كَيف يلعبون الشطرنج وركزت بزيادة مع الذين كانوا يكسبون.. علمت بسرعة، المفتاح للفوز هو عَن طريق وصول بقية القطع للملك.. يستطيع ان يتحرك الملك خطوه واحده للأمام أو للخلف أو بزاوية، لذا فمن الأسهل للملك ان يلتقط قطع العاب الخصم.. ولاحظت أنه إذا استمر اللاعب فِي القفز والتقاط الداما الخاصة بخصمه حَتَّى يتم إزالتها من مجلس الإدارة، فإنه سيفوز.. بينغو!

بَدَأت ألعب اللعبة، وبَيْنَما أصبحت أَفضل فِي القبض عَلَى داما اللاعبين الآخرين، توصلت إِلَى طرق لحجب كلّ قطع خصمي بحيث لا يستطيع خصومي القيام بأي تحركات أخرى.. بدلا من ان اطرد من اللعبة بَعد خمس دقائق، بَدَأت بسرعة فِي التغلب عَلَى أكثر اللاعبين مهارة فِي الغرفة.. لَقَد تبعني نفس الاسم المستعار إِلَى مركز الاحتجاز: تشوتشي – الولد الصغير!

رؤية!

لم أشعر بإحساس أَفضل مثلما شعرت إني عشت هَذِه التجربة المروعة من قبل، ..اتمتع بخبرة كبيرة فِي لعبة «جيبيتا»، وعادة كنت أربح.. بالمقدار..اتقنت في وقت قصير لعبة الشطرنج وأصبحت من أَفضل

اللاعبين.. هَذَا النوع من الأحداث ساعدني فِي اكتساب ثقة كبيرة بنفسي ..بسرعة بَدَأت استيعاب ان المعرفة قوة!

بَعض من الشباب الموهوبين رقصوا وغنوا.. بسبب صغر حجم الغرف، كان يقف ٣ أو ٤ اشخاص ويرقصون فِي وقت واحد، فيأخذوا دورهم فِي الغناء والرقص لبقيتنا.. بَعضا منها كان الرقص والغناء الإثيوبي التقليدي، ولَكِنَّ الأغلب كان غربي.. تقريبا كلّ الشباب الذين بالغرفة حافظين كلمات أغاني موتاون الأسود الأمريكي من الستينيات.. مع ان بَعض من الأغاني الَّتِي غنوها ولعبوها ورقصوا عَلَيهَا تم تسجيلها قبل ما أولد بكثير أو قبل ان اكون كبيرا كفاية لأتذكرها، لَقَد كان بهجة كبيرة ان استمع اليها لأول مرة..

بجانب الأغاني الَّتِي شغلوها بالمُعْتَقَل كان هنَاك البيتلز وجيمس براون والسوبريمز وبوب ديلن وأريثا فرانكلين والفيس بريسلي ومارفين جاي.. لاحقا فِي حياتي، حفظت اسماء الأغاني:

What's Going On," "Sexual Healing," and "Ain't No Mountain"
High Enough," by Marvin Gaye

A Change Is Gonna Come," "You Send Me," and "Bring It On"
Home to Me," by Same Cooke

Superstition," and "Signed, Sealed, Delivered, I'm Yours," by"
Steve Wonder

I'd Rather Go Blind," by Etta James"

These Eyes," by The Guess Who"

My Girl" and "Ain't Too Proud To Beg," by The Temptations"

Turn Back the Hands of Time," by Tyrone Davis"

Ain’t No Sunshine by,” Bill Withers”

Drift Away,” by Dobie Gray”

Stand by Me,” by Ben E.. King”

اليوم، عَندَمَا اجمع صور لسفرياتي ورحلاتي وسباق الماراثون وسيري لمسافات طويلة كفيديو كليبات عَلَى اليوتيوب، استخدم هَذِه الأغاني معها.. تساعدني الموسيقي عَلَى تذكر أيام طفولتي، مع اني عشت فِي ظروف صعبة وأنا احارب الظروف الَّتِي حولي.. أحيانا أفقد نفسي فِي هَذَا المزيج متذكرا هَذِه الأيام ومستغرقا في التأمل والتفكير فِي خبراتي..

المثير للسخرية، ورُبَّما كَانَت جلسات الترفيه هَذِه فِي المُعْتَقَل أول أنشطة جماعية منظمة بكفاءة شهدتها حَتَّى تلك المرحلة من حياتي.. استمتعت بالترفيه..

مجددًا..

ذات يوم تحديدا بَعد الظهيرة كنافِي طريق عودتنا لغرفتنا رقم ٧ من الحمام، ان صرخ رئيس المُعْتَقَل فيّ «قف!»

تجمدنا جميعا فِي مكاننا، لم نكن نعرف ماذا أو من كان يناديه ولماذا؟ أشار عَلَى بإصبعه السبابة وأمرني، « تعال هنا! تعال هنا!»

اقتربت ووقفت على بعد اربعة اقدام منه.. سألني ..إذا كنت سجينا.. قلت نعم أنا سجين..

سأل: «منذ متى وانت مسجون؟»

ابلغته منذ ٤ أشهر..

استدار للغرفة الَّتِي بها السيدات وهو ممسكا بذراعي وسأل إذا ولدت هنا أو

إذا قبض علي واحضرت للسجن.. أخبروه انني سجين، كما قلت انا.. التفت لي وسألني عدة أسئلة.. أخيرا، رفع ذراعي ليرى اذا عندي شعر عند ابطي.. لم يجد ..وبَعد ان أجبت عَلَى كلّ اسئلته، أمرني بالعودة إلى غرفتي بسرعة.. بمجرد عودتي للغرفة، ألقيت نظرة سريعة عَلَى غرفة السيدات، غرفة ١.. واحدة منهم نظرت لي بقوة واعطتني إشارت بإصبع الإبهام والَّتِي تعني احسنت.. اكيد عندها حوالي ٢٢ سنة، كَانَت شابه، ولَكِنَّ بنسبة لصبي عنده ١٤ سنة كنت أرى ان كلّ من حولي كبار/عواجيز.. لم أكن مُتَأَكِّد من معنى الابتسامة ولا الإشارة..

أكبر واحد فِي المعتقلين نظر لوجهي، وقال، «انا هنا تقريبا منذ ٨ أشهر.. أنت محظوظ لانك أول سجين سيتم اطلاق سراحه من السجن..» وأضاف، «تشوتشي ستكون حرا..!»

«متوسط ٥٠ رجل يؤخذ أسبوعيا ويقتل،» كمل كلامه.. «لأنهم يحضرون مساجين أكثر هنا، ويبقي المُعْتَقَل بدون مساحة كافية، ولذَلِك المعتقلين الذين قضوا أطول فترة هنا يتم قتلهم.. حظ سعيد، صغيري! أنت ستكون أول الذين أطلق سراحهم..»

بَعض من أقارب المعتقلين بالخارج لم يعرفوا اين احباؤهم محجوزين، لم يكونوا على علم بهَذِه المنشأة.. بَعض من الناس فِي المدينة يعرفون عَن هَذَا السجن، ولَكِنَّ اخرون لم يعرفوا ان له وجود، فبذَلِك اختفاء احبائهم كان سبب قلق كبير لأفراد العائلة.. تقريبا نصف الطلبة الذين جاءوا لأديس ابابا بهدف الدراسة في الجامعة والذين قبض عليهم كانوا من مقاطعات بعيدة.. بَعضهم كان على علم انه سيتم اغتيالهم وبعد هَذَا الحادث، بدأ المعتقلين يسألونني إذا بامكاني ان اطمئن أقاربهم.. كان هنَاك القليل من

الجو الاحتفالي لخروجي، لأن الجميع كان على يقين انه سيتم إطلاق سراحي بسبب صغر سني..

وحيد...

كنت أنا الشَّخص الوحيد الَّذِي أشيع انه سيطلق سراحه فِي ذَلِك الوقت، المعتقلين الأخرين بدأوا يقدمون لي العشرات من الطلبات والرسائل الَّتِي رغبوا في نقلها للعالم الخارجي.. أحدهم كان شابا – أول أو ثاني سنة جامعة، حوالي ٢٢ سنة.. طلب مني ان أجد والديه بَعد إطلاق سراحي وأخبرهم بمكانه.. التحدي كان عدم امتلاكي للموارد، ولا حتى معرفة المدينة بشكل كاف لأتجول فيها وأخبر أهل وأقارب المعتقلين بما وقع لأحبائهم.. كنت فِي موقف صعب، لأني أعرف ان أهالي المعتقلين سيطرحون علي المئات من الاسئلة عن اقاربهم المعتقلين ، ولَكِنَّ كان من المستحيل بالنسبة لي ان أقول..

أقدم سجين كان على حق.. بَعد بضعة أيام من تفاعلي مع رئيس المعتقلين، بالضبط بَعد ٤ أشهر و٣ ايام من ساعة القبض علي، تم إطلاق سراحي.. رئيس السجن، الرجل الَّذِي يقتل ٥٠ بني ادم فِي الأسبوع، بكل بساطة أطلق سراحي..ولَكِنَّ ، بَعد الخروج من بوابة السجن، لم يكن عندي أي خيار غير العودة والتحدث اليه..

اخبرته «انا لا أعرف أين أنا، ولا أعرف كَيف أعود للمنزل،».. أحتاج مساعدته.. بَعد سؤالي عَن المنطقة الَّتِي يسكن بها اهلي، أعطاني ١٥ سنتا كي ادفعهم لركوب الأتوبيس، وقال لي أركب اتوبيس رقم ٦ للعودة للبيت.. فالقاتل الوحشي يستطيع أن يرسل طفلاً قاصراً إِلَى المنزل خالياً من

السخط، حَتَّى أنه يعطي الطفل أجرة ركوب حافلة.. الحياة غريبة!

سجين داخل عقلي

اغلق بيت التعذيب سيء السمعة (مايكيلاوي) سنة ٢٠١٨، وذكرت منظمة رصد حقوق الإنسَانَ٦٩ أن مايكيلاوي قد فتح لأول مرة للجمهور فِي سبتمبر ٢٠١٩.. يستطيع الناس زيارته الأن كنوع من السياحة.. أدركت تماما فقط حجم هَذَا المُعْتَقَل والوضع الَّذِي كنت فيه حينما كنت اجمع المعلومات لكتابي..

خلال الأربع أشهر التي قضيتها هنَاك، قتل حوالي متوسط ٥٠ شخص على يد حراس السجن.. نحن نستطيع معرفة عدد الإعدامات بتعقب كم مرة فِي اليوم يغلق الباب المعدني الكبير بَعد سحب شخص من غرفته ليطلقوا عليه النار.. كَانَت الظروف بشعة، عَندَمَا يضرب ويعذب الناس، العديد منهم أصبح عنده جروح انتهت بغرغرينا وبعض القيح.. كان يربط رسغ المعتقلين بكواحلهم، مجبرهم عَلَى اخذ وضعية الخنزير أو العنزة وعلى السيخ، ويقلب الحراس فِي المعتقلين، وهم يضربوهم ويعذبوهم.. تتعفن جروحهم قبل ما يكون لديها فرصة للشفاء.. بَعض من الناس ماتوا من العذاب، والذين عاشوا منهم، لا يستطيعون السير مستقيمين الظهر.. حَتَّى الأن، يأتيني كوابيس عَن الأيام الَّتِي قضيتها فِي مايكيلاوي من ان الي اخر.. احيانا استيقظ مفزوعا فِي منتصف الليل متصورا ومتعايشا لحظات من حياتي أثناء نومي..

بين عامي ١٩٧٦ و١٩٧٧، كان عندي ١٤ و١٥ سنة، خلال تلك الفترة اعتقلت ثلاث مرات.. بَعد حبسي الأول وإطلاق سراحي من مايكيلاوي،

اعتقلت للمرة الثانية فِي قضية هوية خاطئة..
في يوم كَانَت تبحث الحكومة عَن الصبي الَّذِي قام بتزوير شهادة المدرسة لي، لأن كان معروف عنه انه ثوري من المستوى الرفيع.. (وهو نفس الشَّخص الَّذِي عرفني عَن EPRP) بما انى كنت أحمل اسمه على الشهادة وبالتالي معروفين بنفس الاسم، صبي من الجيران اشار على منزل خالتي، وتم سجني.. حاولت خالتي مقاومة الجنود، ولَكِنَّ بالطبع كانوا أقوى منها وهددوها.. أحد الجنود وجّه سلاحه عليها، ابلغوها انهم سيقومون بتفجير بوابة منزلها إذا قاومت.. هِي خاطرت بحياتها فِي هَذَا اليوم لتحميني من السجن..
اخذوني للسجن وظللت لعدة أسابيع الى ان ظهر الرجل الَّذِي يعمل مع الصبي فِي الحركات السياسية وعرف عَن شخصيتي الحقيقية.. عَندَمَا رآني الرجل، أخبر الجنود «ليس هو من تبحثون عنه.. أنتم اعتقلتم الشَّخص الخطاء..» وبعدها أطلق سراحي..

معظم الوقت، عَندَمَا يقبضون عَلَى شخص، لم يكن هنَاك إجراءات قانونية أو تمثيل من جانب المهنيين القانونيين.. فِي كثير من الأحيان، لم يكن الحراس يعرفون من أسروا، ولم يكن هنَاك سجل للقبض، ولم يتم طرح أي أسئلة.. كنت محظوظًا لأنني لم أقتل بسبب خطأ فِي الهوية أو لأكون ضحية لسوء حظ عمليات القتل العشوائية..
آخر مرة اعتقلت فيها كَانَت عَندَمَا سجنت الحكومة كلّ من فِي المجمع السكني.. وكان ذَلِك فِي فترة شهدت فيها ضرب أحد أفراد المجمع أمام مجموعة من المحتجزين، مما أدى إِلَى مقتله.. وكان سجني الثالث أيضاً لمدة أربعة أشهر.. كنتم حجزي فِي سجون مختلفة فِي كلّ مرة ألقي القبض علي.. وكلما اشتركت فِي أنشطة الشباب الثورية، كلما شاهدت مذبحة الناس

ورأيت معارف تقبع فِي السجون أو تهرب من البلاد.. كَانَت الحكومة العسكرية تحصل عَلَى اليد العليا فِي السيطرة عَلَى حركة EPRP، وبَدَأت التشكيك فِي كلّ شيء وقفت حاربت له/امنت به.. وعلاوة عَلَى ذلك، شعرت بالإحباط عَندَمَا علمت ان اثنين من أصدقاء الطفولة الجيدين الذين لم يكونوا أبداً جزءا من أي حركة طلابية قتلوا لأنهم أخطأوا باعتبارهم ثوريين.. أحد أصدقائي من نادي الكتاب، الَّذِي لم يكن عَلَى علاقة بأي حزب، حصل بينه وبين زوجة ابيه جدال بسيط، مما دفعها لطرده من المنزل لليلة واحدة.. وجده حارس من حراس الثورة فِي الشارع القريب من منزله واعتقله.. الولد سجن معي، ويوما ما، ضربه حارس المُعْتَقَل حَتَّى الموت أمامنا.. فهو قتل من أجل لا شيءِ..

كان هنَاك أصدقاء آخرون فِي المُعْتَقَل تم إضرام النار فيهم وتعذيبهم بطرق أخرى، وبعد ذَلِك لم يكن لديهم أي قدرة عَلَى المشي إِلَى الحمام.. حَتَّى يومنا هذا، أنا غير قادر عَلَى عدم رؤية أو نسيان تلك الصور.. وحتى الآن، غالبًا ما أفكر فِي الصبي الَّذِي أرادني أن أخبر والديه أنه فِي مايكيلاوي.. حَتَّى يومنا هذا، أنا ندمان أنني لم أستطع فعل ذَلِك لأجله.. ومع ذلك، أصبحت الثورة واعتقالي نقطة تحول بالنسبة لي.. وكَانَت هَذِه الأحداث حافزا لانتقالي أخيرا إِلَى اليمن.. ولو لم تحدث الثورة قط ولم يتم اعتقالي قط، لن سيكون لدى أدنى سبب لمغادرة إثيوبيا كمراهق.. أطفال آخرون مثلي الذين كان لديهم آباء وأقارب آخرين خارج إثيوبيا فعلوا نفس الشيء.. غادرنا بحثاً عَن ظروف أفضل..

الفصل الثامن عشر

رفاقي..زملائي الشهداء

لا يهمني إذا سقطت طالما يوجد شخص آخر يلتقط بندقيتي ويستمر فِي إطلاق النار..

تشي جيفارا

خلال شتاء ٢٠١٩.. بَيْنَما كنت أرتب الأحداث الهامة الَّتِي حدثت فِي حياتي للشروع في تأليف كتابي، وجدت انه لا مفر من تجنّب أكثر فصول حياتي رعبا.. الثورة الإثيوبية، والَّتِي استلزمت سجن واعدام مستقبل الشباب الإثيوبيين بين عامي ١٩٧٦ و١٩٧٧..

لم أولد عن عائلة ثورية ومثقفة.. لم يسمح لي بدخول السينما حَتَّى عَندَمَا كان عمري ١٤ عام وأكبر، ولَكِنَّي ألقيت فِي المُعتَقَل مع ناشطين ذو رواتب مرتفعة والَّذِي اعتبرتهم الشرطة خطرين.. لَقَد كنت فِي غير محلي وغير ملائم لحكاوي هَذَا العصر..

عَندَمَا أخبر الناس إني كنت فِي سجن سياسي وأنا مراهق، اري نظراتهم المتشككة.. اعتقد قريبي الَّذِي قرأ الكلام عَلَى صفحة الغلاف أنني أختلق القصص.. ببساطة لم يصدقني.. سأل لماذا لم يكن يعرف عَن هَذَا الجزء من حياتي لسنوات عديدة..

بالإضافة، أثناء منتصف الثمانينات، عَندَمَا تقدمت بطلب اللجوء السياسي للولايات المتحدة، استخدمت التفرقة العرقية الَّتِي واجهتها فِي اليمن والمُعْتَقَل السياسي الَّذِي واجهته فِي اثيوبيا كحقائق ومرجع لطلبي.. رفض قاضي دائرة الهجرة والتجنس (INS) طلبي، لإنه لم يقتنع اني في سن يسمح لي بان أكون فردا من افراد الحركة وناهيك عَن اعتقالي..

بجانب ان عائلتي، الَّتِي عانت من آثار سجني معي، لم أجد أي شخص آخر يمكن أن يساعدني فِي صقل وتوضيح الثغرات فِي كتابي حول ذَلِك الجزء من حياتي..

أشار لي أحد أفراد العائلة غير المقربين عَن وجود شخص يعيش فِي وينيبيغ، مانيتوبا.. كان هو الشَّخص المناسب المطلوب، لأنه أحد الأفراد القلائل

الذين يستطيعون التعبير ووصف الوضع من منظور الشاب الإثيوبي فِي ذَلِك الوقت.. لم يكن متفرجا، بَل كان شاباً آخر سجن عدة مرات.. وقد عذب وعانى كثيرا خلال تلك الفترة.. وفقد أيضاً أخاه الأكبر سنا وعدد لا يحصى من الرفاق المقربين عَلَى أيدي القتلة..

علي حسين سعيد، ولد فِي اديس أبابا وحاليا يعيش فِي وينيبيغ، مانيتوبا، كندا، هو رئيس لجنة التضامن من اجل السجناء السياسيين واللاجئين الإثيوبيين.. هو شاعر اثيوبي سياسي معروف، ويوجهه خبراته ونشاطه فِي حقوق الإِنسَانَ من خلال شعره.. تسلم فِي ٢٠٠٩ جائزة مانيتوبا للالتزام بحقوق الإِنسَانَ.. قام برعاية أكثر من ١٠٠ لاجئ سياسي بكندا، ويعمل هو وعائلته بلا كلل لمساعدة طالبي اللجوء.. هنَاك العديد من المقالات عنه فِي Winnipeg Free Press وCBC Winnipeg..

يجب ان أقول انه كان من الصعب الوصول اليه، حيث ان الإثيوبيين لا يستعملون اسم العائلة وبالإضافة انه لا يوجد حضور اون لاين لهم.. تذكرت تعليمي أثناء طفولتي عَن العهد القديم: « اطلبوا، تجدوا....» ماثيو ٧:٧.. لم اذهب لله بصلاتي ليتم قبولها، بَل استعملت اصراري بأكبر صورة ممكنة وبالتأكيد « سيكافأ المجهود..»

أخيرا استطعت الوصول لعلي حسين سعد علي التليفون.. وبسرعة نقلت له الأسباب وراء بحثي عنه ورجوت مساعدته.. لَقَد شاركته حقيقة إني اذكر بوضوح بَعض جوانب المُعْتَقَل (ميكيلاوي) والَّتِي مررت بها كمراهق، ولَكِنَّ العديد من ذكرياتي كَانَت غامضه.. ولذَلِك طلبت مقابلته وان أنا معي قائمة طويلة من الأسئلة..

على سبيل المثال، ما هو حجم الغرف الَّذِي حبسنا بها؟ ماذا كان اسم رئيس

المُعْتَقَل الَّذِي أشرف على احكام الإعدام – الرجل الَّذِي اعطاني ١٥ سنت بَعد إطلاق سراحي وجعلني اذهب للمنزل عَن طريق اتوبيس رقم٧؟ ماذا كان معدل ورقم الشباب الذين قتلوا فِي كلّ مرة فى المذابح؟ عَلَى الرغم من أنني سمعت صوت محرك العربية وهي تمشي بجانب بوابة السجن، الَّتِي كَانَت تستخدم لجمع وقتل الثوريين، لم أكن أعرف كَيف تبدو.. هل تعرف؟ ماذا عَن غرفة التعذيب وتجربته؟ مُنذ كنت صغيرا وضعيفا، لم يتم تعذيبي كما كان الكَثِيرون، ولَكِنَّ كنت بحاجة إِلَى معلومات لإضافة صوت أولئك الذين عذبوا وهلكوا دون أي سجل..

وجدت ان، عَلَى عبارة عَن مرجع متحرك! فيما يلي التصوير لبَعض محادثاتنا:

«لاحظت ان عَلَى الفيس بوك اسمك مكتوب جاويساو علي.. ووجدت من بريدك الإلكتروني اسم انجاو ابارا.. ما هو اسمك الحقيقي، إذا سمحت لي ان اسأل؟»

«اسمي علي حسين سعيد.. انجاو هو اسم اخي الراحل.. وأنا مستمر فِي استعمال اسمه، لا اريده ان ينسي..»

سألته: «ممكن استأذنك ان تشارك معي كم اخت واخ لديك وترتيبك بين اخواتك فِي العائلة؟»

«كنا ٧ أطفال.. أنا الطفل الثالث، وانجاو ثاني أكبر طفل فِي العائلة..»

«تقدر تقولي أكثر عَن اخيك؟»

«حسنا، اخي كان ثوري، وكان جزء من حركة EPRP.. وكان واحد من الطلبة الذين طردوا من الجامعة، بسبب نشاطه السياسي فِي حرم الجامعة.. فالواقع، قبل وصولك للغرفة رقم ٧، فِي سجن ميكيلاوي -يعرف باسم

السجن السياسي المركزي ومن مهامه حراسة القصور-.. كان اخي فِي نفس الغرفة.. عذبوه ولاحقا تم اعدامه..»

قاطعته وسألت ان يخبرني أكثر عَن التعذيب، لأني متذكر بوضوح بَعض زملائي الذين تم تعذيبهم لدرجة انهم فقدوا قدرتهم عَلَى السير.. فالواقع، كانوا يزحفون ويجرون أنفسهم عَلَى مؤخرتهم أو يتم مساعدتهم من زملاء أخريين للذهاب للحمام.. أردت ان أعرف مدي تمادي الضرب..

«لست في حاجة ، أن العذاب كان وحشيا.. لَقَد سحبوا اظافر اخي.. وفقد عينه الشمال أثناء الضرب.. بالإضافة، انهم بتروا ٩ أصابع من قدمه.. والاصبع العاشر كان يدعي الإصبع المتبقي، «الشاهد» لأنه المتبقي ليحكي القصة، «أضاف وتركني مصعوق وعاجز عَن الكلام..

ومضى يشرح تفاصيل أخرى مروعة عَن التعذيب والَّتِي كنت غير قادر عَلَى استيعابها.. بَدَأت فِي تكرار الأحداث الَّتِي شهدتها مُنذ حوالي ستة وأربعين عاما.. وبقدر ما أردت أن أسمع قصته، كنت آمل أيضاً أن يتوقف عَن الكلام، لأنه بدأ يجعلني مريضا.. لَقَد استمعت إليه بأدب حَتَّى أنهى وصفه.. وبعدها سألته، كم كان عمر انجاو عَندَمَا تم سجنه واعدامه..

قال: «٢٥ سنة..»

عَندَمَا كنت في سن الـ ١٤ و١٥ ، كنت أفكر أظن بان من هم في سن الـ ٢٥ مثقفين وكبار ويصعب الوصول إليهم.. وبَيْنَما كان مستغرقا في الحديث لاحظت ان اخوه كان يكبرني بعشر سنوات فقط، عَندَمَا سجنت.. وهنا جاءت الصور إلى ذهني لكل من تم اخذه من الغرفة رقم ٧..

وهو يتحدث، كنت اخذ ملاحظات وبَدَأت الدموع تسيل عَلَى كراستي وأنا اكتب.. احتجت لتغيير الموضوع، فسألت علي عَن عمره فِي هَذَا الوقت..

«انا كان عندي ٢٢ سنة..» أصغر من اخي بثمان سنوات فقط، ولَكِنَّ فرق النضج والثقافة بيننا كان فرق من السماء للأرض.. كان عمره متوسط عمر الشباب الَّذِي سجنت معهم..

استكملت الحديث بيننا وسألت عدد ومعدل الناس الَّذِي تم اعدامهم.. واني كتبت فِي مُذَكَّرَاتِي وكتابي، ان تنفيذ احكام الإعدام لا تتم الا مرة واحدة فِي الأسبوع، وان كان يتم إعدام بين ثلاثين لخمسين شخص كلّ أسبوع..

بسرعة صحح لي وشرح الوضع كما لو انه حدث أمس..

«تأتي العربة الَّتِي كَانَت تجمع الطلبة حوالي ٣ مرات فِي الأسبوع.. نعم هَذَا حقيقي.. كانوا يقتلون أكثر من ٥٠ طالب فِي أي ليلة.. ولَكِنَّ ، كانوا يجمعن الطلبة من عدة سجون، من ضمنهم ميكيلاوي.. يمكنك القول انه تم اعدام ما بين ١٣ و ٣٠ طالب أسبوعيا فِي ميكيلاوي..»

كنت حريصا على معرفة المزيد عَن العربية سيئة السمعة، وقال، «لا تذكرني بالعربية، لإن عربيات الـUPS فِي شوارع أمريكا و كندا اصبحوا يذكروني باستمرار بالموت.. شكلها ولونها تشبه تماما العربية الَّتِي كَانَت تنقل وتقتل البشر وكان بها نوافذ صغيرة مسدودة /بقضبان.. كلّ مره اري فيها عربية ال UPS، لا أستطيع منع نفسي من التفكير في/تصور جثث الطلبة الَّتِي تحملها..»

وأضاف، «انا سجنت ٤ مرات، فِي ١١ سجن مختلف، فِي مجموع ٧ سنوات.. واحد من السجون، كنا نغسل العربيات ونجد الدماء.. لهَذَا السبب عرفت ان بَعضهم قتلوا وهم فِي العربيات..»

قفزت سريعا للحديث وسألت، «هل كانوا يقتلوا المعتقلين بداخل العربيات ؟»

أجاب «اسمح لي ان اشرح لك الموقف..» «عَندَمَا اخذوا العربية لمكان متطرف من المدينة لعمليات الإعدام، جعلوهم يصطفوا أولا امام مقبرة جماعية.. بَعضا من الطلبة رفضوا النزول من العربية، فأطلقوا النار عليهم وهم مقيدين اليدين داخل العربية وسحبوهم للخنادق.. نستطيع رؤية العربيات عَندَمَا يحضروها لكرتشيل، المُعْتَقَل المركزي.. ويغسل العربيات المعتقلين المحكوم عليهم بالمُعْتَقَل مدي الحياة/المؤبد..

اعتذرت مكررا لعدم تذكري اسم رئيس السجن، الَّذِي أخبرني عنه عدة مرات، بالفعل.. بالإضافة اني لم اكتب رتبته أو دوره أثناء عمليات القتل..

ضحك وقال، «لا تقلق.. اسمه الملازم تشوم.. واسم الضابط القائد برهانو.. هما الاثنين كانوا يديروا السجون، وأيضاً يعدمون الاف الطلبة الأثيوبيين من كلّ انحاء الحياة.. بين ١٩٧٦ و١٩٧٨، قتلت حكومة الدكتاتور العسكري الستاليني فِي إثيوبيا ما لا يقل عَن ٥٠٠،٠٠٠ من مواطني البلاد فِي حمام دم يسمى بالإرهاب الأحمر.. نشأ الإرهاب من حركة سلمية نسبياً لإنهاء حكم الإمبراطور هايلي سيلاسي «..

أصبحت مهتما بزيادة فِي كيفية تمكنه من البقاء عَلَى قيد الحياة ومتى وصل لَكِنَّ دا.. وسألت أيضاً عما إذا كان سيخبرني بالمزيد عَن المتحف الكِنَّ دي لحقوق الإنسَانَ، الَّذِي أنشئ بالنيابة عنه فِي وينيبيغ، مانيتوبا..

اجابات مختصرة..

كَانَت اجاباته مختصرة..

«لَقَد جئت لَكِنَّ في العام ١٩٨٤، وهنا بَعض الفيديو كليبات عَلَى اليو تيوب الَّتِي تستطيع عرضها/ مشاهدتها..» وأرسل لي بَعض الروابط..

وأخيرا قال لي، «كما تعرف، بَيْنَما كنا بالسجن، عمرنا ما رأينا الزوار..

الأمهات كَانَت تحضر الوجبات، والطريقة الوحيدة الَّتِي كَانَت تعرف بها الأم عَن وفاة ابنها أو ابنتها، عَندَمَا يعيدوا لها ملابس السجين ويطلبوا منها عدم العودة مجددا..» وأضاف قائلا، «هنَاك شيئا يجب ان تذكره فِي الكتاب عَن السجن.. قامت بنت بالانتحار فيه..»

واستمر فِي الحديث، وكأنه يقرأ مقالة من صحيفة ذاكرا، «حجم المُعْتَقَل بالتقريب كان ٤x٤، ومتوسط العدد فِي الغرفة كان ١٥ أو ١٦ شخص.. ولَكِنَّ بين ١ مايو ١٩٧٧ ل ١٩٧٨، استخدمت نفس الغرفة لسبعين سجين.. كانوا الناس ملتصقين ببَعض، الكتف فِي الكتف.. وكان من المستحيل ان تفرد جسمك وتستريح.. كنا نختنق فِي الغرفة.. بدأ سقف الغرفة ينتج تكاثف، الَّذِي كان يتقطر إِلَى أسفل علينا.. وأدى ذَلِك إِلَى وفاة بَعض السجناء المسنين الذين لم يتمكنوا من التنفس..

«اخي انجاو حسين وزملائه تيسما ديريسا ومسفين كيبيدي كانوا فِي نفس الخلية.. فِي ١ مايو ١٩٦٧، عيد العمال، قتل الدكتاتوريون العسكريون أكثر من ٨٠٠ شخص.. وكَانَت السجون تتفجر بناس أكثر..»

صامتا.. الأثيوبيين كرماء وقلبهم طيب.. ليس عندي أدنى فكرة من اين جاءوا بهَذِه الوحشية.. لم يكن منطقيا بالنسبة لي!

«عَندَمَا أفكر فِي ميكيلاوي، أفكر فِي مزرعة.. هى فكرة ملحه.. جمع الناس وذبحهم.. ذكري اخري عندي هو الغناء بالسجن.. اذكر القتلة وهم ينادون عَلَى أسامي السجناء..»

هنَاك قصتين عَن سجناء EPRP أحب ان اشاركهم.. الأولي عَن سيدة صغيرة اسمها سابا.. كَانَت محجوزة فِي الديرج ٧٢ ليحقق معها الكابتن تاكيل.. تم تعذيبها بوحشية بَيْنَما كان مطلوب منها ان تعطي أسامي رفقائها/ زملائها..

رفضت وتحملت ثلاث لأربع دورات من التعذيب.. أخيرا، وهي غير قادرة عَلَى تحمل المزيد من العذاب وغير راغبة فِي إعطاء الأسامي، انتهزت الفرصة وهي فِي الحمام وانتحرت.. خلال هَذِه الفترة، كان للحمامات خنادق كبيرة.. فلفت ايشارب حولين نفسها واغرقت نفسها فِي الخندق.. والَّذِي فعلته يعد تضحية لا يمكن نسيانها..

القصة الثانية عَن الرفيق امدي اشين.. اتمسك فِي ميكيلاوي وديرج وهم سجون التحقيق.. عذب بشدة، وفقد ٩ أصابع من قدمه.. وقرر تسمية اصبعه الصغير المتبقي misikir ويعني الشاهد.. يعد المتحف الكِنَّ دي لحقوق الإنسَانَ خطوة كبيرة لَكِنَدا.. ليس لتأسيسه أي علاقة بي، بالإضافة إِلَى معلومات حول الناجين الآخرين من الإرهاب الأحمر، فإنه يعرض قصتي فِي إطار معرض يدعى «كسر الصمت»..

ويجب أن أقول، بقدر ما كنت حريصا عَلَى معرفة المزيد عَن تلك الحقبة، كنت غير قادر عَلَى الاستماع اكثر من ذلك، ولذَلِك شكرته وبَدَأت بإنهاء محادثتنا..

قلت له إنني سوف أقوم بتوسيع المحادثة وإنشاء قسم فِي كتابي لسببين: الاعتراف بجهوده المستمرة بشأن قضايا حقوق الإنسَانَ، وإضافة بَعض المعلومات عَن أخيه ورفيقه (أنجاو)، وترك تاريخ وراءنا للأجيال القادمة.. والأهم من ذلك، رُبَّما لأسباب أنانية، وجود اسمه فِي كتابي يضفي المصداقية عَلَى مُذَكَّرَاتِي ويجعلها حقيقة بدلا من الخيال..

ومن المعروف أن نيكولاي كريلينكو، مفوض العدالة فِي الاتحاد السوفياتي السابق، قال «يجب أن نعدم لا المذنبين فحسب.. فإن إعدام الأبرياء سيثير إعجاب الجماهير أكثر «.. سأقول، أنا أكثر الرجال حظا من يكون عَلَى قيد

الحياة اليوم، بَعد أن سجن ثلاث مرات مختلفة فِي ثلاث سجون مختلفة.. لَقَد كنت محظوظا لأنني هربت من رصاصات الجلادين.. ولَكِنَّ أتساءل أيضاً، كم شخص توفي دون ان يلاحظ أو يتذكره احد؟

الفصل التاسع عشر
بانصير .. حكمة المسنين

الآن بما ان في الستين من العمر أرى بان حكمة الكبار لم تعد سائدة فِي الزمن الحالي..

.جون ابدايك

لم يكن الأطفال مستمعون جيدين للكبار، لَكِنَّهم لم يفشلوا أبدًا فِي تقليدهم..

جيمس أ..بولدوين

أكثر الصغار حكمة هو من يستطيع ان ينظر للعالم من خلال عيون الكبار!

_محمت مرات ايلدن

بين ١٩٢٧ ونهاية سنة ١٩٧٧ ، ظلت عَلَى تواصل منتظم مع بانصير.. ولَكِنَّ ، منعني سجني الأول والثالث لمدة أربع أشهر من زيارته، وخلال الفترتين كان قلق جدا علي.. تم سجني لمدة عشرة أشهر فِي خلال عامي ١٩٧٦ و١٩٧٧، ولم يكن لديه أدنى فكرة عَن سبب اختفائي..

اختفائي لشهر أو اثنين كان معقولا، ولم يسبب له أي قلق لأنه يعرف ان عَلَى ان اسير ١٢ كم لزيارته ولِهَذَا لم أستطع الذهاب له أحيانا لأسابيع.. ولَكِنَّ الاختفاء لأربعة أشهر أقلقه.. وأخيرا عرف عَن أول حبس، لأني اخبرته عنه قبل حدوث ثاني وثالث واحد، ولَكِنِّي لم أخبره أبداً عَن ثاني سجن..

يونيو ١٩٧٧، عَندَمَا اخبرت بانصير أنى اطالع مخطوطات ماركسية لينينية واشتركت فِي حركة طلابية وقبض علي، لم ينبهر.. تجادلنا كثيرا خلال هَذَا الوقت، مثل كلّ مراهق فِي أي ثقافة، لم تكتمل مرافعاتي معه بسبب اعتراضاته وبحكم انه الكبير ولِهَذَا «لن يفهمني»..

في احدى خلافاتنا، رفع يده امامه، ووجهه أصابعه لأعلى بشكل مستقيم، وقال لي، «شايف كَيف كلّ إصبع طوله مختلف؟ هَذَا هو المجتمع البشري.. لَقَد ولدن كلّ واحد منا بهوية مختلفة..»

وبعدها اثني أصابعه لأسفل ليظهروا كلهم فِي نفس الطول واستمر فِي المجادلة، «عن طريق قطع الأصابع، تحاول الشيوعية ان تجعل كلّ البشر متساويين ومتشابهين.. إذا اتبعنا الشيوعية، نحن ننهي تفرد البشر وفردية فرصهم..»

لم يشارك فِي الشيوعية وكان يشعران هَذَا القتال مضيعة للوقت..

كان لديه ورقة مساومة قوية اخري.. فهو يعرف حبي الدائم لسماع قصص عَن والدي، ومولعا بالمعرفة عَن تصرفاته وردود افعاله لمواقف كثيرة.. اهم

شيء، كان عَلَى يقين إني أحب ان أكون الإبن الَّذِي يفتخر به والده اذا كان ما زال حيا.. الأن، وأنا أفكر فِي حياتي كلها، لاحظت ان من وقت وفاة والدي، لتلك اللحظة، إني حاولت دائما وبدون وعي، ان اقتدي ب وَالِدي واصبح الرجل الَّذِي يجعله فخورا..

عَندَمَا لم استمع لنصيحة بانصير، وهو ابتعادي عَن الشيوعية، عرف يطلع كارت الجوكر/لعبها صح..

أشار ووضح، «والدك كان متعود ان يعلق صورة الملكة اليزابيث فِي غرفة الجلوس/المعيشة.. هو كان امبريالي، وظن ان إنجلترا هِي موطنه حَتَّى من غير ما يعيش فيها.. علي خلاف عرب كثيرين، كان يحمل جواز السفر البريطاني.. وكنت لن تشرفه أنت وافعالك الحالية..»

«انا مُتَأَكِّد انه لن يكون فخور بك..» مكررا وانهي ملاحظاته..

احم، فِي الجول..

كان يشتط من الغضب لأني أعرّض نفسي لخطر الموت، وكان يَشعُر انه خلاف بلا جدوى.. كان الثوريين يقتلون الشباب كنوع من البيان العلني وهَذَا بإلقاء جثثهم بجانب محلات البقالة، وهو عَلَى يقين ان عَندَمَا يأتي الناس لشراء احتياجاتهم اليوم التالي سوف يروا المنظر.. وأيضاً كانوا يستهدفون عائلات الشباب الذين قاموا بقتلهم، إذا الولد قتل بطلقتين ، فهم يذهبون للأم ليطالبوها بدفع تكلفة الرصاص الَّذِي استخدم فِي قتل ابنها.. وكان غير مسموح للأهالي البكاء والحُزن، ولا حَتَّى اخذ جثث أبنائهم لدفنهم دفن لائق..

لأول مره، كان ولائي مشتت ما بين اعجابي بوَالِدي والَّذِي بالكاد اتذكره

وبين ارادتي الشديدة فِي تمجيد ذكري الشباب الذين قضيت الوقت معهم فِي السجن، من ضمنهم الذين أعدموا..

عدم اتفاقي مع بانصير بسبب فرق السن والآراء المختلفة انتهت بَعد حبسي الثالث، عَندَمَا رأيت صديقي الَّذِي حجز بالخطأ وبالتالي ضرب وقتل بكل بساطه بسبب خلاف مع زوجة ابيه.. فكان القتل بلا شفقة ولا رحمه، وأيضاً الشعور بالذنب لمعرفة كَيف سيكون شعور ابي من تصرفاتي، افاقني..

كان ممكن يكون انا، استوعبت عَندَمَا فكرت فِي الولد الَّذِي قتل لمجرد جدال بينه وبين زوجة ابيه.. أدركت وقتها إني أحتاج لتغيير حياتي، وأحدث التغيير، يجب علي ترك اثيوبيا.. الإدراك كان نقطة تحول، لأني اقريت بالمأساة الَّتِي حصلت مع صديقي.. ولد دحيح فِي نادى كتاب، والَّذِي لا يعرف أكثر مما درس له فِي المدرسة، قتل بلا سبب وبكل بساطه هَذَا كان من الممكن ان يكون نفس قدري.. وبانصير، أكبر داعميني وكان أقرب نموذج اب بالنسبة لي مُنذ وفاة والدي، كان غضبان لإني اعرض حياتي لخطر القتل..

في وقت سابق من طفولتي، درست القُرآن والتوراة كما لو كانا كتبا دراسية فِي المدرسة، ليس كمذاهب دينية تملي عَلَى كَيف يجب ان أعيش.. وهي نفس الطريقة الَّتِي تقربت بها للماركسية.. الأدب الاشتراكي الَّذِي كنت اقرأه فِي نادي الكتاب وبمفردي كان فقط: نوع من القراءة لاهتمامي الشَّخصي.. كان عندي الاستعداد ان اموت من اجل ما أؤمن به، ولَكِنَّي لم استوعب بصورة كاملة ماذا كَانَت هَذِه المعتقدات الَّتِي احارب من اجلها..

ما لم افهمه إِلَى أن كبرت هو ان الاعتقال أنقذ حياتي.. كنت صغيرا جدا فِي ذَلِك الوقت لأفهم بوضوح المناخ السياسي وأثر الاضطراب الَّذِي احدثه عَلَى المجتمع.. لَقَد كنت صغيرا جدا وقتها ولم يكن ادراكي متطورا كفاية لربط

النقاط ببَعضها سياسيا واجتماعيا، أنا كنت بكل بساطه اتبع قضية مهمه لأصدقائي، وبالتالي كَانَت ذو اهمية بالنسبة لي.. كما استحقت وكسبت حق التفاخر لكوني سجنت مع الشباب الثوري البارز.. كما لو انى فِي المُعْتَقَل مع تشارلز مانسون – ليس مثيرا للإعجاب فِي حد ذاته، ولَكِنَّ شعرت بالشهرة.. بداية جديدة

اقترح بانصير ان اترك اثيوبيا.. ولا يريدني ان اذهب لجنوب اليمن، لأن خلال هَذِه الفترة كَانَت بلد شيوعية اخرى.. كان مبرره المنطقي، لماذا اخذ عَلَى عاتقي مشقة التنقل من بلد شيوعي للأخر؟ إذا هَذِه هِي الحالة، فعَلَى البقاء فِي مكاني.. كان اقتراحه ان اذهب لشمال اليمن أو ممكن المملكة السعودية كنقطة مؤقتة لوجهتي النهائية وهي إنجلترا أو الولايات المتحدة.. مقترحا: «سيكون والدك سعيدا إذا حصلت علي تعليم غربي.. هو عمره ما قدر/حب النفاق العربي والقواعد الاجتماعية.. ايه رأيك؟»

بعد تفكير طويل، اتفقت مع رأي بانصير علي ترك اثيوبيا.. سبتمبر ١٩٧٦، انهيت الصف الثامن (ثانية اعدادي)، محققا ٩٨٪ فِي الامتحانات الوزارية.. معظمهم تفاجئوا من علاماتي، لإني قضيت فترة كبيرة من مراهقتي فِي المُعْتَقَل و/او اقرأ عَن الشيوعية..

كان عَلَى ان أقول لإمبت وماماتشا عَن قراري فِي ترك اثيوبيا.. اخذت يومين لأستجمع افكاري وأعرف كيف سأخبرهم بقراري.. كَانَت علاقتي بخالتي وزوجها قائمة عَلَى الاحترام وكان أساسها الحب.. أصبح زوج خالتي يقدرني واعتبرني كابنه.. وبالتحديد، كان باستمرار يمجد فِي علنا حول مدي ذكائي مع قدراتي الأكاديمية..

كان ماماتشا رجل قليل الكلام.. دائما واع ويقظ.. يخرج الكلمة موزونه وفي

محلها.. علي عكس خالي، مامتشا كان يفكر أكثر فِي تصرفاته.. لم يعرفني.. كنت مجرد ابن شقيقة زوجته.. ولدت من اب لم يكن حَتَّى اثيوبيا.. ولَكِنَّ كان مثالا للإثيوبي الطيب والكريم.. عَندَمَا يشتري أي شيء لابنه الكبير، يشتري لي نفس الشئ تماما.. كان يتعامل معي عَلَى إني شخص كبير ناضج، وكبرت وأنا اكن له كلّ الاحترام.. فالواقع، أنا كنت قلق عَلَى مشاعره أكثر من خالتي عَندَمَا يعرف عَن خططي للذهاب لليمن..

قررت ان أعلمهم بخططي فِي يوم بَعد الغداء، سألت إذا أستطيع التحدث معهم عَلَى انفراد.. كلاهما كانوا هادئين.. كان من المعتاد الطلب من الوالدين بالسير أولاً إِلَى الغرفة أو البوابة، فقد وقف كلاهما ينتظران، ولا يعرفان شيئًا عما سأقوله.. مروا معي بظروف صعبة، من ضمنها مخاطراتي ونشاطاتي السياسية.. لاحظت ترددهم.. دخلت غرفة المعيشة وجلست عَلَى الكَنَّ به/الأريكة.. لحظات بعدها، جاءوا وجلسوا عَلَى الأريكة الكبيرة بجانب بَعض..

انحنيت للأمام وقلت، «انا عَلَى اتصال مع أحمد بانصير..» كملت، «بغض النظر عَن كلّ الصعاب الَّتِي مريتوا بها معي، لم تتخلوا عني.. أنتم اهل وملأتوا الفراغ الَّذِي تركه أُمِّي ووابى.. فوق كلّ شيء، أنا بعتذر عَن كلّ عيوبي.. وبشكركم جدا عَلَى كلّ ما فعلتموه لأجلي.. لم يتضح لي كلّ مجهوداتكم لمساعدتي غير مؤخرا..»

كلاهما يستمعون لي من غير ولا كلمة.. منتظرين معرفة ما أريد قوله..

استمريت فِي الكلام وأنا اكرر كلّ ما قلته سابقا ....

«تمام، ماذا تحاول اخبارنا؟» سألت خالتي بنفس الطريقة الجدية.. «انت بتكلم عَن بانصير، صديق والدك والمواطن؟»

وضحت انها صح..
«كَيف وجدته؟»
قلت: «مريت بالصدفة عند مغسلته عَندَمَا كنت فِي الصف الرابع..»
«إذا فأنت تعرفة كلّ هَذِه السنوات..» سألتني للتأكيد
«نعم..»
سألت: «كَيف استطعت ان تبقيه سرا مننا، ولماذا لم تخبرني؟»
ابلغتها: «كنت خائف إنك لن توافقي، وتمنعيني من زيارته..»
«لا، لن افعل ...ولماذا افعل وهو شخص جيد، عمل ما فِي وسعه لمساعدة والدتك بَعد وفاة والدك،» اضافت..
هَذَا جعلني أشعر بشعور أفضل، لأن انطباعها جيد عَن بانصير.. واستمرت فِي الحديث كلّ أفعاله الجيدة..
بعدما انتهت، توقفت لوهلة، وأخيرا قلت الخبر..
«انا أفكر فِي ترك اثيوبيا، لأكون مع ناحية وَالِدي من العائلة فِي اليمن..»
نظروا لبَعضهم البَعض.. يعقبها صمت طويل – هدوء قاتل..
أخيرا، تكلمت خالتي..
«انا لست الشَّخص الَّذِي انجبك، ولَكِنَّ ك ابني.. وربيتك كما ربيت اولادي.. لست الشَّخص الوحيد الَّذِي عانى فِي السجون.. نحن أيضاً عانينا، لأننا كنا قلقين عليك وخائفين إنك قد تكون قتلت..»
قلت: «انا عارف وعَلَى دراية بالصدمة الَّتِي سببتها.. ولَكِنَّيجب ان اترك البلد..»
احتجت:» أنا مستوعبة الوضع حاليا فِي بلدنا مرعب، ولَكِنَّ ان اراك تتركنا هَذَا صعب عَلَى تقبله..»

شعرت وقتها بقدر ما أرادوا ان اترك اثيوبيا للهروب من رصاصات فرقة الموت، أيضاً لم يكونوا مستعدين لترك الصبي الَّذِي ربوه كما لو كان ابنهم..

«نحن نعلم ان عندك اخوة واخوات من ناحية ابيك.. هل يعرفون إنك ذاهب إليهم؟ هل تواصلت معهم بشكل مباشر؟» سألتني..

«ليس هنَاك تواصل مباشر بعد.. وأنا فِي الأصل لست متجها حيث هم يعيشون،» اجبت..

قفزت من مكانها بَعد توضيحي، «اين أنت ذاهب، اذن؟» سألت بقدر كبير من القلق فِي صوتها..

«سأتجه لشمال اليمن الأول.. عائلتي تقيم فِي جنوب اليمن، المملكة لسعودية والولايات الإماراتية المتحدة.. أستطيع ان احمل جواز سفر لجنوب اليمن فِي الوقت الحالي،» شارحا..

ساد الصمت فِي الغرفة..

تكلمت مجددا، مظهره احباطها..

«اين كان العرب عَندَمَا تركت شوارع نازريت؟ أنا كنت الشَّخص الَّذِي وجدك، وانقذك.. كَيف تجرؤ عَلَى التفكير فِي تركنا! إذا انتبهت فقط لدراستك وكنت بعيدا عَن الحركات الطلابية الغبية، كنت تجنبت الحبس وعذابه.. لماذا؟ لماذا فكرت أو خطر عَلَى بالك ان تتركنا وتترك البلد؟»

تحدث زوجها أخيرا وأضاف، « أنت لست ابن اخت زوجتي أو غريب لي.. أنت ابني، وأصبحت صبي جيد.. مثال جيد لأولادي.. فلماذا تريد الذهاب؟»

شرحت لهم، « لم يكن بانصير عَلَى علم بمكان وجودي خلال الأوقات الَّتِي كنت فيها فِي نازريت.. تفاوضت وَالِدَتِي وخالي وتوصلوا لعقد صفقة بَعد وفاة والدي، وهي ان يتحمل فيها خالي مسؤولية تربيتي وإنقاذ أي أصول يمكنه

استردادها من ممتلكات والدي.. ولَكِنَّه خسر كلّ المال والأراضي الزراعية الَّتِي كَانَت تخص والدي.. خجل خالي مما فعله واختفى من عَلَى وجه الأرض دون إخطار أي شخص وتركني بدون مساعدة.. (بانصير)، الَّذِي كان يقرب لي من بعيد، لم يكن يعرف عَن ورطتي خلال هاتين السنتين، ولا انتي أيضاً.. بَعد التوضيح، أقدر حقاً أنك أتيت لإنقاذي..

قبل ما انتهي، قاطعتني خالتي، وسألت مجددا، «كَيف حَتَّى استطعت ان تجد بانصير؟»

لأول مره، أشعر بقدر الاهتمام الَّذِي تكنه لي خالتي وزوجها.. مع انهم شعروا بالخزل إني اخترت ترك اثيوبيا للذهاب لليمن، لم يريدوني ان اذهب بدون سبب قوي لأنهم يهتمون..

كررت قائلا إني كنت عَلَى اتصال ببانصير من خمس سنوات فِي السر.. بالإضافة إني كنت اتردد عَلَى بَعضا من الأفراد اليمنية الحضرمية – مثل باجريش وباوبيد وبن سالم وبازراء.. لاحظت وقتها نظرات خالتي بالاستياء والحُزن..

كل هؤلاء الناس يعرفون والدي، وأنا عمري ما سنحت لي الفرصة إن اتعرف على ابي بقدرهم.. كانوا هم مفتاح لاكتشاف والتعرف عَلَى هويتي التى افتقدها دائما.. أظن انها لم تتفهم هذا..

«كان والدك مواطن بريطاني.. لماذا لا تستخرج جواز سفر بريطاني وتسافر الى إنجلترا،» خالتي اقترحت..

«هَذَا كان أيضاً أملي، ولَكِنَّ نصحني بانصير ان استخراج جواز السفر ممكن ان يأخذ وقتا أطول واحتمال تكون عملية معقدة.. هو فكر ان الأَفضل ان اسافر لشمال اليمن، أقوم بتغيير جواز سفري، وأتواصل مع اخواتي..»

قلت «هنَاك شيئا اخر.. يجب ان أعود لأسمي الأصلي..»

وهَذِه كَانَت لحظة تحث فيها مامتشا مجددا..

«قال، «لا بأس ان تعود لاسمك الأصلي.. ما هِي إمكانية عدم نشر ذلك؟ كما تعلم، نحن عائلة مسيحية.. وكل من فِي المجتمع حوالينا يعرفك.. هل هنَاك أي طريقة ان تترك البلد بدون الخوض فِي تفاصيل؟ صعب علينا ان نشرح إنك لست ابننا وإنك فعليا نصف عربي وعندك هوية مختلفة..»

«من المستحيل القيام بذلك،» اجبت.. «أولا، يقتضي الرجوع إلى اسمي النشر فِي الصحف الرئيسية، وسيقرأ عنه معظم الناس..» استمريت فِي الكلام، «نعم، أنا نصف عربي، واسمي عادل.. علي الجميع معرفة ذلك.. معظم طفولتي، وأنا خجلان ومحرج من هويتي.. وأنا لست مستعد لأستمر فِي إخفاء هويتي أكثر من ذلك.. يجب عَلَى العالم ان يعرف.. إني لست خجلا بَعد الأن..» مؤكدا.. ولَكِنَّ شعرت بالذنب إني اضغط عائلتي الَّتِي انقذتني.. « رأيت فِي وجه زوج خالتي أنه لم يكن فقط يفقد صبيا قام بتربيته، ولَكِنَّيفقد السيطرة عَلَى مراهق مستقل وأطلق له العنان أيضاً.. كان رجل كلامه قليل - هادئ، متزن.. استجمع افكاره ليوضح نقطته الأخيرة..

«مفيش مشكلة.. هَذَا اختيارك، ونحن ندعمك.. وأنا تأقلمت مع فكرة انه لديك عائلة اخري – عائلة والدك.. وانه أَفضل لك ان تتواصل مع جذورك.. فنعم، مهما اخترت، سوف ندعمك..»

كنت أعرف ما يقصد وشعوره، موضحا الجوانب الثقافية وأكدت له إني سوف اهتم بنفسي..

«نحن نحبك، نهتم لأمرك..» قالت خالتي..

وقفت وشكرتهم وتركت الغرفة..

***

أحيانا، اتسأل عَن الشباب الَّذِي ولد وتربي فِي الغرب وانتقل للشرق الأوسط ليحارب مع طاليبان والمجاهدين وداعش أو أي مجموعه صنفت إرهابية.. شرحه لأفراد التيارات اليميني فِي الغرب، والذين حصل لهم غسيل مخ ليكرهوا ويهاجموا ويقتلوا المهاجرين من مختلف نواحي الحياة.. ان الشباب من مختلف انحاء العالم يميلون للسذاجة والمثالية ورهف الحس.. ومن السهل التلاعب بهم ليفعلوا أشياء لا يفهموها بصورة كاملة من ناحية الصراع أو حجم مشاركتهم.. لا يمكن المبالغة فِي أهمية وجود القدوة القوية والإيجابية للمراهقين...

.

الفصل 20
المُختلف

أنا مختلف.. لست أقل..

تمبل جراندين

أريد ان أقول عَندَمَا كنت صغيرة، مثل ماليفسنت، قالوا لي إني مختلفة.. وشعرت إني غريبة فِي المكان واني صاخبة، واتحرك باستمرار، عمري ما قدرت ان اجلس عَلَى بَعضي.. وفي يوم استوعبت حاجة - حاجة اتمني ان كلكم تستوعبوها..الاختلاف جيد.. عَندَمَا يبلغك أحد أنك مختلف، ابتسم وارفع رأسك وكن فخورا..

انجيلينا جولي

الأجزاء التالية كتبت بقلم سليمان، وهو الَّذِي يترجم كتابي إلى اللغة الأمهرية.. بَيْنَما كان يتعرف عَلَى الجزء الأول من كتابي، طلبت منه ان يتواصل مع خالتي بما انهم يعيشون فِي اديس ابابا.. فكرت انه إذا تحدث معها مباشرة، سوف يفهم ويحتوى روح الكتاب بصورة اكبر..

في أوائل محادثاتي مع سليمان، اتضحت الدنيا له، لأنه كان يتساءل إذا كَانَت الأحداث حقيقة، لم يصدق ان بَعض من احداث حياتي فعلا حصلت! بَعد زيارته لخالتي، اعترف وأكد كلّ التفاصيل المتهورة الَّذِي شك فيها..

سليمان: طفل صغير فِي نظر خالته

عادل طلب مني ان أقوم بزيارة لخالته امبت للحصول عَلَى معلومات زيادة منها.. لأنها قضى فترة طويلة من حياته معها وهي تقوم بتربيته قبل رحيله إلى اليمن.. أنا كنت متفاجئ ومنبهر بكم الحماسة الَّتِي اظهرتها لي وهي تتحدث عَن الصبي الَّذِي ربته ومشروع كتابه.. اهم شيء، أنا كنت متلهف ومتشوق ان اسمع جانبها من القصة..

اتفقنا ان نتقابل وتكون الزيارة فِي منزلها – نفس المنزل الَّذِي كبر ونشأ فيه عادل.. بما ان كان معي المسودة للجزء الأول من الكتاب، أردت ان اتأكد من صحة بَعض الوقائع، وبَدَأت المقابلة ببَعض الأسئلة، وبطريقة غير رسمية.. عَندَمَا وصلت منزلهم، تم ترحيبي واستقبالي من ابنتين امبت، تسجيريدا وتيحيتنا.. اساميهم لها معاني باللغة الأمهرية.. تسجيريدا تعني «الوردة الحمراء» وتيحيتنا تعني «السلوك السليم» أو «التواضع»..

لم يكن الاستقبال عَلَى إني شخص عادي، قادم للزيارة ليسأل بَعض أسئلة عَن الكتاب.. بالعكس، استقبلوني بدرجة كبيرة من الترحاب والاحترام.. شعرت إني صديق عزيز إذا لم أكن فرضا من العائلة والذين لم يروه من

فترة كبيرة.. بَعد ما اخذوني فِي جولة فِي المنزل ورأيت البيئة الَّتِي كان يعيش فيها عادل طفولته، جلسنا لنتحدث..

سؤالي الأول لأمبت، «استأذن حضرتك إذا تستطيعي ان تشاركيني ما تتذكرينه عَن طفولة عادل؟»

بَدأت الخالة، «همم، السؤال ليس ما أشاركه معك وبماذا احتفظ، أكثر من متي ستنتهي القصة؟ وهو طفل، كان فرط الحركة وسريع وعفي وجلد وقوي ومتسرع وولد بتاع مشاكل.. من ناحية اخري، بشكل غريب، لا يوجد أحدا مثله فِي المهارات الأكاديمية.. كان مستواه جيد جدا فِي المدرسة ودائما من الأوائل! بالتحديد، وكان خط يده لا يشويه شائبه! من اللحظة الَّتِي تعلم فيها ان يحمل كتابا، كان قارئ شره.. قدرته عَلَى القراءة، بالأخص، ليس لها مثيل، بالنسبة له كَانَت طبيعته الثانية..»

استمرت، ببَعض من التردد، «كَانَت تربيته صعبه جدا! ببساطه، كان طفل مستحيل تعاشره! من وجهة نظري، كان أسهل ان أربى ١٠ أطفال عَن ان أربيه!» عبرت عَن ذَلِك بحزن عميق وهي تتأمل وتفكر..

من مسودات عادل، عرفت ان خالته قامت بإنقاذه وهو عنده ١٠ سنوات، ومن الواضح انها كَانَت مرحلة انتقالية فِي حياته.. ولهذا، سألت سؤالي الثاني، «ممكن تشاركيني بالظروف الَّتِي جعلتك تنقذينه من نازريت؟»

متأملة، قالت، «أساسا، أنا واخواتي يربطنا رابطة قوية.. نحن نحب بَعضنا البَعض.. كنا ٣ بنات وصبي.. تبقي اثنان فقط: والدة عادل وانا.. ووالدته أكبر مني بسنتين، وأحبها جدا.. عَندَمَا علمت انه ترك بمفرده من غير أي أحد يدعمه فِي نازريت، اشفقت عليه.. وقررت ان احضره ليعيش معي عَندَمَا كان عمره ١٠ سنوات..»

«بمجرد ما احضرته إلى المنزل، ساعدوني جيراني لأقوم بتسجيله فِي مدرسة خاصة ابتدائية اسمها قصر جوبيلي امبريال.. وكَانَت المدرسة مجاورة للقصر.. لَقَد كنت منبهرة وراضية بتعليمه.. والتزمت بالاستثمار فيه بسبب حبي لأمه ولأنني رأيت امكانياته.. أنت عارف، نحن لا ندعوه عادل.. نحن ندعوه اليماهيو.. لَقَد اعطيته هَذَا الاسم عَندَمَا احضرته من نازريت..»

بدافع الفضول، سألت امبت إذا كَانَت تعرف أي شيء عَن والد عادل..

«ابوه، ماجد، كان رجل اعمال غني يعمل فِي الاستيراد والتصدير.. عاش حياه نزيهة.. وعاش فِي الدائرة السابعة فِي اديس ابابا.. بدأ ان يَشعُر بالمرض وانتقل إلى نازريت الأول باحثا عَلَى جو ادفي..»

«بمجرد انتقاله من منطقة ميتهرا، أراد شراء ارض ليبني عَلَيهَا منزله، ولَكِنَّ تم منعه.. كان عليه ان يثبت ان لديه (عادل) من ام اثيوبية، وبعدها سمح له ان يستمر فِي بناء المنزل.. قبل الانتهاء بناءه، توفي فجأة..»

ببَعض من القلق والتردد، سألت إحدى الأسئلة الصعبة..

«فِي كتاباته، عادل قال إنك كنت تعذبيه كثيرا.. لماذا حدث ذلك؟»

«عادل (اليماهيو) كان يعد طفلي الأول لأنه أكبر من اولادي.. ابني الكبير كان أصغر منه بست سنوات.. وكنت أعاقبه لإنه كان ولد صعب جدا.. لم أكن أعرف كَيف اسيطر عليه.. لَقَد احضرته من نازريت ليعيش حياة وتعليم أفضل، ولَكِنَّه كان مثل القط البري – خارج عَن السيطرة.. عاقبته كلّ مره ضل/أخطأ فيها.. كطفل كان مدمرا بطريقة ما وليس هنَاك اي عقاب لم اطبقه عليه..

«هنَاك مره، هرب فيها من بيتي، هو هرب عدة مرات، ولَكِنّ هذِه المرة، بَعد عدة أسابيع، اكتشفت انه يعمل كملمع احذية حول فيلهوة.. وكنت وقتها

ثائرة.. لإنه ليس نوع من الأعمال الَّذِي يظنه اهلي وظيفة محترمة! وما فعلة كان مخزي لي لأن زوجي كان يدير عمل محترم وفكرة انه يعمل فِي الشارع يدل عَلَى انه لا يتم الاعتناء به فِي المنزل.. فقدت اعصابي، فقيدت رجله بسلاسل لأمنعه من الهروب وذهبت للكِنِّيسة.. عَندَمَا عدت للمنزل، وجدته يجري فِي المنزل – بلا قيود.. عَندَمَا سألته كَيف استطعت ان تحل السلاسل من رجلك، أجاب قائلا، «القديس جبريل حررني..»

«ولَكِنَّ ، كان بسبب انه كان متسلسل لفترة طويلة، وانه فقد الكَثِير من الوزن واستطاع ان يخرج نفسه من القيود.. أكثر شيء اتذكره، ان زوجي الله يرحمه قال لي انه لن يدخل المنزل طول ما عادل مربوط بسلاسل.. بما إني احبه، عمري ما استطعت ان افعلها مجددا، ولَكِنَّ ربطه كان بسبب يأسي، لأحافظ عليه فِي المنزل.. كان صعب جدا السيطرة عليه..»

متذكرا الكلام الطيب الَّذِي قالته عَن زوجها، سألت، «لماذا شعر زوجك بالأسف اتجاهه؟»

«زوجي الله يرحمه وأبو اولادي، كان رجلا مميزا وجيدا.. كان طيب القلب وشخصا عطوفا.. كان لديه شعور خاص اتجاه عادل.. انه نقطة ضعفه..»

استمرينا فِي الحديث، وبعدها سألت عَن اعتقالات/حبس عادل..

«ماذا تتذكرين عنه وعن وجوده فِي مايكيلاوي؟»

قالت، « كان ال EPRP الحزب الشعبي الثوري الإثيوبي الَّذِي دمر العالم وعادل.. كان ينام هنا.. ويقفز من النافذة بالليل ويذهب لينضم إلى حركة النشطاء..»

لَقَد رأيت المكان والنافذة..

«لَقَد سجن أكثر من مرة بسبب تلك الانشطة.. السلطات احتجزته وأطلقت

صراحة مرات عديدة..»

«هل ذهبت للسجن لزيارته؟»

«لا، كان يذهب زوجي واولادي حاملين له الوجبات والشاي فِي الترموس أينما كان محجوز وقتها.. عمري ما ذهبت لأيا من مراكز الحجز.. أحب ان اقولك عَلَى حاجة كمان.. اقولك عَلَى حاجه ممتعه.. بمجتمعنا، كان ال EPRP يوزع كتيبات شيوعية ومناهضة للحكومة خلال ساعات الفجر.. كان يلقي بَعضا منها عَلَى السور عندنا.. من شكل الخط عرفت انه هو.. عَندَمَا سألته إذا له دور فِي الحركة، تظاهر بعدم فهم السؤال.. هنَاك حاجة واحده اكيده، قصته ليس لها نهاية!»

كان واضح من كتاباته ومن كلامها، ان عادل تسبب فِي الكَثِير من الحُزن لعائلته.. أردت ان أعرف هل هنَاك أي شيء جيد ممكن ان يقال عنه وسألت، «هل تتذكرين أي شيء جيد عنه؟»

قالت، «بجانب انه مثير للمتاعب، كان صبي جيد.. كان يقوم بخبز العيش، ويدهن الدجاج لأجلي.. كان ولد جيد.. رأيت امكانياته للنجاح، ولَكِنَّ كان يحتاج للترويض..»

عَندَمَا سألت عادل كَيف استطاع ان يتذكر كلّ شيء بوضوح من ٤٠ سنة فاتوا، أخبرني انه احتفظ بمذكراته من وهو عنده ١١ سنه.. وأخبرني أيضاً انه ترك مذكراته فِي بيت خالته لخمس واربعون سنه.. أجبرت ان اسألها، «بعد كلّ هَذِه السنوات، لماذا وكَيف استطاعتي الحفاظ عَلَى المذكرات؟»

قال: «عندي عادة إني احتفظ بكل الأوراق والوثائق المكتوبة بخط اليد.. أيضاً، أعرف انه يقرأ كثيرا، ففكرت انه بالتأكيد يكتب أشياء مهمه.. لم أكن عَلَى علم ان فِي يوم من الأيام سيستعملها لكِتَابَة كتاب.. ههههه»

بَيْنَما كنت ما زلت بداخل المنزل، رن جرس التليفون وكَانَت والدة عادل، وينشت، اخت امبت الكبيرة.. بالصدفة، اتصلت بعدة دقائق قبل رحيلي.. ذكرت لها امبت عَن زيارتي والكتاب، واعطتني التليفون لأتكلم معها.. مع ان ما حدث لك يكن جزءا من خطتي الأصلية أنا وعادل، الا ان انتهي الموضوع بخطط لزيارتها..

بعد انتهاء زيارته لإمبت وفي طريقي لسيارتي، أريتني إحدى الأشجار الَّتِي زرعها عادل فِي فنائها قبل حوالي خمسة وأربعين عاماً... ذكرت، «كان هنَاك ٣، كان علينا قطع الأثنان الأخرين لأنهم مرضوا.. فِي الواقع، كان يتواصل معه الجيران ليزرع لهم شيئا، كانوا مؤمنين أيا كان ما سيزرعه سيكبر ويطرح..»

سليمان: قابلت والدته

عَندَمَا قابلت والدة عادل، وينشيت، بَعد السلام.. بسرعة من غير تفكير سألت عَن والد عادل..

«كان رجل ثري ومرتاح ويعمل بالاستيراد والتصدير..»

ردها اثار اهتمامي.. لإن والدته وخالته وصفوا الأب انه ثري، واكملت، «فهو ثري.. ماذا حدث لثرائه؟»

«نعم، أنت صح.. عَندَمَا وصل لنازريت وميتهارا، تم خيانته من قبل الرجل الَّذِي وثق فيه ليرعي منزله فِي اديس ابابا.. اسم الرجل محمد طاهر.. لا يوجد مستندات أو عقود.. كان اتفاقا شفهيا.. اخذ الرجل كلّ شيء وأنكر معرفته بماجد أو أي شيء بخصوص المنزل.. وكان من المحير جدا أن نشهد أطفال هؤلاء الأغنياء يكبرون ليصبحوا فقراء! شعور محزن «..

« اين كنتي عَندَمَا توفي ماجد؟»

«كنت فِي ميتيهارا.. جاء محمد طاهر وجمع عَلَى الفور جميع وثائق ماجد الهامة بما فِي ذَلِك جواز سفره وأمرني، «ان اتركه فِي حاله..»

«وبعدين؟»

«احمد بانصير ساعدنا فِي دفن ماجد.. أردت من اخي فِي نازريت ان يعتني بوصايتي وممتلكاتي.. ولَكِنَّ بَعد سنتين، فقد كلّ هَذَا وما زلنا لا نعلم ماذا حدث..

«بعد الموقف مع محمد طاهر، وعَندَمَا سألته مجددا وأنا مع احمد بانصير، أنكر تماما اي علاقة بممتلكات ماجد.. فرفعت دعوى قضائية.. ولَكِنَّه خدعني.. بما إني كنت صغيرة وساذجة، وتركت له كلّ شيء.. لاحقا وهو عَلَى فراش الموت، اتصل بنا، أنا وبانصير، وأخبرنا «سأعطيكم الممتلكات والمستندات..» وعَندَمَا عدنا لأخذهم، كان قد مات.. وعَندَمَا سألنا زوجته عَلَى المستندات، قالت، «اخرجوه من مقبرته واسألوه إذا هَذَا ما تريدونه..» بعدها بفتره قصيرة، توفت هِي أيضاً.. الحمد لله إني مازت هنا وعَلَى قيد الحياة.. وابني كبر وهو انسان محترم..»

« كَيف كَانَت العلاقة بين والد عادل وبيكيلي مولا؟»

«احمد بانصير هو الَّذِي يعرف بيكيلي مولا.. ذات يوم اخذني لبيكيلي مولا وأمره، «اعطي أموال ماجد لأولاده..» وكان رده، « امضيلي عَلَى ورقة توعدني فيها إنك لن تعود مجددا وسأعطيك ٦٠٠ دولار..» غضب احمد بانصير لإنه عَلَى يقين ان بيكيلي مولا اقترض أكثر مما قال انه سيدفع.. بما انه رجل ذو مبادئ، قال بانصير بكل بساطة، « إذا هَذَا ما تعرضه، انسي.. لا احتاجه،» وسار مبتعدا.. احمد بانصير انسان جيد ودعمني بكل الطرق الي النهاية..

وكان دائما طيب، وذكي ومحترم..»

التورط..

في هَذِه المرحلة، كنت قد أصبحت متورطا جدا فِي القصة.. وقلت لنفسي، أي نوع من الرجال هو احمد بانصير؟
من الواضح انه يلعب دور فعال فِي حياة عادل كشخصية الأب، بالأخص عَندَمَا كان عادل مراهقا.. كان عَلَى ان أجد الشَّخص الَّذِي يستطيع ان يسلط الضوء عَلَى هَذَا الرجل، ويوفر لي تفاصيل اكثر ويتكلم باستفاضة عما علمت عنه من والدة عادل.. واستطعت ان أتواصل مع ابنة بانصير، فوزية..
سليمان: وجدت ابنة الرجل الطيب
فوزية هِي ابنة بانصير الوحيدة.. بدأنا محادثتنا بالبروتوكولات الرسمية المتبعة، ولَكِنَّ لم تأخذ كثيرا من الوقت الا ان أصبحت اقل رسمية.. من الجيد اننا من نفس الجيل وإننا كنا أطفال من نفس المدينة، حيث كان لدينا تفاهم مشترك ومن هنا نستطيع ان نبدأ حديثنا..
كَانَت تتحدث الأمهرية والإنجليزية معا وهي تشاركني افكارها......
« وَالِدي وعادل من نفس البلد والقرية، وكانوا يحبون ويحترمون بَعضهم جدا.. والد عادل كان شخص ثري جدا.. وتعرفت عَلَى والدة عادل بعدما انجبته.. فِي أيامه اللاحقة، أصيب والد عادل بالمرض.. وبدأ يعزل نفسه عمن حوله، وأخيرا انتقل لميتيهارا.. كان وَالِدي بجانبه عَندَمَا كان غائبا/بعيدا..»
«هل اخبرتني المزيد عَن والدك؟» سألتها..
« وَالِدي رجل طيب وهادئ وشخص رائع وكان يساعد المحتاجين.. كان

يستخدم سكان القرى نظام هاتفنا والماء.. أثناء رمضان كان يشتري لي الملابس ويشتري لكل الأطفال الذين فِي المنطقة..»

قبل الانتهاء من قصتها، بَدَأت ان تذرف الدموع.. يا لها من مخلوق حساس، قلت لنفسي..

بطريقة ما تمكنت من تهدئتها، وواصلت اخباري عَن عادات والدها ذو الطبيعة الجيدة..

« وَالِدي هو من قام بتربية عادل وهو فِي سن صغير وساعد والدته..»

سألت، «ماذا تعرفين عَن عادل؟»

«عادل شخص عزيز وطيب.. دماغه وسلوكه وشخصيته فريدة من نوعها، وأنا أحبه.. عَندَمَا أفكر كم كان نحيلا وكم كَانَت أيام شبابه صعبة، أشعر بالأسف الشديد عليه.. هو لم يستحق كلّ هَذِه المعاناة الَّذِي تحملها كطفل.. ألا تجده مثيرا للاهتمام - ألا يجعلك هَذَا تتساءل لماذا وكَيف بدأ يكتب عَن والده الَّذِي بالكاد يعرفه؟ « لَقَد سألتني، وهَذَا كلام يأخذ مجلدات!

انا تفاجأت، السؤال لم يخطر عَلَى بالي.. كنت انظر لقصة عادل من وجهة نظر منطقية، احلل اللغة واتحقق من الأحداث.. لم يخطر ببالي أبداً لماذا يريد عادل ان يكتب عَن اب عمره ما عرفه.. وقد دفعني سؤالها إِلَى التفكير فِي شخصية عادل - شخصيته - وما الَّذِي كان يدفعه إِلَى البحث عَن تاريخ والده.. من تلك اللحظة، بَدَأت أرى عادل كشخصية فِي قصته الخاصة..

كنت أفكر أيضاً فِي الشَّخصيات الأخرى أكثر، وخاصة بانصير، وبعد أن طرحت فوزية هَذَا السؤال علي، قلت لنفسي، فوزية تحل محل والدها!

بَيْنَما كنا فِي منتصف حديثنا، عرضت عليّ أن نتغدى سويا.. عَلَى عكس طبيعتي، قاومت الإغراء.. ومع ذلك، عَندَمَا قالت، "Aferi sihoni" افيري

سيهوني،» ذبت.. ذكرتني بوَالِدَتِي الراحلة، لأن ذَلِك كان التعبير الَّذِي كَانَت تستخدمه أُمِّي دائما عَندَمَا تناشد شخص ما أن يشارك وجبة أو يقبل ضيافتها!

قبلت، وكَانَت وجبة رائعة، واسعدت يومي..

عادل: قوس تحت الأرض

Aferi تعني تربة ارضيه، و sihoni تعني اسفل، ومع بَعض يعنوا تحت تربة الأرض.. وكترجمة مباشرة من الأمهرية إِلَى الإنجليزية وبدون سياق ثقافي، تبدو هَذِه العبارة غامضة وغريبة وربَّما لا معنى لها.. مع ذلك، هَذِه العبارة لها معنى عميق.... تورية مقصودة!

شرحت خالتي لسليمان، ان العمل كملمع احذية مهينا، وكان هَذَا العمل قذرا وكان يعتبر شيئا مقبولا للأشخاص ذوي المركز الأدنى للقيام به..

وبالمثل، في إسرائيل فِي القرن الأول جعل من الضروري أن تغسل الأقدام قبل وجبة جماعية، لا سيما أن الناس الذين متكأين عَلَى طاولة منخفضة والأقدام كَانَت فمرئية وملحوظة.. عَندَمَا نهض يسوع من الطاولة وبدأ فِي غسل أقدام التلاميذ (جون ١٣:٤)، كان يقوم بعمل أقل الخدم.. يجب أن يكون التلاميذ قد ذهلوا من هَذَا العمل المتواضع والمتغاضي، وأن المسيح، ربهم وسيدهم، ينبغي أن يغسل أقدام تلاميذه، عَندَمَا كان عملهم الصحيح أن يغسله قدمه.... التواضع الَّذِي عبر عنه صاحب العمل مع منشفة وحوض تنبأ بعمله النهائي من التواضع والحب عَلَى الصليب..

إن غسل أقدام شخص ما أو تلميع أحذيته يدل عَلَى التواضع والعبودية.. المعادل الشفهي، فِي الأمهرية، هو aferi sihoni.. إن قول هَذَا لشخص ما، يعني أنك تخبرهم أنك تتواضع معهم، فِي إنك تدعوهم لتناول وجبة، سيكون

مشابها لقول، «أنا لا أستحق الأكل معك، ولَكِنَّ سيكون لي الشرف إذا كنت ستنضم إلي فِي وجبة».. لَكِنَّ ه يعني أكثر من هَذَا بكثير..

في المجتمع الياباني، الانحناء لشخص ما هو دليل عَلَى الاحترام.. كلما كان الانحناء أعمق، زاد الاحترام الَّذِي يظهره الشَّخص.. وبالمثل، فِي إثيوبيا، عَندَمَا يدعوك شخص ما لتناول وجبة، فإن الرد المتوقع هو، «شكرًا لَكِنَّ ني أكلت بالفعل»، حَتَّى لو لم تأكل مُنذ أيام! ومع ذلك، عَندَمَا يقول لك شخص ما aferi sihoni، لا يمكنك رفض دعوته لأنهم أنزلوا أنفسهم بعمق، لدرجة أنهم «تحت التربة» مجازيًا.. إذا كنت تستطيع أن تتخيل الاستلقاء عَلَى الأرض للتقليل من نفسك - وأهميتك - اعتبارا أن الذهاب تحت التربة يظهر عمق أكبر من التواضع.. أنت لا تخفض نفسك فحسب؛ أنت تظهر أنك لست فوق إنك تتسخ للشخص الآخر/من أجل الشَّخص الأخر، كما فعل يسوع مع تلاميذه.. إنها تقول للشخص الآخر، «أنا أنحني لكم تحت تربة الأرض؛ لذلك، يرجى قبول دعوتي «..

وتستخدم هَذِه العبارة أيضاً عند طلب العفو، إنها التعبير بالكلام للانحناء إِلَى أقدام الشَّخص الآخر وطلب المغفرة..

أخبرني سليمان انه كان عَلَى وشك البكاء بسبب تواضع فوزية مستخدمة هذ الكلمة.. فِي تلك اللحظة استوعب انها ابنة بانصير عَن حق.. اذكر رؤية بانصير فِي متجره، يعامل السائقين والخدم بنفس الطريقة الَّتِي يعامل بها رجال الأعمال والأشخاص المرموقين.. كان يتعامل مع الجميع بكل احترام وانهم سواسية، بغض النظر عَن مكَانَتهم فِي المجتمع.. يشهد سليمان ان بانصير ترك/زرع جزء كبير من نفسه فِي ابنته، بانصير حي من خلال ابنته.. ولَقَد ورث عنه التواضع والإحترام..

مازال ثمة لغز ..

خلال الست سنوات الذين عشتهم مع خالتي، لم تأت أبداً وَالِدَتِي لزيارتي- ولا مرة.. وقتها كان عند أُمِّي أولاد أخريين، وخالتي كان عندها ٧ أولاد.. أُمِّي لم تحضر أبداً أولادها لبيت خالتي ليزوروا أقاربهم أو انا، اخوهم من امهم..

عَندَمَا كان يزور سليمان خالتي، ذكرت له انها ووَالِدَتِي ما زالوا مقربين ويحبون بَعضهم بشدة.. كَانَت صدفة غريبة فِي اتصال وَالِدَتِي بَيْنَما كان سليمان فِي منزل خالتي، لأنها لم تكن تعلم بوجوده ولا انه هنَاك فِي هَذِه اللحظة ويتكلمون عَن الكتاب.. قالت خالتي، الي هَذَا اليوم، انها احضرتني لمنزلها لترعاني من كتر حبها لأختها.. واخبرتني بهَذَا بعدما رحلت لليمن، بَدَأت أُمِّي بإحضار أولادها لبيت خالتي ليروا أقاربهم، ولَكِنَّها ظلت بعيدة طول ما أنا هنَاك..

لماذا؟ يمكنني فقط التخمين..

هل كان من الخزي؟ رُبَّما هِي لم ترد الاعتراف بأنني كنت طفلها.. ولَكِنَّ كما ذكرت فِي الفصل الرابع، أطفال أُمِّي الآخرين أخبروني أنها لم تنسني أبدا، طفلها المولود الأول، وشعرت دائما بغيابي.. فِي تلك الحالة، يظن الواحد بأنها كَانَت متلهفة لرؤيتي أكبر..

الذنب؟ ربما، مثلي، كَانَت قد دفنت وقمعت مشاعرها عَندَمَا تخلت عني.. من المحتمل أنها شعرت بالذنب لإعطائي إياها لدرجة أنها لم تستطع النظر فِي عيني واعترافها بأنها فعلت ذلك.. إن النظر فِي أعين طفلها، الَّذِي أصبح بلا مأوى وهجرته نتيجة للظروف الَّتِي أجبرتها عَلَى هَذَا الاختيار، رُبَّما كان

ألم لا تستطيع مواجهته..
وممكن فِي هَذَا الوقت وفي الثقافة الإثيوبية – عالم الرجال – منعها زوجها من التواصل بي.. لا أعرف..
هنَاك احتمالات كثيرة لتجنبى.. وهي الوحيدة الَّتِي تعرف بالسبب..
لَكِنَّ فِي ضوء عمق ألمها عَندَمَا تحدثنا عَن كَيف تخلت عني، لم أستطع أن أضيف إِلَى ألمها بسؤالها هَذَا السؤال المتبقي....

الحب الصعب

حب خالتي وزوجها لم يتزعزع من اللحظة التي اخذوني عندهم بالمنزل.. نعم، الطريقة الَّتِي اتبعتها خالتي لضبطي كَانَت قاسية، ولَكِنَّ كان بَعد العيش فِي الشوارع لعدة سنوات كان من المستحيل السيطرة علي، وأنا اكافح لإعانة نفسي.. ووجدتني فِي نازريت، كنت أعيش كالحيوان البري – متجولا بحرية، كان كلّ تركيزي منصبا على النجاة – واكيد كَانَت مغتاظه من سلوكي عَلَى مدار السنوات الَّتِي عشتها معها.. بالتحديد، استمريت فِي الهروب، وخيارها الوحيد لإبقائي معها فِي المنزل هو تقيدي أحيانا..
أَتذَكُّر بوضوح كَيف صرخت عَندَمَا عدت للمنزل من سجني الأول، بَعد ان نزلت من أتوبيس رقم ٦، بَيْنما كان الجيران يعانقوني ويحتفلون بعودتي، بَدَأت خالتي بالصراخ وكأنها رأت شبحا أو شيطانا.. رُبَّما لأن المرأة المسكينة ظنت أنها تخلّصت مني أخيراً وفزعت بمجرد إدراكها أنها ستضطر للبدء بالاعتناء بي مجدداً! لَقَد عاد الطفل المتوحش! ولَكِنَّ بكل جدية، عرفت مدى شدة التعذيب والعقوبات فِي السجن.. وعَلَى النقيض من الأطفال الآخرين الذين سجنوا، لم أخرج من المُعْتَقَل معاقاً، وآخرون أصيبوا بأضرار دائمة

فِي الرؤية، وسحبت أظافرهم، أو أصيبوا بإصابات دائمة أخرى.. عدت غير متأثر نسبياً.. كَانَت مصدومة ومرتاحة وممتنة إنني نجوت..
لَقَد بذلت أقصى ما فِي استطاعتها لترويضي، وسأكون ممتن دائما لدعمها، بالأخص حرصها فِي انهائي لتعليمي.. ومع ان كان غير مسموح بالزائرين فِي مايكيلاوي، الا انني شعرت بوجودها من الأكل الَّذِي أرسلته.. كان زوجها وابنائها يحضرون الشاي والحليب الي المُعْتَقَل من أجلى، وبعد ان فتشه الحراس، أعطيت لي هدايا خالتي من الطعام.. وأنّها خاطرت بحياتها لأجلي لدرجة أن يكون هنَاك مسدس مسحوب عَلَيهَا وتهديدها من قبل الضابط الَّذِي قال أنّه سيفجر رأسها إن لم تسلمني فِي المرة الثانية الَّتِي أُعتقلت فيها، فهَذَا دليل عَلَى حبها واهتمامها بابن أختها المتمرد..
خالتي لم تكن والدتي، ومع ذَلِك صرخت وعانت من أجلي أكثر من أي أم يجب أن تكون لطفلها.. هِي لم تكن ملزمه ان تأخذني فِي بيتها.. وبمجرد ما فعلت، لم يكن عَلَيهَا إبقائي.. كان يمكن أن تدعني أهرب وتنسى كلّ شيء بخصوصي، لَكِنَّ ها لم تفعل.. عَندَمَا هربت، بحثت عني، وعَندَمَا عدت، ربطتني حَتَّى أبقى بأمان فِي منزلها.. كرست خالتي نفسها لإصلاحي عَلَى الرغم من أن لديها أطفالها لتربيهم.. عَلَى الرغم من كلّ المتاعب الَّتِي سببتها، لم تتخل عني أبداً..
كان الحب، الدعم المالي، والتوجيه من خالتي، وزوجها، وبانصير الَّذِي أبقاني آمنا ومزدهرا عَندَمَا انتقلت خلال سنوات مراهقتي وبَدَأت معرفة من أكون.. أبقوني عَلَى قيد الحياة ووجهوني نحو الطريق الَّذِي أخذني إِلَى المرحلة التالية من حياتي..

الفصل 21

الهجرة..الرحيل

ثم قام موسى بتمديد يده عَلَى البحر، وقاد الرب البحر مرة أخرى بواسطة رياح شرقية قوية طوال الليل وجعل البحر أرض جافة، وقسمت المياه.. وذهب شعب إسرائيل إِلَى وسط البحر عَلَى الأرض الجافة، وكَانَت المياه جدارا له عَلَى يده اليمنى وعَلَى يساره..

- الهجرة ١٤:٢١ – ٢٢

كي اغادر هذه البلاد كنت في حاجة الى استخراج اوراقي الثبوتية كشهادة الميلاد وجواز السفر.. وقتها كانوا لا يستخرجون جوازات سفر لأطفال تحت عمر ١٦ سنة، وأنا كان عندي ١٥.. كَانَت أول مشكلة.. العقبة التالية هِي ان سفارة جنوب اليمن صدرت وثيقة سفر، تستخدم باتجاه واحد لعدن، جنوب اليمن.. وإذا سلكت هَذَا الطريق، سوف أواجه عقبات أكثر، وهو ان اترك جنوب اليمن الشيوعي واحاول الذهاب لشمال اليمن.. الخطة كَانَت ان اسافر مباشرة لشمال اليمن أو المملكة السعودية العربية، ولَكِنَّ ولا واحده من هاتان البلدان قبلت أوراق السفر الَّتِي أستطيع ان احضرها.. كان جواز السفر مطلوبا ولم أكن مؤهلا بَعد لاستخراجه..

انا كنت تحت الانطباع ان يمكنني الحصول عَلَى جواز السفر البريطاني.. وَالِدي كان يحمل جواز السفر البريطاني وبالتالي أنا مسجل فِي السفارة البريطانية.. ولَكِنَّ العائلة الَّتِي استولت عَلَى منزل وَالِدي احتفظت بكل السجلات ورفضوا إعطاء أي أوراق.. أخبرني بانصير ان فرصي أفضل فِي الحصول عَلَى جواز سفر يمني عَن الجواز البريطاني، بالإضافة، ان كلّ أوراق وَالِدي يا امّا دمرت او تم اخفاؤها، وبالتالي ليس عندي أي اثبات بصلة وَالِدي بالمملكة المتحدة البريطانية، وهنا فرصي للحصول عَلَى جواز سفر بريطاني انتهت..

كان علي الانتظار حتى حلول شهر سبتمبر من العام ١٩٧٧، لأتواصل مع سفارة شمال اليمن، لأن عيد ميلادي فِي ٦ يناير١٩٧٨، وسوف اتم ١٦ سنة، ووقتها أستطيع استخراج جواز السفر..

لبدء العملية، دعاني باجريش لمكتبه ليعطيني مالا ويَسأَلني إذا املك أي اثبات شخصية اثيوبي.. اخبرته إني املك واحد، فقال، «نحن نحتاجه..»

ان لا يعرف قراءة اللغة الأمهرية، فقرأت له اثبات الهوية..
غضب مني وسأل، «اين وكَيف جئت بِهَذَا الاسم؟»
ابلغته، «كنت محتاج للتسجيل فِي المدرسة، فاستخدمت إحدى شهادات ولد من أولاد الجيران ليتم تسجيلي فِي المدرسة..»
اتصل ببانصير وأخبره، «احنا فِي مشكلة هَذَا الأحمق معه هوية اثيوبية، باسم اثيوبي!»
صرخ في، وطردني من المكتب، وهو يخبرني ان اذهب واظبط الأمور مع بانصير قبل المضي قدما.. كان باجريش شخصا قويا.. كان صاخبا ومتطلب.. هو نوعا ما ذكرني بكَيف تخيلت والدي.. بغض النظر عَن طبعه المتعجرف والاختلافات الَّتِي بينه وبين ابي، كان دائما طيب معي..
مكان مغسلة بانصير كَانَت عَلَى مسافة ٢ كم من مكتب بجريش.. ذهبت سيرا لزانيث لأطلب نصيحة بانصير عَن كَيف استمر.. وضع يديه خلف ظهره وطلب مني ان اتبعه..
سرنا سويا لقليل من الوقت، وأخبرني، «يجب علينا تقديم طلب للمحكمة ونطلب تغيير اسمك لعادل مجددا..»
وأمر القاضي بوضع إعلان فِي الورقة المحلية وتوزيعه عَلَى جميع مراكز الشرطة فِي حالة وجود سجل جنائي أو وجود معارضة لطلبي.. ثم سيصدر حكمه.. دفع بانصير المبلغ المطلوب لتغيير الإسم – حوالي ٥٠ بير اثيوبي أو ما يعادل ٢٥ دولار – وقام بالتنسيق والدفع للإعلانات فِي الصحف المحلية.. ذهب بانصير وباجريش لدار القضاء، يقسمون عَلَى القُرْآن انني ابن ماجد وأسمى عادل..
خلال هَذِه الأيام فِي اثيوبيا، كان هنَاك نوعان من الجرائم: الأول هى الجريمة

كما نعرفها فِي العالم الغربي وتشمل الجرائم ذات الياقات البيضاء والزرقاء عَلَى حد سَواء، مثل القتل، والسرقة والتهرب من الضرائب....الخ.. نوع الجريمة الثاني، ان تكون مطلوب فِي اثيوبيا بسبب نشاطات سياسية..
في حالتي، القاضي يريد التأكد من إني غير مطلوب فِي أي من الأنشطة السياسية.. بما انني تم سجني وإطلاق سراحي، تم اعتبار سجلي نظيفا.. (عَندَمَا أطلق سراحي من السجن، قمت بإمضاء ورقة موافقا فيها ان لن أكون جزء من أي أنشطة اخري لمناهضة الحكومة أو المصلحة العامة، واعطيت الشهادة للتأكيد بذلك..)
انا والرجلين الذين معي انتظرنا لأسبوعين، وذهبنا للمحكمة مجددا.. غيرت المحكمة اسمي رسميا لعادل، وأنا وبانصير ذهبنا لاستخراج نسخة من شهادة الميلاد من مكتب البلدية.. كان عَلَى أيضاً تغيير اسمي من عَلَى شهادات المدرسة للصف السادس والثامن لأستطيع استخدامها فِي اليمن لإنهاء دراستي..

بعد شهر من اكمال كلّ هَذِه الخطوات، ذهبنا لسفارة جنوب اليمن لاستلام جواز السفر.. طلبوا ٣ رجال حضرميين، يعرفون وَالِدي ليشهدوا ويمضوا عَلَى الأوراق اللازمة.. ملأ باوبيد كلّ الاستمارات اللازمة، بانصير وباجريش قاموا بالإمضاء عَلَى الأوراق..
قنصل جنوب اليمن نظر لوجهي وقال، «هو شكله مش يمني، أنت مُتَأَكِّد انه يمنى؟»
صرخ باجريش فيه، «قصدك ايه؟ والده لونه مثلي.. هو حضرمي.. عرفت والده، وهو ابن ابوه.. اسمه عادل ماجد.. كما تعرف، معظم الحضرميين بشرتهم غامقة.. عار عليك لسؤالك هَذَا النوع من الأسئلة!»

اختتم حديثه مطالبا، «بعد اذنك وافق عَلَى الأوراق واعطيه جواز السفر لكي نرسله الي اليمن..»
ساد الصمت الغرفة.. وبعدها اعتذر القنصل..
٦ يناير ١٩٧٨، عيد ميلادي السادس عشر، استلمت جواز سفري.. ساهم هؤلاء الأفراد الثلاثة بالمال فِي شراء تذكرة رحلتي وشراء ملابس جديدة، وأعطوني مصروف جيب الَّذِي يمكنني استخدامه عَندَمَا أصل إِلَى اليمن.. وبعد ذلك، قدم لي كلّ منهم النصيحة: كن قويًا، ابق نظيفًا، أكمل تعليمك، لا تكن عارا عَلَى عائلتك، حظا سعيدا، وكن الله معك!

***

ذكرياتي وأفكاري المحددة لتلك الأيام مختلطة.. كنت مرتبكا جدا.. اواجه تركي مكان منشأي باحثا عَن جذوري فِي بلد اخري مختلفة.. شعرت بخيانة إثيوبيا، المنزل الوحيد الَّذِي عرفته فِي ذَلِك الوقت.. شعرت بالهزيمة لاختياري مغادرة إثيوبيا، حيث كنت ما زلت متأثرا بالأيديولوجيات الثورية والشباب.. ومع ذلك، كنت أيضاً متفائلا ومتحمسا لبدء فصل جديد فِي حياتي - لترك ماضيي المضطرب فِي إثيوبيا والشروع فِي عصر جديد.. رُبَّما كان مقدرا لي أن أكون يمنيا واليمن كان من المفترض أن يكون بيتي.. بَعد كلّ شيء، أنا يمني.. جزء كبير من عائلتي يقيم فِي الشرق الأوسط..
يجب أن أكون هنَاك، وأنا أنتمي إِلَى هنَاك..

***

الجمعة، ١٣ يناير، ١٩٧٨، عَندَمَا غادرت اثيوبيا وأنا عمري ١٦ سنة، لأصبح أحد الأقوياء الذين كانوا يهربون من البلاد من اجل ظروف أفضل.. أمل يلوح فِي الأفق! وفقا للخطوط الجوية الأثيوبية، كَانَت درجة حرارة اليوم ١٥

درجة مئوية..
وقت الإقلاع كان حوالي ١١:٣٠ صباحا.. زوج خالتي هو من اوصلني للمطار، مطار بول الدولي.. أكبر داعم لى، احمد بانصير كان هنَاك، أيضاً.. لاحظ بانصير كم أنا متوترا، وقال لي ان اهدي..
«الموضوع كله ١٠٠٠ كم وبضع ساعات طيران،» طمني..
اعطتني معلوماته الدقيقة عَن المسافة المدة طمأنتني، ولَكِنّي كنت ما زلت متوترا..
ذهب بانصير ليقدمني إِلَى عائلة كَانَت تغادر إِلَى اليمن فِي نفس الرحلة وطلب منهم بأدب أن يساعدوني إِلَى ما وراء منطقة الزوار داخل المطار.. وسلمني مجموعة من الرسائل وطلب مني تسليمها إِلَى رجل آخر من الحضرمي، صديق وَالِدي بوازيه، الَّذِي سيقابلني فِي مطار صنعاء، اليمن.. لَقَد وضعت الرسائل فِي حقيبة الطائرة..
لَقَد قال آخر الكلمات الَّتِي تحدث بها معي: «أود أن أراك مرة أخرى حاملاً شهادة الماجستير من لندن أو أميركا.. أنت ذكي وكفؤ، والأهم من ذَلِك أنت حضرمي.. يمكنك أن تفعل ذَلِك «!
لم يكن لدي أدنى فكرة كَيف كان يفترض أن تبدو درجة الماجستير أو أين تأتي فِي ترتيب التعليم.. أنا ببساطة حركت رأسي «حسنا سيدي».. أعطيته عناق ومررت من خلال الفحص الأمني..

لم يعش بانصير طويلا بما فيه الكفاية ليراني أصل إِلَى الولايات المتحدة وكندا، وبالتالي لم يكن قادرا عَلَى تهنئتي لإنجازي عَندَمَا حصلت عَلَى درجة الماجستير.. فِي كالجاري، كندا، فِي عام ٢٠٠٦، وقعت عَلَى الجزء

الخلفي من محضر/نسخة طبق الأصل من ماجستير إدارة الأعمال الخاص بي قائلا، «مخصصة لأحمد بانصير!»
وعَندَمَا جلست فِي مقعدي فِي ذَلِك اليوم من عام ١٩٧٨، أقلعت الطائرة، وكَانَت مشاهدة المدينة تختفي من نافذة الطائرة آخر ذكريات أديس أبابا..

صورة من جواز السفر- يناير١٩٧٨ - هكذا كانت ملامحي عَندَمَا انتقلت من اثيوبيا إلى اليمن.

معاينة المجلد الثاني
تاريخ الإصدار: أغسطس 2022

في هَذَا الكتاب الجزء الثاني من ٣ أجزاء من السيرة الذاتية، يتحدث عَن الملايين من اليمنين «المولدين» المكافحِين والساعيين لنيل حقوقهم فِي المساواة والجنسية.. الأمية وصراعات القبائل المستمرة، تدفع لتجميد الأوضاع البائسة، وتجعل البلاد والمناطق المُحيطة بها مصدر للشبهات والمخاطر.. مما يترك آثاره السلبية عَلَى جميع سكان اليمن والمدن المجاورة..

(هل يثير اهتمامك أن تكشف ما يحدث خلف الأسوار/هل ينتابك الفضول لمعرفة ماذا يدور تحت الطاولات) من خلال نضال وكفاح شاب فِي السادسة عشرة من عمره، هاجر لأرض اجداده؟ أرجوك أكمل القراءة ولا تقف هنا..

ماذا حدث لأعظم وأعرق الحضارات عَلَى الأرض، مهد الحضارات العربية،

وموطن الملكة بلقيس فِي سبأ، رفيقة الملك سليمان؟ اليمن، ذات الروابط مع السامية والمحتضنة لثقافات القرن الأفريقي، عبر البحر الأحمر من ناحية الشمال، لَقَد توقف الزمن عندها، ولا تزال تمارس تقاليد القرون الوسطى..

لَقَد قضى الشاب عشرات السنين فِي اليمن حَيث عانى من التعصب والعنصرية وتأثيرات الحرب الأهلية.. وتحمل قساوة المعاملة بسبب بشرته الداكنة.. هو من مواليد شرق افريقيا.. لم يتمكن الشاب من الاندماج فِي مجتمع رجعي تغلب عليه الطباع الهمجية ويعيش وفقا للعادات والثقافة البدائية.. ولَكِنَّه وقف كالأسد وتمكن من مغادره بلاد أجداده، ليس لآنه كَان قويا، بَل لأنه لم يملك خيارات اخري..

معاينة المجلد الثالث
تاريخ الإصدار: يناير 2023

هنا ترى الاختلاف والتفاوت الصادم بشأن الطريقة الَّتِي ينظر بها الغرب للمهاجرين الجدد فِي مقابل نظرة المهاجرين لأنفسهم.. كلّ إنسان يحتاج من الآخرين أن يفهموه ويقدروه ويحترموه ويتم وصفة بشكل وصورة سليمة.. وإذا جرى لك هَذَا كمهاجر، هِي فرحة ما بعدها فرحة.. ومع ذَلِك فان المهاجرين الجدد فِي كندا والولايات المتحدة غالبا ما يساء فهمهم ولا يتم احترامهم أو يتم تصنيفهم تحت مسميات وتوصيفات غير مريحة ولا مقبولة..

هنا يطرح السؤال نفسه، ما الَّذِي تحتاجه للحصول عَلَى تعليم جامعي مستخدما لغة ثانية أو ثالثة؟ ما هِي القواسم المشتركة بين كلّ هؤلاء

الوافدين عَلَى شواطئ الغرب الراغبين فِي متابعة «الحلم الأمريكي»؟ ما هِي الآلية المتبعة بين الشعوب وتأثير التعديلات الثقافية عَلَى الزواج وسعادة وصلاح الاسرة (طبعا تتضمن الصحة العقلية والنفسية)، والثقة بالذات، وأيضاً التقدم الأكاديمي والمهني؟ كَيف تجاوز الكِنَّ ديون والامريكيون الجدد التمييز والتعصب من قبل الذين ولدوا عَلَى الأراضي الغربية ومن المهاجرين الآخرين أنفسهم؟

فِي هَذَا الكتاب الجزء الثالث من ٣ أجزاء من السيرة الذاتية، هِي لمحة عَن حياة الكَثِيرين من المهاجرين.. وتظهر العقبات الَّتِي يواجها المستوطنون والدعم الَّذِي يحصلون عليه من المهاجرين الذين يرحبون بهم إِلَى أوطانهم الَّتِي اختاروها لأنفسهم، والَّتِي سنكتشفها من خلال قصة شاب تنقل باستمرار بين الولايات المتحدة وكندا لتحديد هويته وهدفه.

لينادي عليك أحدهم «يا ابن الست» تعد شتيمة فِي الثقافة الاثيوبية.. لتصبح رجلا، يجب ان تقوم تربيتك على يد رجل، لَكِنَّ خسارة وَالِدي فِي سن صغير، جعل من حولي وتربيتي علي يد سيدات، وأنا فخور بالرجل الَّذِي أصبحت عليه بسبب هؤلاء السيدات.. يعد ما أصبحت عليه اليوم شهادة اعتز بها لمدى تأثير هؤلاء السيدات الأقوياء والجدير بالإعجاب والذين كانوا أمهات واخوات وزوجات وبنات وصديقات لستة عقود..

لوالدتي

أنا أوفر الناس حظاً ..سبع أمهات يدعين انني ابنهم! ..أنا نتاج مجهودهن، وشجاعتهن وتوجيههن وحكمتهن والمحظي بحبهن وعطفهن.. أَتَذَكُّر بكل تقدير وجبات الطعام الَّتِي كانين يقمن بتحضيرها لي والثقة الَّتِي وضعوها في لأصبح رجلاً أفضل.. كَيف حدث هذا؟ كصبي وشاب، تنقلت بين اثيوبيا وشمال اليمن والولايات المتحدة.. عدد من العائلات الكريمة قاموا بتوفير بَعض من اساسيات الحياة.. فهم يأتون من خلفيات وثقافات واديان واعراق مختلفة، ولَكِنَّ القيمة الَّتِي جلبوها لحياتي تتجاوز كلّ شيء.. اليوم اضرب عَلَى صدري قائلا، «النصر يدعيه الجميع، والفشل لشخص واحد بمفرده..» أبدأ بشكري الأبدي لهؤلاء النساء:

وينشيت فيرتيويهال انت، امي، بذلتي كلّ ما فِي استطاعتك ومقدورك وفي حدود امكانياتك.. لَقَد أعطيتني الحياة.. ووضعي عَلَى الطريق إِلَى وجود كلّ هؤلاء الأمهات البديلات اللاتي أثرن فِي حياتي بِهَذِه الطرق الإيجابية.. أنا ممتن لكل هذا.. أحبك بسبب كلّ ما فعلتيه لأجلي، أحبك لأنك منحتني الحياة وأعطتني أَفضل حياة تعرفيها.. أحبك لأن ما أضر بي احتواني أيضاً عَلَى أصغر النعم.. أنا أحبك بكل ذرة فِي كياني، وأنا أعلم أنك بذلتي أقصي ما فِي استطاعتك..

رقية اطوفا، زوجة ابي الأولي، سيدة جميلة، أخبرتني، «انت ابني الأول الَّذِي لم الده..» عشت معك ما بين عمر سنتين وخمس سنوات.. اشكرك لحبك ورعايتك خلال هَذِه السنوات..

امبت فيرتيويهال، خالتي، وأصغر اخت لأمي.. شكرا لتدخلك فِي حياتي وانقاذي من شوارع نازريت، وتوفير المأوي والتعليم وارسالي الي شمال

اليمن.. لتحملك كلّ متاعبي فِي فترة المراهقة.. أهم شيء تشجيعي وتحفيزي عَلَى انهاء ما بَدَأته.. لَقَد اصطحبتني لَكِنَّائس قبطية (ارثوذكسية) وطلبتي ان اقرأ لكي كتب العهد القديم والجديد.. زوجك ماميتشا، طلب مني قراءة الجريدة للجيران – دور منحنى هدف وثقة فِي الحياة.. لَقَد احتفظت بمُذَكَّرَاتِي كلها لإنك تعلمين انى كنت ولد متفوق ولإنك قلتي ان خطى كَان جميلا.. هَذِه المذكرات هِي عبارة عَن مدونات لأحداث حياتي.. انتي وماميتشا رأيتم فِي الإِنسَانَ السوي، وبسببك بحاول ان أكون عند حسن ظنك..

مريم وزينب عفيف، زوجات وَالِدي فِي حضرموت بجنوب اليمن..، شكرا لمشاركتم معي قصص عَن وَالِدي وتعليمي عَن اليمن وجذوري وهويتي.. درر من الحكمة.. الكرم والسحر والوقار/النعمة.. معظم مبادئ حياتي عرفته منكم.. علمتوني الصبر، والأدب، والمصابرة، والإقناع..

فاطومة م.. علي (باناجا)لكونها رمز الأم فِي شمال اليمن، لفتح منزلك لي، ولتحضير الطعام لي.. استمدت منك الثقة فِي النفس.. أنا مدين لكي بتكوين شخصيتي.. لَقَد نصحتني ان أكون صادق وأسعى للمعرفة عَن الثروة.. قلت لي ذات مرة، «اتمني لو كَان لدي ولد مثلك، بغض النظر فإني أشعر أيضاً إنك ابني..»

نورما رايس، أُمّي الَّتِي تبنتني من بويز، ايداهو.. خلال الأيام الَّتِي لم يكن بها أي بني ادم اسود اللون يعيش فِي بويز، لَقَد استضفتني لأعيش فِي وسط عائلتك عَندَمَا كنت ادرس بجامعة ولاية بويز.. لَقَد حضرتي بانتظام مباريات كرة القدم وكنتي دائما تقولين وباستمرار، «هَذَا ابني..» بمجرد ان أحرز هدفا.. لكونك أول امرأة اشهرت علنا انني «ابنها..» مازلت أذرف دموعا كلما تذكرت هَذِه اللحظة.. أنا خليط من عدة اديان.. فاحتراما لك كنت

اذهب لَكِنَّيسة Jesus Christ of Latter-day Saints (LDS)من حِين لأخر..

لاخواتي

هند وشيخة وفوزية ومني بن هرهرة، لم تتخلوا عني ابدا، هَذَا الصبي الدحيح والنحيف ذو بشرة غامقة اللون وغريب اجتماعيا واخ من ام اخرى مسيحيه.. أنتم دائما فخوريين بي وتكنون لي كلّ الاحترام مع إني مقصر فِي مهامي الأخوية طبقا للعادات والتقاليد الحضرمية..

مثال رمز الأبوة

أحمد بانصير، لكونك رمز الأب المثالي.. كَان لدي اب، ولَكِنَّ لم تسنح لي فرصة التعرف عليه.. لَقَد كنت حلقة الوصل بيني وبينه، والأب الَّذِي لا أعرفه أصبح هو وَالِدي – الرجل الَّذِي احترمته وأعطى لحياتي معنى، لإنه عرفني عَلَى حياته وشخصه.. نظرتي لكل معنى عرفته عَن الأبوة ليس من ناحية المساعدة المادية، ولَكِنَّ إنك وصلتني بعائلتي.. عرفت كَيف تسد الحاجز النفسي القائم مع عائلتي الحضرمية.. اعطيتني الشرعية أن أكون انسانا كاملا.. قلت لي، «كان والدك له حضور وشخصية.. كَان والدك قوى.. وكان صاحب مبادئ..» قالت ابنتك فوزية، «لم يفعل وَالِدي أي شيء مميز لعادل،» ومن وجهة نظرها لم يفعل ما هو خارج عَن المألوف.. وبفضلك جزء كبير من شخصيتي اتكون.. لَقَد علمتني كَيف اتصرف.. قلت لي «كن رجلا وفكر كرجل..״لا اعتقد أنك كنت علي علم بما ترتب عَلَى تأثيرك فِي حياتي.. لو لم تكن هنَاك لتعلمني، لَكِنَّ ت أصبحت شخصا مختلفا تماما.. لَقَد كنت شخصا كريما وصالحا.. أنت بنيت شخصيتي..

لبناتي

لينا وسمر، أنرتما حياتي وزدتهما بهجة وإيجابية.. منذ كَان عمري خمسة

سنوات وأنا اشقى وأكافح.. عَندَمَا استرجع شريط حياتي، أجد صعوبة فِي تذكر أمر جيد عن ماضيي.. لم أكن متفائلاً أبداً بشأن «الغد» بسبب تجاربي عَندَمَا كنت صغيرا.. أنتم السبب فِي تحملي واستمراري فِي الحياة.. لديكم فرص لم تكن لدي - لديكم فرصة لتجربة الأشياء الإيجابية الَّتِي لم تحدث لي، والأشياء الَّتِي لم تحدث فِي حياتي، وأتطلع إِلَى رؤيتكم مستمرين فِي الازدهار.. أنتم تمنحوني اسباب الحياة والأمل والتفاؤل..

ليس عليكما ان تبذلا أي مجهود، مجرد وجودكما فِي حياتي كفيل بان يمنحني الدافع للاستمرار..

للمساهمين

- با ناجه- با زرعة- با قحوم- الحبشي- الحمادي - باحميد - باعبيض - باشراحيل – باوزير- علي سعيد – جانين شوم-الشاطبي

شكرا!

للحصول عَلَى معلومات كاملة ومتكاملة عَن أعضاء الفريق الذين قاموا بالعمل فِي كتابي..

قوموا بزيارة موقعي الالكترونيadelbenharhara..com/team..

مؤلف مساعد/شارك فِي التأليف

عَندَمَا تواصل عادل بي لأول مرة بهدف العمل معه، عرفت عَلَى الفور ان هَذَا هو المشروع الذي أردت المشاركة فيه..

«اقتصرت حاجتي على مؤلف مساعد ليساعدني فِي كِتَابَة مُذكَّرَاتِي.. يساهم في تنفيذ مخططي جمع المذكرات القديمة، والسجلات التاريخية وكل ما له صله.. فهي قصتي وقصة والدي معاً، فِي ثلاث قارات بالإضافة الى بَعض الوقائع والاحداث المتعلقة بالديانات، واللغات، والثقافات وكل ما بينهما..»

كَانَت الرسالة الأولية بيننا..

بدأنا أنا وعادل العمل سويا بعدها بعدة أسابيع بَعد ما أرسل لي أول مسودة، بمجرد ما بَدَأت قراءته، كنت سعيدة انه عمل عَلَى أول المسودة الأولية بنفسه.. كلّ ما استطاع العمل عليه فِي أسابيع كَان اخذ مني أشهر كثيرة، وأنا اجرؤ عَلَى قول انني لم أكن لأتمكن من لتوصيل صوته واحساسه كما فعل بنفسه.. كَان مكسب للجميع: كَان لدى موارد خام غنية جدا للعمل عليها، ولهَذَا ستكون فواتيري اقل بكثير مما كَانَت ستكون عليه إذا بَدَأت من الصفر!

انا لست الكاتب المساعد لهَذَا الكتاب.. عادل قام بأغلبه، وأنا البَعض منها.. أنا اضفت فقرة هنا وجملة هنَاك.. معظم دوري كَان بمثابة مدرب ومحرر هيكلي وأسلوبي.. وتركيزي كَان عبارة عَن إعادة ترتيب المحتوي، وإعادة صياغة أجزاء كبيرة منه، وحثه للبحث بعمق فِي ذكرياته لملء الفراغات فِي القصة..

مثل عادل، أنا لست من المعجبين بفكرة إعطاء مسميات للبشر، ولَكِنَّ للتسهيل اخترنا اسم «كاتب مساعد» لإلحاقه بدوري وما تضمنه من كاتبة ومحررة وموجهه للصوت وكلي من معلمة وطالبة.. وكلانا قدم قدرا كبيرا من حس الفكاهة والمرح للأخرين..

ما بدأ بكل احترام، وسلاسة وعلاقة مهنية بحته، انتهي بشعور اخوى وعلاقة أخ وأخته، ونحن نغيظ ونمازح بَعض علي الهاتف أو عَن طريق زووم أو بترك ملاحظات مضحكه وخفيفة الدم فِي مسودة الكتاب من حِين للأخر..

سريعا انتبه ان أي محتوي يرسله لي فِي رسائل نصية أو خلال محادثاتنا يعد

محتوى متاح وارد للكتاب (متوقفا عَلَى موافقته بالطبع)! بغض النظر عَن اغاظتي له فِي بَعض الأوقات الا ان قائله «انت عارف إني ممكن ان اكتبه فِي الكتاب،» فهو لم يتردد أبداً فِي كونه كتاب مفتوح وصادق ولا يخجل من اظهار ضعفه معي..

فإن مساعدة شخص لكِتَابَة قصة حياته يتطلب ثقة كبيره من الطرفين، وما نمي بيننا شيء عميق من كثرة المحادثات عما يجب ان يَتضَمَّنه الكتاب ولِماذا..

عَندَمَا كشف عادل لي عَن قصة حياته وتضمنت تفاصيل خصوصية للغاية عَن حياته أو ببساطه ليس لها صلة بالكتب.. فأنا أشعر بالشرف والتواضع لثقته بي ومشاركته تفاصيل حياته معي..

من خلال محادثاتي مع عادل، لاحظت ذكائه وفطنته واصراره، وانه واسع الحيلة وأيضاً مضحك جدا.. عادل قوي، وله قوة صوت.. بَعد قراءة المسودة الأولى، علمت انه شق طريقه..عَندَمَا قابلته شخصيا كَان من الظاهر عليه بشاشة وجهه..ابتسامته لا تفارق وجهه.. فهو بشوش ومبتسم دائما، إذا ليس مبتسما بفمه فبالتأكيد عينيه مبتسمين.. أنا لفيت كتير، بما يكفي لأعرف ان كثيرا منا الذين يظهرون نظره ثابته وصاخبه وإيجابية غالبا ما نخفى ندوبا عميقه وراء ابتسامتنا وهَذَا ما ينطبق بالضبط عَلَى تصنيف عادل..

عَندَمَا كنت مدرسة اللغة الإنجليزية كلغة ثانية وعملت مع ناس من حول العالم (افغانستان وإيران والعراق وليبيا والسودان والصين والمكسيك .... الخ) والذين جاءوا لَكِنَّدا ساعين لحياة أَفضل وغالبا أامن مما تركوها، كنت اتأثر واتواضع يوميا لقصصهم.. فأنا معاناتي حقيقية، ولَكِنَّها كما قيل

عنا لسنوات ان الكِنَّديين لديهم، « مشاكل العالم الأول..» حد قطع عليا الطريق وان اقود سيارتي عَلَى الطريق السريع، أو صوت الأغاني عالي جدا عند الجيران أو ترك احدا ما كلبه يتبرز عَلَى زرعي ولا يلتقطها.. درجة الحرارة الحالية ٣٠. لأسبوع الأن ويا حرام أنا الَّتِي غلبانة فِي بيتي الَّذِي تبلغ مساحته ١٦٠٠ متر مربع وبه تدفئه مركزية..

لا أحد حياته سهله.. ولَكِنَّنا ننظر لأنفسنا بالعدسة الَّتِي اخترنا ان نضعها امام اعيننا. حَتَّى فِي أصعب الظروف، قد يكون هنَاك من يرمي المنشفة الَّتِي يضرب بها المثل ويثبط عزيمته أو يضطهد، أو حَتَّى يهلكه.. ولَكِنَّ هنَاك آخرون، بغض النظر عما قد يكون عَلَى طبقهم مجازيا وحرفيا، يتخذون قرارا بابتلاع ما تم التخلص منه، وإلصاق الابتسامة عَلَى وجوههم، والمضي قدما بعقل متفتح، وروح ترحيبية، وحماسة مثيرة للإعجاب ومعدية.. وهم يبحثون بنشاط عَن خيارات أَفضل لوضعها عَلَى أطباقهم..

عادل هو الأخير بكل صراحة ووضوح.. ابتسامته وروح الدعابة وحماسته للحياة معدية، وينسكب منه التفكير الذكي بكل كلمة يعبر عنها.. فِي سن الخامسة، كَان بإمكانه الاستسلام ولو فعل ذلك، لكَانَت حياته قد اتخذت منعطفًا مختلفًا تماما عما كَانَت عليه.. ومع ذلك، فإن رغبته وقتها والآن فِي التعلم والقراءة وممارسة عقله وجسده ساهمت فِي أن يصبح رجلاً صغيرا عاش ولا يزال يعيش حياة كبيرة الحجم، ليس فقط اغتنام الفرص الَّتِي تأتي فِي طريقه، ولَكِنَّ خلق الفرص وجعل حياته تحدث.. إنه لا يعيش حياته فحسب، لَقَد بنى واحدة، وبذلك، أثر وألهم الكَثِيرين عَلَى طول الطريق، بمن فيهم أنا.. أعلم أن قصته ستلهمك أيضاً..

لورنا ستوبر

الملاحق

أدرجت الملحقات التالية لتوفير معلومات تاريخية وثقافية ودينية إضافية عن إثيوبيا.

الملحق الأول مملكة اكسوم: يقدم هذا الملحق معلومات عن كيف وصلت المسيحية إلى إثيوبيا. بسبب التعليم الديني الذي تلقيته عندما كنت طفلاً وأهمية الدين (لا سيما تابوت العهد) في إثيوبيا، أردت أن أقدم سياقا تاريخيا ودينيا أكثر مما يمكنني ادراجه في الجزء الرئيسي من الكتاب.

الملحق الثاني الحرب العالمية الثانية والحملات الحبشية: معلومات عن التاريخ السياسي لإثيوبيا، البلد الأفريقي الوحيد الذي لم يستعمره الأوروبيون. لقد قدمت هذه الخلفية لإظهار كيف شارك والدي في الجيش وكيف جاء للإقامة في إثيوبيا.

الملحق الثالث ميدان مسكل: معظم المدن الكبرى لديها ساحة مركزية أو مكان تجمع يستخدم للمظاهرات السياسية، ولكن أيضًا للاحتفالات. ميدان مسكل في أديس أبابا مهم بسبب استخدامه عبر التاريخ في كل من الثورات والمهرجانات الدِّينِيَّة. لقد قدمت معلومات حول ميدان مسكل لأنه كَان مكانًا رئيسيًا للتجمع خلال الثورة الإثيوبية في السبعينيات.

الملحق الرابع ملاحظاتي عن اثيوبيا في السنوات الأخيرة: كنت في السادسة عشرة من عمري عندما انتقلت من إثيوبيا إلى شمال اليمن. لم أعش في إثيوبيا منذ ذلك الحين، لكنني أزور عائلتي بانتظام هناك. من المثير للاهتمام

أن نرى كيف تتغير الثقافة والمناظر الطبيعية. لقد سجلت ملاحظاتي للتغييرات في البلاد على مدى العقود العديدة الماضية.

الملحق الأول
مملكة اكسوم

بحلول ٤٠٠ قبل الميلاد، بدأت الثقافة الإثيوبية المتميزة في التطور مع المدن، وبدأت شعوب هذه المنطقة في التنافس على السلطة والسيطرة على طرق التجارة. ظهرت مملكة أكسوم القديمة في شمال إثيوبيا وإريتريا وظلت في السلطة من حوالي ٨٠ قبل الميلاد إلى ٨٢٥ بعد الميلاد، ووصلت قوتها إلى الذروة في القرنين الثالث والرابع بعد الميلاد. نظرًا لموقعها على طول البحر الأحمر، سرعان ما سيطرت أكسوم على التجارة على طول الطريق التجاري بين الإمبراطورية الرومانية والهند القديمة، مما جعل شرق إفريقيا مركز للتجارة بين إفريقيا وآسيا.

حافظ الحكام الأكسوميون على سيطرتهم على التجارة من خلال أن يصبحوا واحدًا من أوائل الدول في إفريقيا الَّتِي سك عملتها الخاصة، والتي استخدموها في التجارة مع روما وبلاد فارس وشمال إفريقيا وآسيا، وهي المناطق القوية الأخرى في ذلك الوقت. يعتقد علماء الآثار أن العملات الفضية استخدمت داخليًا بسبب النقوش الموجودة في الجيزية على العملات الفضية الَّتِي تم اكتشافها في المنطقة، لكن أكسوميت سكت عملة أخرى كانت تستخدم خارج المملكة أيضًا. الذهب، كونه أكثر قيمة من الفضة، تم استخدامه من قبل النخبة، الَّتِي لم تتاجر على المستوى الأصغر كما فعل التجار من المستوى الأدنى. أنتج الأكسوميون الفخار الخاص بهم،

ولكنهم استوردوا أيضًا الفخار والأشياء الغريبة الأخرى من أراضي أخرى. أعطى وصولهم إلى البخور والذهب والمر الأكسوميين اليد العليا، حَيث كًان شركاؤهم التجاريون يرغبون في هذه العناصر.

كما أنشأ الأكسوميون وجودًا سياسيًا وعسكريًا قويًا في شبه الجزيرة العربية وحافظوا عليه، وفي النهاية وسعوا حكمهم على المنطقة مع غزو المملكة الحميرية. بين عامي ١٨٣-٢١٣ م، عبروا البحر الأحمر وغزوا جنوب الجزيرة العربية (ما يعرف الآن باليمن)، وغزوا الأراضي الساحلية للسبئيين وسكنوها. حكموا تلك المنطقة لمدة نصف قرن في القرن السادس.

أقام الأكسوميون مسلات ضخمة، والتي خدمت غرضًا دينيًا في عصور ما قبل المسيحية. المسلات، الَّتِي أقيمت في القرنين الثالث والرابع، حددت القبور وأيضًا مثلت وكرمت حكام ذلك الوقت. كانت الحجارة محفورة من الجبال القريبة، وتحركها الأفيال، وتستخدم لصنع الآثار. يُعتقد أن لوحة الملك إيزانا كانت الأخيرة الَّتِي أقيمت.

أرسل الملك كالب جيشًا إلى اليمن الشمالي حوالي عام ٥٢٥ ميلادي للقتال ضد الملك الحميري اليهودي ذو نواس بسبب اضطهاد المسيحيين هناك. «تم خلع دو نواس وقتله، وعين كالب حميريًا مسيحيًا، (« إسيميفايوس سوموافا أشاوا ، نائبًا له»).

ومع ذلك، أطاح الجنرال الأكسومي أبرهة، بمساعدة من الإثيوبيين الذين استقروا في اليمن الشمالي، أطاح بالنائب في عام ٥٣٠ م. قاوم كالب مرتين وقاتل ضد أبرهة لكنه هزم في المرتين. بعد الهزيمة الثانية، رضخ كالب

من لا شيء
عادل بن هرهرة

واعترف بأبرها كملك جديد له.

شهدت السنوات الخمسون التالية صراعات إضافية متعددة في المنطقة (الحروب الأكسومية الفارسية)، وبلغت ذروتها بحصار صنعاء عاصمة اليمن الأكسومي. «في عام ٥٧٥، استؤنفت الحروب مرة أخرى... ربما كانت هذه الحروب أغنية «بجعة أكسوم» كقوة عظيمة، مع ضعف شامل لسلطة أكسوميت والتبذير في الإنفاق في المال والقوى العاملة.

الكنيسة الأرثوذكسية الإثيوبية

كان الدين والتجارة أهم جانبين في الحياة في المملكة الأكسومية. كانت مدينة أكسوم، إحدى أقدم المدن في إفريقيا، مسقط رأس المسيحية في إثيوبيا. كان الملك إيزانا من أكسوم حاكمًا قويًا، حَيث سيطر على جانبي البحر الأحمر. وصل الكهنة البيزنطيون إلى أكسوم لنشر المسيحية في منتصف القرن الرابع. في عام 350 م، اعتنق الملك إيزانا المسيحية، وأصبحت المسيحية الدين الرسمي لأكسوم. لذلك يُنسب إلى الملك إيزانا جلب المسيحية إلى إثيوبيا. بدأت المسيحية تنتشر في المنطقة لأنها تبعتها النخبة.. استمر الرهبان البيزنطيون في السفر إلى الداخل، ونشر الإنجيل من خلال التدريس وكتابة الكتب وترجمة التعاليم المسيحية من لغات أخرى.

ظلت مملكة الأكسوميت قوة مسيطرة في المنطقة حتى بدأ ظهور الإسلام في مناطق أخرى وفصل أكسوم عن البلدان الأخرى. بدأ الأكسوميون يفقدون نفوذهم في القرن السابع، أدى التحول في القوة الدِّينِيَّة والاقتصادية

والبيئية في المنطقة إلى تدهور إمبراطورية أكسوم.

تابوت العهد

تابوت العهد هو الصندوق الخشبي المغطى بالذهب المذكور في سفر الخروج الذي تم فيه تخزين الألواح الحجرية للوصايا العشر:

١٠فيصنعون تابوتا من خشب السنط طوله ذراعان ونصف وعرضه ذراع، ونصف، وارتفاعه ذراع ونصف.

١١ وتغشّيه بذهب نقي. من داخل ومن خارج تغشّيه. وتصنع عليه اكليلا من ذهب حواليه.

١٢ وتسبك له أربع حلقات من ذهب وتجعلها على قوائمه الاربع. على جانبه الواحد حلقتان وعلى جانبه الثاني حلقتان.

١٣ وتصنع عصوين من خشب السنط وتغشّيهما بذهب.

١٤ وتدخل العصوين في الحلقات على جانبي التابوت ليحمل التابوت بهما.

١٥ تبقى العصوان في حلقات التابوت. لا تنزعان منها.

١٦ وتضع في التابوت الشهادة الَّتِي اعطيك.

١٧ وتصنع غطاء من ذهب نقي طوله ذراعان، ونصف، وعرضه ذراع ونصف.

١٨ وتصنع كروبين من ذهب. صنعة خراطة تصنعهما على طرفي الغطاء.

١٩ فاصنع كروبا واحدا على الطرف من هنا. وكروبا آخر على الطرف من هناك. من الغطاء تصنعون الكروبين على طرفيه.

٢٠ ويكون الكروبان باسطين اجنحتهما الى فوق مظلّلين بأجنحتهما على

الغطاء ووجههما كل واحد الى الآخر. نحو الغطاء يكون وجها الكروبين.
٢١ وتجعل الغطاء على التابوت من فوق. وفي التابوت تضع الشهادة الَّتِي اعطيك.

الخروج ٢٥: (١٠-٢١)

وفقًا لسفر العهد الجديد للعبرانيين، فقد احتوى أيضًا على اذان الدب وقدر من نبات المن.» فيه مبخرة من ذهب وتابوت العهد مغشّى من كل جهة بالذهب الذي فيه قسط من ذهب فيه المنّ وعصا هرون الَّتِي افرخت ولوحا العهد.» (العبرانيين ٩:٤).

تدعى الكنيسة الأرثوذكسية الإثيوبية أن تابوت العهد الأصلي محفوظ حاليًا في خزانة كنيسة السيدة مريم صهيون، المبنى المجاور لكنيسة السيدة مريم صهيون في أكسوم. وزارة الخزانة لديها حارس وهو راهب لا يغادر العقار أبدًا.

تحتوي كل كنيسة إثيوبية أرثوذكسية على نسخة خشبية طبق الأصل من الفلك. تعتبر هذه النسخ المقلدة من الفلك أكثر العناصر مقدسة في الكنائس.

كيبرا ناغاست (مجد الملوك) هو كتاب من القرن الرابع عشر كتب في الجيزية يحكي قصة كيف التقت ملكة سبأ والملك سليمان وكيف تم إحضار تابوت العهد الحقيقي إلى إثيوبيا من قبل ابنهما مينيليك الأول. تدعي هذه الوثيقة أيضًا أن تزوير الفلك ترك في المعبد فى القدس/اورشليم. يقبل الإثيوبيون كيبرا ناغاست كحقيقة تاريخية.

سافرت ملكة سبأ من منطقة أكسوم لزيارة الملك سليمان بالذهب والتوابل والأحجار الكريمة. كانت ذكية ومتقدمة التفكير، وأرادت أن تتعلم حكمة سليمان. «وسمعت ملكة سبا بخبر سليمان لمجد الرب فاتت لتمتحنه بمسائل. ١ملوك ١٠-١

أصبح منليك الأول أول حاكم للمملكة الأكسومية.

يُعتقد أن قصر دنغور في مدينة أكسوم هو قصر ملكة سبأ.

الملحق الثاني
الحرب العالمية الثانية والحملات الحبشية

خلال المائة وخمسين عامًا الماضية، حاولت إيطاليا مرتين غزو إثيوبيا والسيطرة عليها - في ١ مارس ١٨٩٦ و٣ أكتوبر ١٩٣٥ - وفشلت مرتين. كان الإيطاليون، في الواقع، أول قوة أوروبية تهزمها إفريقيا، وحتى يومنا هذا، إثيوبيا هي الدولة الوحيدة في إفريقيا الَّتِي لم يتم استعمارها. غزا الممثلون الاستعماريون الأوروبيون الدول الأفريقية بمفاهيم خاطئة للحقائق المحلية. اعتقد الإثيوبيون أنهم كانوا مساوين، إن لم يكن أفضل، للأوروبيين عندما يتعلق الأمر بالعزة الذاتية والكرامة والإقليمية. كانت إيطاليا ملتزمة بمنح الأرض للمستوطنين الإيطاليين في إثيوبيا، مما أدى إلى العداء وانعدام الثقة في الحكام الأجانب داخل الشعب الإثيوبي. ما لم يعرفه الإيطاليون هو أنه، على عكس العديد من البلدان الأفريقية الأخرى، كان لإثيوبيا حضارة عمرها ٢٠٠٠ عام مع لغة مكتوبة وثقافة ودين محددين. كما تمتلك إثيوبيا شبكة بشرية متطورة بين القبائل يمكنها من خلالها التواصل وبالتالي تعزيز الدفاع عن حدود بلدها. عدم الاعتراف/ادراك بهذه العوامل كان سوء تقدير كبير من قبل الإيطاليين. الهزيمة الأولية للجيش الإيطالي هي واحدة من أعظم المعارك في تاريخ إفريقيا - معركة عدوة، الَّتِي أنهت الحرب الإيطالية الإثيوبية الأولى. نتيجة لمعركة عدوة، أصبحت إثيوبيا رمزًا عالميًا للحرية للشعب الأسود.

ازدادت احتمالية نشوب حرب بين البلدين بشكل كبير مرة أخرى بعد سيطرة موسوليني على إيطاليا في عام ١٩٢٢. لقد سعى إلى إثيوبيا من أجل مواردها، ولكن أيضًا لإنقاذ فخر الدولة الأوروبية الوحيدة الَّتِي هزمتها دولة أفريقية. كَان الاستيلاء على إثيوبيا سيكمل أيضا الهيمنة الإيطالية على القرن الأفريقي. في ذلك الوقت، كَان لإيطاليا قوات استعمارية في إريتريا والصومال المجاورتين.

بعد ما يقرب من أربعين عامًا من الهزيمة الأولى، في الثلاثينيات، سعى موسوليني للسيطرة على إثيوبيا كفرصة لتوفير الأرض للإيطاليين العاطلين عن العمل. خلال فترة الكساد الكبير، أراد موسوليني تشتيت انتباه شعبه بنجاحاته الخارجية وفتح فرص جديدة لإيطاليا، كَان يهدف إلى الحصول على المزيد من الموارد المعدنية لمحاربة آثار الكساد الكبير. عام ١٩٣١، غزت إيطاليا الحبشة دون أي إعلانات حرب، ولكن في عام ١٩٣٥، غزا الإيطاليون الحبشة مرة أخرى لأنهم لم يكونوا راضين عن مكافآتهم بعد الحرب العالمية الأولى.

على الرغم من الاختلافات الداخلية التاريخية، أعاد الإثيوبيون تجميع صفوفهم للدفاع عن أنفسهم. وكما حدث في الماضي، قام الملك وقتها بتوجيه جبهة المعركة شخصيًا، هذه المرة كَان دور هيلا سيلاسي هو شن حملة شخصية ضد القوات الإيطالية في شمال الحبشة، ولكن القوات الإيطالية الأفضل تجهيزا اقترنت باستعدادهم لنشر الأسلحة الكيميائية، أحبط الإمبراطور الحبشي، وأجبره على النفي خلال الحرب العالمية الثانية.

وناشد عصبة الأمم وكان معروفا بأنه من أوائل القادة الأفارقة الذين أصبحوا ذو شأن على الساحة العالمية.

بتقدم الحرب العالمية الثانية في القارة الأوروبية، ومع ميل ميزان الحرب، كَان من الضروري أن تطالب الإمبراطورية البريطانية بأراضي كانت تحت السيطرة الألمانية والإيطالية في شمال وشرق إفريقيا.

دارت حملة شرق أفريقيا (المعروفة أيضًا باسم الحملة الحبشية) في شرق إفريقيا خلال الحرب العالمية الثانية من قبل حلفاء الحرب العالمية الثانية، ومعظمهم من الإمبراطورية البريطانية، ضد إيطاليا ومستعمرتها في شرق إفريقيا الإيطالية، بين يونيو ١٩٤٠ ونوفمبر ١٩٤١. شاركت في الحملة القيادة البريطانية للشرق الأوسط بقوات من المملكة المتحدة وجنوب إفريقيا والهند البريطانية ومحمية أوغندا وكينيا وصوماليلاند وغرب إفريقيا وشمال وجنوب روديسيا والسودان ونياسالاند. وانضمت إلى هؤلاء قوات الحلفاء العامة للكونغو البلجيكية، والإمبراطورية الإثيوبية أربينوتش (قوات المقاومة) ووحدة صغيرة من الفرنسيين الأحرار.

في سبتمبر ١٩٣٩، أعلنت بريطانيا العظمى الحرب على إيطاليا. بعد عام ونصف، في ٦ أبريل ١٩٤١، طردت القوات البريطانية والإثيوبية الإيطاليين من أديس أبا وأعادت تأسيس الإمبراطور هيلا سيلاسي كرئيس للحكومة الإثيوبية. كانت إثيوبيا أول دولة تحررت من قوى دول المحور في الحرب العالمية الثانية.

دور والدي في الجيش البريطاني

قاتل مليوني عربي وهندي في صف بريطانيا اثناء الحرب العالمية الثانية. كان والدي أحد هؤلاء الجنود.

اختار البريطانيون العرب المرغوبين بناءً على مكانتهم وهيأتهم (كان والدي يبلغ طوله ستة أقدام أو ١٨٢ سم)، ومهاراتهم اللغوية (كان والدي يتحدث العربية والإيطالية والإنجليزية)، ومهارات أخرى. كان بإمكان والدي إطلاق النار والقيادة والترجمة، لذلك كان مفيدًا للبريطانيين. من سن العشرين، كان متعاقدًا مع الجيش البريطاني لمدة ثلاث سنوات. بعد العمل على أساس العقد، في سن الثالثة والعشرين، انضم إليهم بدوام كامل في عام ١٩٣٥، في وقت تصاعد التوترات بين الإثيوبيين والإيطاليين، وخدم لمدة عشر سنوات إضافية.

كان والدي جزءًا من القوات البريطانية عدن، وهو الاسم الذي أطلق على القوات المسلحة البريطانية المتمركزة في محمية عدن (في اليمن الجنوبي) في منتصف القرن العشرين. «كان هدفهم الحفاظ على أمن المحمية من التهديدات الداخلية والعدوان الخارجي».

في ربيع عام ١٩٤١، كان لتقسيمه دور فعال في إحباط تلك المحاولة الثانية من قبل إيطاليا للسيطرة على إثيوبيا. تم العثور على سرد مفصل للمعركة النهائية في الفصل ١٨ من حملات شرق إفريقيا والحبشة، بقلم نيل أوربن. تضمنت المعركة الّتي استمرت شهرين قتالًا بالأيدي وتفجير جسور وضربات جوية ومعارك مدفعية على مدار الساعة، وبلغت ذروتها باستسلام الإيطاليين لأديس أبابا.

برفقة شرطة الدراجات النارية، خرج الجنرال مامبريني،
المفتش العام لشرطة شرق إفريقيا الإيطالية،
حاملاً العلم الأبيض لمقابلة الحارس المتقدم
لبنادق الملك الأفريقية وسلم المدينة،
التي كان يخشى فيها على حياة القوات الإيطالية والمدنيين على حد سواء...
فازت بنادق الملك الأفريقية بسباق أديس أبابا.

استمرت المعركة شهرين بالتأكيد تجربة مكثفة لوالدي. ومن يدري ماذا رأى وفعل أيضا خلال السنوات العشر الَّتِي قضاها في خدمة البريطانيين؟

عند تقاعده من الجيش البريطاني، استقر والدي في إثيوبيا، ووجه انتباهه إلى أن يصبح رجل أعمال. لو لم يكن والدي في الجيش البريطاني وقاتل في الحرب العالمية الثانية، لما كان يعيش في إثيوبيا في الستينيات. ولم أكن لألد. عندما بدأت في تجميع تفاصيل حياة والدي، تعلمت كيف تم استخدام الكحول والسجائر كعملة في الجيش وكيف كان إدمان الكحول واضطراب ما بعد الصدمة (PTSD) من العوامل المساهمة ليس فقط في وفاته المفاجئة، ولكن أيضًا أسلوب الحياة الذي طوره في العشرين عامًا الماضية. بسبب التأثير البريطاني، جلب معه عادات جديدة مثل طريقة ارتدائه، وتناول الطعام بأدوات المائدة، وميله للانغماس في الكحول والسجائر. هذه العادات وهواياته مثل الصيد والتخييم وخط يده وقدراته في الرسم تميزت وأبعدته في النهاية عن زملائه العرب. بالنسبة لأقرانه العرب (المسلمين)، كان شربه مخزيًا - خطيئة مروعة. لقد رأى العرب النتيجة اثناء وجود والدي

في الجيش - عاداته الخارجية وخاصة شربه - لكنهم لم يفهموا العوامل الَّتِي ساهمت في تبنيه لهذه الصفات.

الجنود واضطراب ما بعد الصدمة

علمت أنه في فرقة والدي، تم إعطاء الجنود شراب الروم لتشجيعهم على القتال. لا أستطيع أن ان اجزم بذلك، لكن من المحتمل أن يكون هذا هو المكان الذي نشأت فيه مشاكل والدي مع الكحول. كان بالتأكيد واحدًا من آلاف، إن لم يكن مئات الآلاف، من الرجال الذين خرجوا من الحرب العالمية الثانية مع إدمان الكحول والتبغ. أضف إلى ذلك حقيقة أنه في الجيش البريطاني، لم يتم التعامل مع الجنود العرب والهنود بنفس القدر من التقدير مثل أولئك الذين ينحدرون من المملكة المتحدة. والعنصرية والتمييز هما عنصران ثابتان. لقد سمعت العديد من التقارير الَّتِي تفيد بأن أجور وأماكن إقامة الجنود الهنود على وجه الخصوص كانت أقل من الجنود البريطانيين.

إدمان الكحول ليس مشكلة تتخلف عنها في ساحة المعركة. فهي تصحبك جنبا إلى جنب مع اضطراب ما بعد الصدمة. وفقًا لمايو كلينك، فإن «السلوك المدمر للذات، مثل الإفراط في الشرب أو القيادة بسرعة كبيرة» هو أحد الطرق العديدة الَّتِي يسعى بها المصابون باضطراب ما بعد الصدمة للهروب من كوابيسهم، وذكريات الماضي، والاكتئاب، والقلق. لسوء الحظ، يؤدي استخدام الكحول إلى نتائج عكسية لأن «الكحول يمكن أن يؤدي إلى تفاقم المشاعر بالاكتئاب والأعراض الخطيرة الأخرى الَّتِي يمكن أن تؤدي إلى

الانتحار أو تعرض حياة الفرد للخطر».

لم نبدأ، في كندا والولايات المتحدة، إلا في العشرين إلى الثلاثين عامًا الماضية، في الاعتراف بتأثير اضطراب ما بعد الصدمة على أولئك الذين خدموا في القتال. «في عام ١٩٩٤، لم ير أحد اضطراب ما بعد الصدمة (PTSD) على حقيقته. [روميو] دالير علم عن قريب وبما يكفي أن العمل الجاد لن يجعله يختفي. « في كتابه، انتظار الضوء الأول: معركتي المستمرة مع اضطراب ما بعد الصدمة، دالير، Waiting for First Light: My Ongoing Battle with PTSD الفريق السابق الذي قاد بعثة حفظ السلام الكندية في رواندا في التسعينيات، انفتحت عن معاركه طويلة الأمد مع اضطراب ما بعد الصدمة، مؤكدة أنه بعد أكثر من عشرين عامًا من تجربته المباشرة الَّتِي شهدت الإبادة الجماعية في رواندا، لا يزال يعاني من الاكتئاب وذكريات الماضي والكوابيس والاستجابات العاطفية الشديدة لإثارة الأحداث والمزيد.

***

أدرك الكنديون على نطاق واسع أن دالير لم يستطع ترك المذبحة وراءه في يونيو ٢٠٠٠، عندما ورد على نطاق واسع أنه تم العثور عليه تقريبا في حال من الغيبوبة معه مزيج من السكوتش ومضادات الاكتئاب تحت مقعد حديقة بالقرب من منزله في هال [كيبيك]. (طلب مرتين من طاقم سيارة الإسعاف قتله).

***

هذا هو السبب في قولي أن والدي أسيء فهمه. إذا كنا، في المجتمع الغربي،

قد قطعنا خطوات واسعة فقط في العقدين أو الثلاثة عقود الماضية للبدء في الاعتراف بتأثير اضطراب ما بعد الصدمة على الجنود، فمن المؤكد أن والدي لم يكن ليتم الاعتراف به في جنوب اليمن أو في إفريقيا على أنه يكافح ملحقات مع اضطراب ما بعد الصدمة: الانفجارات العاطفية، وتعاطي الكحول والسجائر، وما إلى ذلك. لم يكن لدى العرب من ذلك الجيل فهم او استيعاب لاضطراب ما بعد الصدمة. تم وصفه بأنه «تفاحة سيئة»، وتم الحكم عليه لكونه مزاجيًا أو عنيد لإساءة استخدامه للكحول. رأى عرب آخرون سلوكه على أنه عيب في الشخصية وليس مشكلة تتعلق بالصحة العقلية.

بالتأكيد، كَان من الصعب التعايش معه، كما شهدت بعض زوجات أبي. كما يشير داليير، يعاني أفراد الأسرة أيضا من عواقب اضطراب ما بعد الصدمة عندما يعود الجنود إلى ديارهم بعد مهمة قتالية، لكن معاناتهم غالبا ما تطغى عليها النضالات الّتِي يواجها الجنود العائدون. عدم تبرير تصرفات والدي، بل ضربه لخادماته وسائقيه وحراسه، وفقدان أعصابه مع زوجاته، ومما لا شك فيه أن إدمانه على الكحول يرجع إلى نسبة كبيره للاضطراب ما بعد الصدمة. من المؤكد أن تكليف عشر سنوات من الخدمة الفعلية في الجيش خلال الحرب العالمية الثانية والحادث المروع المفاجئ الذي أطلق فيه النار على صديقه وقتله في حادث صيد تركه يتعامل مع قضايا مماثلة متعلقة باضطراب ما بعد الصدمة من جيله - كندي وألماني وبريطاني وأمريكي وهولندي وفرنسي وما إلى ذلك - كَان سيترك معه. في

الأربعينيات والخمسينيات والستينيات من القرن الماضي، لم يتحدث أحد عن اضطراب ما بعد الصدمة، حتى في الدول الغربية. لم يكن لديه فهم لاضطراب ما بعد الصدمة، وبالتأكيد لا يقدم أي مساعدة لأولئك الذين عانوا منه، تركته ثقافته لمحاولة المناورة وإدارة عذابه الداخلي، وهو ما يفسر بالتأكيد بعض سلوكه المدمر للذات في سنواته الأخيرة.

في الثقافة العربية، ينظر إلى معاقرة الخمر على أنه من المحرمات. كان والدي مذنبا بتحدي أعرافه الثقافية. ومع ذلك، كم منا في أي مجتمع يشارك في الأنشطة الَّتي نخفيها عن أقراننا أو حتى أفراد عائلتنا؟ في أي ثقافة، هناك درجة معينة من النفاق والتناقض بين ما يدعي الناس أنهم يؤمنون به مقابل الطريقة الَّتي يتصرفون بها بالفعل. وقد تكون الأسباب الكامنة وراء أفعالنا مخفية أو غير معترف بها بعمق إذا لم يفهم الآخرون ولا يريدون بشكل خاص فهم سلوك الفرد.

إذا كان دالير، بمساعدة الأدوية والدعم النفسي والعلاجات الأخرى المتاحة اليوم، لا يزال يعاني من إدارة اضطراب ما بعد الصدمة، فإن والدي، الذي ترك دون علاج وحتى دون تشخيص، كان يخوض بالتأكيد معركة داخلية صعبة وربما، في بعض الأحيان، تبدو ميؤوسا منها. ولعل مجتمعاتنا أمامها طريق طويل لنقطعه من أجل تقديم دعم أفضل لمن نسميهم أبطال الحرب ولكي نفهم بعضنا بعضا بصفة عامة.

ميداليات الحملة

تم مكافأة والدي على الميداليات التالية لخدمته العسكرية.

ميدالية حرب ١٩٣٩ – ١٩٤٥

كما هو الحال مع معظم أفراد القوات المسلحة الذين خدموا خلال صراع الحرب العالمية الثانية، كان يحق له الحصول على ١٩٣٩ - ١٩٤٥ ميدالية الحرب. تم منح هذه الميدالية لجميع موظفي الخدمة بدوام كامل الذين أكملوا ثمانية وعشرين يومًا من الخدمة بين ٣ سبتمبر ١٩٣٩ و٢ سبتمبر ١٩٤٥.

نجمة ١٩٣٩ – ١٩٤٥

حصل والدي على نجمة ١٩٣٩ – ٤٥ للخدمة التشغيلية في الحرب العالمية الثانية بين ٣ سبتمبر ١٩٣٩ و٢ سبتمبر ١٩٤٥.

الملحق الثالث
ميدان مسكل

ميدان مسكل هو مكان تجمع مهم في أديس أبابا وقد تم استخدامه لعدة قرون في التجمعات والتظاهرات السياسية والاجتماعية والثقافية بما في ذلك الحفلات الموسيقية والمسيرات والتجمعات السياسية. مسكل تعني الصليب، ومهرجان مسكل، الذي كان احتفالًا سنويًا لأكثر من ١٦٠٠ عام،»يحيي ذكرى اللحظة الَّتِي تم فيها الكشف عن [موقع] الصليب للإمبراطورة هيلانة من القسطنطينية، والدة قسطنطين العظيم». يقام المهرجان ابتداءً من مساء يوم ٢٦ سبتمبر من كل عام، وهو Mesk-erem (مسكرم١٧) في التقويم الإثيوبي. خلال المهرجان، يتجمع الآلاف بالمشاعل الَّتِي يستخدمونها لإضاءة ديميرا (هرم)، «الذي يقع في الوسط ويحيط به كهنة يرتدون عباءات زاهية الألوان، وطلاب، وفرق نحاسية، والجيش يحملون صلبان عملاقة ومشاعل». تقليديا، كان الهرم يضيء من قبل إمبراطور إثيوبيا وكذلك كبار المسؤولين في الكنيسة الأرثوذكسية والحكومة، وأعضاء العائلة الإمبراطورية، وغيرهم من النبلاء. ترددت شائعات عن الدخان المنبعث من النار لإظهار هيلينا (الملكة إليني) موقع دفن الصليب الحقيقي ليسوع. يحترق الهرم طوال الليل حتى الفجر عندما تنتهي الاحتفالات.

تم تغيير اسم الساحة إلى Abyot (ساحة الثورة) في عام ١٩٧٤ عندما

سقطت الحكومة وترسخت الشيوعية.
***

تم توسيعه بشكل كبير حتى يتمكن من استيعاب مسيرات يوم الثورة وعيد العمال السنوية في ١٢ سبتمبر و١ مايو. تم نصب ثلاث صور عملاقة لكارل ماركس وفريدريش إنجلز وفلاديمير لينين في الميدان. كان سكان أديس أبابا يمزحون قائلين إن هؤلاء هم «الثالوث الجديد».

***

في عام ١٩٨٨، أمرت الحكومة بنقل النار إلى ساحة أصغر والتي تقع خارج البوابات الجنوبية لكاتدرائية القديس جورج. ومع ذلك،

***

بعد سقوط منغستو هايلي مريم [في عام ١٩٩١]، أعادت حكومة الجنرال تسفاي جبري كيدان الاسم الأصلي لميدان مسكل، وأعادت حكومة الجبهة الديمقراطية الثورية الشعبية الإثيوبية احتفال مسكل إلى الميدان.

***

عند المدخل الشرقي للساحة، سيجد الزوار نصبا تذكاريا وطنيا تم بناؤه

لتكريم أولئك الذين قتلوا في السبعينيات خلال الإرهاب الأحمر. افتتح متحف شهداء الإرهاب الأحمر التذكاري، الواقع على حافة الميدان، في فبراير ٢٠١٠.

في هذه الأيام، لا يزال الميدان يستخدم في المظاهرات السياسية والتجمعات والاحتجاجات، مثل تلك الَّتِي حدثت في أغسطس 2016، عندما تظاهر مئات المتظاهرين وهم يهتفون «نريد حريتنا!، و «حرروا سجناءنا السياسيين!»

الملحق الرابع
ملاحظاتي عن إثيوبيا في السنوات الأخيرة

خلال زياراتي لإثيوبيا في ٢٠١٠ و٢٠٢٠، كان من الصعب بالنسبة لي عدم مقارنة البلد بما كانت عليه في الستينيات والسبعينيات. في شبابي، كان يسير الكثير من الناس حافي القدمين ويرتدون ملابس تقليدية محلية الصنع. كانت الشوارع أقل ازدحاما ونظافة، وكان غالبية الناس يستهلكون المشروبات الكحولية محلية الصنع، وغالبا ما تأكل الناس في المنزل. كان من المخزي بشكل خاص أن تأكل النساء في الخارج. لذلك، كان هناك عدد أقل من المطاعم. حملت المتاجر والشركات أسماء محلية، مثل أسماء المواقع التاريخية أو الأسماء الإثيوبية الشخصية. لم أسمع سوى أشخاص يسألون الآخرين عن مكان ولادتهم، حَيث تم التعريف على الناس حسب مكان الولادة بدلاً من العرق. على الرغم من أن حجم السكان المتعلمين كان أصغر، إلا أن الطالب في المدرسة الثانوية كان على دراية بما يحدث في جميع أنحاء العالم. علاوة على ذلك، بخلاف أثناء الثورة، لم يكن أحد يفكر في مغادرة وطنه، وكان الناس يفخرون دائما بكونهم إثيوبيين بسبب ثقافتها وتاريخها الغني وكونهم رمزا لأفريقيا والعرق الأسود.

ومع ذلك، في زياراتي الأخيرة، تم تسمية ثلثي الشركات، بما في ذلك الفنادق، على اسم مدن أجنبية. سألت لِماذا. كانت الإجابة هي أن الأسماء الأجنبية وخاصة الأسماء الأمريكية قد جذبت المزيد من العملاء، وخاصة السياح. لقد اندهشت لمشاهدة الطوابير الطويلة في مراكز التسوق الصغيرة لتناول البيتزا أو الهامبرغر. بينما يبتعد العالم الغربي ببطء عن سلاسل الوجبات

السريعة ويهدف إلى تبني أسلوب حياة صحية أكثر، يبدو أن إثيوبيا تتجه في الاتجاه المعاكس. كنت في حيرة من أمري، أتساءل لِماذا تحاكي الثقافة الَّتِي كانت دائما بصحة جيدة العادات السيئة الغربية.

ارتدائهم لملابس غريبة الطابع لكنها مصنوعة في الصين كشف عن عدم مناسبة تلك الملابس لهم كذوي مظهر رشيق ممن كنت أعرفهم.. التغيير في أشكال الجسم يرجع بالتأكيد إلى تأثير الوجبات السريعة... كانت التغييرات الأكثر بروزا تمثلت في اللواتي يرتدين بواريك أو وصلات شعر وسراويل جينز تحت الخصر بهدف الكشف عن ملابسهن الداخلية - طراز G-string (ذيل الحوت)-، والأولاد الذين يرتدون بنطلون جينز يتدلى إلى درجة أن الجزء العلوي منه أقل بكثير من الخصر، ما يكشف أحيانًا عن جانب من السراويل الداخلية.

تعرّفت على أسلوب السراويل المترهل عندما كنت أعيش في الولايات المتحدة أوائل التسعينيات. بخلاف التفكير في أنه كَان مقيتاً بعض الشيء، لم أقلق نفسي كثيرًا بهذا الاتجاه. أخبرني شخص كَان يعتقد أنني حكمت أنه كَان رمزا للحرية والوعي الثقافي بين بعض الشباب أو رمزا لرفضهم لقيم المجتمع السائد. في الواقع، ادعى هذا الشخص أن الأسلوب نشأ في نظام السجن الأمريكي، حَيث تحظر الأحزمة أحيانا ويمكن أن يكون هناك نقص في الملابس ذات الحجم المناسب. كل شيء ممكن في الولايات المتحدة، لكنني لم أتمكن من فهم سبب تبني الإثيوبيين لهذا الأسلوب.

كانت إثيوبيا الَّتِي أعرفها أمة متعددة اللغات والأعراق والأديان. لقد نشأت في مجتمع متعدد الثقافات حَيث لم يسأل أحد عن القبيلة أو العرق الذي ينتمي إليه المرء. في الواقع، كانت المرة الأولى الَّتِي تعرضت فيها للتفكير القبلي

والبدائي عندما انتقلت إلى اليمن الشمالي. حتى وقت قريب، لم أكن على علم بعرق والدتي، واضطررت إلى الاتصال بابن عمي سهل، الذي يعيش في أتلانتا، جورجيا، لتنويري حول عرقي من تجاه والدتي.

عندما كنت لا أزال أتصالح مع فكرة أن والدي قد دفن خارج كل من المقابر الإسلامية والمسيحية، علمت مؤخرا بوجود مناطق داخل إثيوبيا لا يسمح فيها لعضو في مجموعة دينية واحدة ببناء مكان للعبادة، حَيث لا يُسمح بدفن أفراد من دين معين. أتساءل عما إذا كَان الجنس البشري قد أحرز أي تقدم عاطفيًا وروحيا منذ العصر الحجري.

ويبدو أن الإثيوبيين قسموا الأمة إلى عناصر عرقية، والحدود مرسومة على أساس العرق (كما يسمونها، الفيدرالية العرقية)، وهذا ما لا يزال يثير الحروب والصراعات. الولايات المتحدة وكندا لديهما ولايات ومقاطعات، لكنهما ليسا منقسمين على أساس العرق. الحدود بين الولايات غير مرئية، ويتعايش النظام الفيدرالي والوحدات الإدارية المحلية أثناء تطبيق القانون والنظام. ومع ذلك، فإن إثيوبيا منقسمة الآن على أسس عرقية، في بعض المناطق. لقد تغيرت المواقف إلى «هذه منطقتنا، هذه هي منطقتك «. الحدود سياسية، وإذا عبر الناس إلى أراضي مجموعة مختلفة، ينشأ الصراع. يريد الناس القيام بأعمال تجارية في مواقع مختلفة، ولكن بسبب الإقليمية، هناك مقاومة. إنها وصفة لكارثة حَيث تتشبث كل مجموعة بأفكارها وممارساتها وتهدف إلى خنق الأخرى.

من قراءتي وخبرتي الَّتِي تراكمت، قام النظام الاستعماري في جميع أنحاء العالم بتقسيم الدول دون أي اعتبار للسكان الأصليين الذين احتلوا الأراضي. لم يشف العالم تماما من مثل هذه الحسابات الخاطئة وسوء

من لا شيء
عادل بن هرهرة

الإدارة. بينما عانت المجتمعات من متلازمة الحرب الكبرى الأخيرة (الحرب العالمية الثانية)، واصلت الأمم المتحدة إنشاء دولتين على أساس الدين (إسرائيل وباكستان). يمكن لأي شخص رفيع المستوى أن يرى ما يحدث بين العرب والإسرائيليين أو بين الهند وباكستان. فكرت، هذه وصفة لبدء اشتباك جوى طويلة الأمد في إثيوبيا أيضا.

لقد تغير موقفي من الاشتراكية اليوم أيضا على مر السنين. أنا لست مغرما بالنوع المتطرف من الشيوعية أو الاشتراكية الَّتِي كنت أدعمها عندما كنت مراهقًا في السبعينيات. أفضل نوع الهيكل الاجتماعي والاقتصادي الذي أراه في البلدان الاسكندنافية وكندا أيضا. الرعاية الصحية حق من حقوق الإنسان ومن الضروري توفير خدمات اجتماعية متوازنة. لا أعتقد أنني أرغب في العيش في الولايات المتحدة مرة أخرى، ولا أنا مغرم بالنسخة المتطرفة من الرأسمالية الَّتِي يطبقونها، لكن هذه مجرد تأملاتي الشخصية في هذه المرحلة من حياتي، كرجل يبلغ من العمر ستين عامًا في عام ٢٠٢٢م

انتهى الجزء الأول
لنا لقاء مع الجزء الثاني